S A G G I   G I U N T I

PSICOLOGIA

Luca Valerio Fabj

Il narcisismo patologico

Prefazione di Luigi Grassi

GIUNTI

Immagini alle pagine 167 e 168: elaborazione digitale da © Vectorium / Shutterstock

www.psicologia.io
www.giuntipsy.it
www.giunti.it

Via Fra' Paolo Sarpi 7/A, 50136 Firenze – Italia

Prima edizione Giunti Psychometrics S.r.l.: ottobre 2022
Prima ristampa Giunti Psychometrics S.r.l.: gennaio 2023
Prima edizione Giunti Psicologia.io S.r.l.: luglio 2023

FSC www.fsc.org
MISTO
Carta da fonti gestite in maniera responsabile
FSC® C005461

Stampato presso Rotolito S.p.A. – Pioltello (MI)

In ricordo di mio Nonno, Carlo Fabj, Primario Medico, che mi ha insegnato quale sia il Dovere del Medico e come un uomo diventi, sia e possa definirsi un Uomo che esercita realmente la Professione Medica, solo se quel Dovere lo compie sino in fondo.

Con infinito affetto e gratitudine al mio Professore di Storia e Filosofia del Liceo Classico Marco Minghetti di Bologna, Vincenzo Cioni, che mi ha fatto l'inestimabile dono, non solo di insegnarmi a pensare con la mia testa, ma anche di avermi fatto comprendere come nulla di ciò che si pensa da sé abbia un vero valore se non può essere dimostrato in modo evidente.

... ogni vera scienza è figlia dell'umiltà. L'ignorante presuntuoso crede di tutto sapere e non sente il bisogno di istruirsi. Si realizza dunque un primo progresso convincendosi che non si sa un bel nulla.

Salvatore Farina, 1961

Indice

Prefazione *(Luigi Grassi)* XI

Avvertenza alla lettura XVII

Parte I
IL MODELLO TEORICO/CLINICO

1. Orientamento clinico e storia del concetto di narcisismo patologico 3
   1.1 La definizione clinica di "narcisismo" come "disturbo di regolazione dell'autostima" 3
   1.2 Storia ed evoluzione del concetto di "narcisismo" 9
   1.3 Il narcisismo come fenomeno dell'essere umano. La difficile diagnosi differenziale fra narcisismo sano e narcisismo patologico 25
   1.4 Il "problema" dell'autostima e dell'aggressività 29

2. Diagnosi categoriale; epidemiologia, genetica e aspetti biologici 35
   2.1 Diagnosi categoriale: i criteri diagnostici sintomatologici del DSM-5 per il disturbo narcisistico di personalità 35
   2.2 Le varie forme di narcisismo patologico individuate 39
   2.3 Il modello alternativo del DSM-5 per il disturbo narcisistico di personalità: un modello sufficiente? 50
   2.4 La diagnosi differenziale 51

2.5 Complicanze e comorbilità 52
2.6 Epidemiologia, genetica e aspetti biologici 54

3. Modelli etiologici psicologici non psicodinamici del narcisismo patologico e del disturbo narcisistico di personalità 57
3.1 Il modello cognitivo 57
3.2 Il modello socio-cognitivo 60
3.3 Affettività e modelli cognitivi 64
3.4 Ruolo dell'attaccamento e della mentalizzazione nell'etiologia delle dinamiche narcisistiche 65
3.5 Stili genitoriali e disturbo narcisistico 71
3.6 Cenni di terapia in senso cognitivo 72

4. I modelli psicodinamici 75
4.1. Criteri diagnostici psicodinamici: il PDM-2 75
4.2. Le teorie psicodinamiche 80

5. Il modello psicodinamico strutturale 103
5.1 Il modello strutturale psicodinamico della personalità come contesto della psicopatologia 103
5.2 L'organizzazione strutturale di personalità secondo Kernberg 109
5.3 Aspetti categoriali del disturbo narcisistico di personalità secondo Kernberg 120
5.4 Il disturbo narcisistico come manifestazione dell'organizzazione borderline di personalità secondo Madeddu/Kernberg: lo "spettro narcisistico" 128
5.5 Approfondimento degli aspetti psicodinamici del DNP secondo l'ottica strutturale 135
5.6 Il narcisista grandioso vulnerabile 141

Bibliografia 143

Parte II
IL TRATTAMENTO DEL DNP
E DEL NARCISISMO PATOLOGICO

Introduzione 153

A. Trattamenti psicoterapeutici.
Quale efficacia? 155

B. Il trattamento psicofarmacologico.
Indicazioni ed efficacia 159

C. Gli approcci psicoanalitici e psicodinamici.
Obiettivi e strategie 163

D. Concezioni generali di trattamento psicodinamico del DNP.
La "sfida" del paziente narcisista 169

E. Autoregolazione e fluttuazioni dell'autostima nel DNP e nel narcisismo patologico.
Self-enhancement, self-agency e self-serving nella valutazione del trattamento 171

F. Inizio del trattamento e costruzione dell'alleanza.
La correlazione fra motivazione, sintomi e circostanze di vita 175

G. Il contratto terapeutico.
Ruolo e valore prognostico 181

H. Ulteriori aspetti pratici inerenti all'innesco dell'alleanza terapeutica e al suo mantenimento 185

I. Rischio di interruzione della terapia.
La pericolosità del transfert idealizzante 189

Bibliografia 191

Prefazione

Il narcisismo, nelle sue varie espressioni di condizione narcisistica, narcisismo patologico e disturbo della personalità, oltre che di status narcisistico sociale, sempre più imperante nel contesto della cultura occidentale, è argomento di profonda attualità.

Questo testo di Luca Valerio Fabj centra l'attenzione con una chiarezza estrema sul significato che oggi ha parlare di narcisismo, declinandolo attraverso una lettura che sia scientificamente orientata, quindi, come dice l'autore, documentabile, riprendendo in questo le indicazioni di quasi settant'anni fa di Konrad rispetto alla necessità di un approccio scientifico in psicopatologia.

Superati i presupposti morali che aggettivano con connotazioni negative e giudicanti chi – come persona – presenti tratti e stili narcisistici ("il narcisista"), Fabj analizza in chiave psicopatologica le forme diversificate – in senso dimensionale – del narcisismo come patologia, riletto in termini di spettro narcisistico. Spaziando tra i diversi modelli interpretativi proposti nel tempo in chiave psicoanalitica – dalla lettura freudiana del narcisismo, ai più recenti contributi di Kernberg, Gabbard, e McWilliams, dai contributi di Kohut della psicologia del Sé alla lettura cognitivista del narcisismo della scuola statunitense di Beck e di quella italiana con Semerari – la tematica è definita, discussa nella sua eziopatogenesi e criticamente affrontata in termini diagnostici.

A questo proposito certamente significativo è il fatto che gli approcci dei manuali diagnostico statistici, come può essere il DSM-5 e nella prossima uscita il Text Revision DSM-5-TR, manchino di una visione ampia dello spettro narcisistico, con i limiti noti che la lettura sia categoriale sia dimensionale mettono in evidenza. È un dato di fatto che il DSM-5 non consideri le polimorfe manifestazioni del narcisismo, ma si concentri esclusivamente su quello noto come narcisismo inconsapevole, grandioso, non curandosi delle altre manifestazioni (il narcisismo ipervigilante, il narcisismo maligno, il narcisismo subclinico) di cui la letteratura ha dato ampi riscontri negli ultimi trent'anni.

D'altra parte, la complessità del quadro clinico emerge anche dalla lettura che ne fa pure l'edizione più recente dell'International Classification of Diseases della World Health Organization (ICD-11) nella quale i diversi disturbi di personalità sono classificati sulla base del livello di gravità (lieve, moderata o severa) e della prevalenza di tratti personologici, per i quali la questione del narcisismo è definita in termini di *dissocialità*, riprendendo alcuni elementi della sociopatia e della psicopatia. In particolare nell'ICD-11 i tratti personologici dimensionali della dissocialità comprendono quelle condizioni cliniche in cui la persona non tiene in considerazione i diritti e i sentimenti altrui, attraverso una modalità relazionale caratterizzata dalla mancanza di empatia e dall'autocentralità. Per l'ICD-11 le più tipiche manifestazioni della dissocialità, presenti non tutte contemporaneamente in un dato soggetto e in un dato tempo, sono l'egoismo, declinato in termini di sentimento (e convinzione) di avere diritti speciali, di meritare (e attendersi) l'ammirazione altrui, di attenzione ai propri esclusivi bisogni, desideri e piaceri ma non a quelli degli altri; la mancanza di empatia tra cui l'indifferenza rispetto al fatto che le proprie azioni feriscano le persone, le modalità ingannevoli, manipolative e sfruttanti l'altro nella relazione, l'aggressività, l'insensibilità in risposta alla sofferenza altrui e la spietatezza nel raggiungere i propri obiettivi.

Il lavoro di Fabj è certamente critico verso tali impostazioni parziali che non rendono ragione dell'ampia caratterizzazione di spettro del narcisismo patologico – e quindi dei disturbi di personalità da questo caratterizzato. Le origini del narcisismo, dalla lezione freudiana in poi, devono infatti essere conosciute per comprendere come, proprio attraverso la ricerca scientifica, si sia andato trasformando quanto si considerava centrale per il narcisismo, vale a dire la retroflessione della libido sull'Io. Indubbiamente resta valida la concettualizzazione più ampia che indica nel rapporto con sé e nel rapporto con gli altri in termini di scarsa empatia, arroganza, senso di (falsa) superiorità una delle caratteristiche principali del narcisismo, come emerge negli scritti di vari autori, tra cui Walder, Horney, Mitchell, Nemiah e Winnicott. Resta pure valida la serie di dati inerenti l'incapacità (il non volere e il non potere) di riconoscere e comprendere l'altro, poiché ciò sarebbe intollerabile, l'incapacità (il non riuscire) ad amare in senso autentico. Su questa si inserisce quanto postulato da Kernberg relativamente all'aggressività e alla povertà dell'autostima, come elementi contraddistintivi il narcisismo patologico, oltre a quanto riferisce l'ampia ricerca di matrice cognitivista svolta in questa area.

Da tutta questa letteratura emerge la distinzione su un continuum tra le forme del "narcisismo ipervigile", della vergogna e dell'ipersensibilità; del "narcisismo inconsapevole", dell'arroganza e della prepotenza; del "narcisismo grandioso-maligno", della mancanza di rimorso, della manipolazione interpersonale e della rabbia furiosa. Queste tre forme, per quanto assai diverse tra loro, sono caratterizzate da alcuni elementi chiave: la vulnerabilità interpersonale, la difficoltà di regolazione affettiva, la competitività e il disagio emozionale, oltre che una serie di distorsioni cognitive (per esempio la convinzione di essere individui speciali; acquisire intimità o calore umano è pericoloso; avere sempre la prestazione migliore è indispensabile per vivere, fallire è morire).

Grande importanza, come ci indica Fabj, è la teoria dell'attaccamento che, pure in ricerche evidence-based ci ha indicato come un attaccamento disorganizzato, attivato da una relazione di disinteresse del caregiver, concentrato sui propri bisogni piuttosto che su quelli del piccolo, determini la stratificazione di modelli rappresentativi interni in cui risulta chiaro che chi dovrebbe essere fonte di rassicurazione è invece percepito come fonte di minaccia. Ciò apre all'ostilità verso il mondo e la tendenza successiva a screditare l'altro, concentrando tutte le energie per rinforzare il senso di sé e della propria autostima danneggiata nella relazione precoce col caregiver.

Allora, come riporta Nancy McWilliams, è necessario muoversi da un modello del conflitto a un modello di deficit evolutivo che rende conto di quell'incapacità di relazione, sia verso gli altri sia verso sé stessi, incapacità variabile in grado e in intensità a seconda della gravità del narcisismo.

Se, come riportato nel testo, a sintesi della letteratura anche epidemiologica, gli studi indicano che il 2-16% della popolazione clinica e lo 0-6.2% della popolazione generale sono affetti da questa condizione, indubbiamente l'esperienza clinica e i dati, legati anche ai marcati cambiamenti socio-culturali, ci stanno dando una rappresentazione diversa.

Su queste basi (e intuizioni) Lasch, parlando quarant'anni fa nel suo testo de *La cultura del narcisismo* ha messo a fuoco quanto oggi di fatto è davanti ai nostri occhi. La cultura narcisistica per Lasch è quella che si caratterizza per l'individualismo sfrenato, la necessità di una gratificazione immediata dei bisogni causa di uno stato perenne di inquietudine, di insoddisfazione e di scarsa realizzazione di sé, l'assenza di solidarietà, la competitività in un tempo che brucia ogni cosa e che rende il passato superato, il presente non godibile e il futuro inesistente. La mancanza di solidarietà tra gli uomini, l'indifferenza verso le regole, la percezione che tutto è possibile e che non vi sono limiti a sé stessi, proiettati verso un successo imitativo di eroi idealizzati, ma poi abbandonati, o odiati o invidiati. Se a questi elementi identificati da Lasch aggiungessimo il mondo vuoto dei "like" dei social media e dell'apparire, del successo che non gratifica perché il bisogno non è mai sperimentato fino in fondo perché subito soddisfatto, dell'inautenticità, il quadro di un'atmosfera narcisista patologica di cui la società è intrisa rende il problema, per l'immediato futuro, assai grave.

Di fatto negli adolescenti questa situazione sembra rappresentarsi oggi assai più del passato e l'esperienza dei terapeuti degli adolescenti è da anni riportata come estremamente preoccupante. Quanto emerge è di incremento di un pessimismo generale, di un profondo sentimento di vuoto interiore, di un'autostima appiattita, di organizzazioni di personalità borderline in aumento, così come di condizioni di organizzazioni narcisistiche, non raramente con aspetti misti e di spettro combinato borderline-narcisistico. Diversi studi anche recenti si sono focalizzati a questo livello, sia sugli stili narcisistici in cui domina la grandiosità, basata sull'invidia, che porta a comportamenti di arroganza, presunzione e costante ricerca di attenzione su di sé, sia sugli stili vulnerabili in cui la vergogna è dominante per soggetti ipersensibili al rifiuto e alle critiche, che porta a evitare di stare al centro dell'attenzione fino al ritiro sociale. Tali studi indicano come i sistemi cosiddetti "social" (Instagram, in primis, ma anche Facebook e altri) diventino strumenti di gratificazione immediata dei bisogni narcisistici in cui visibilità mediatica, esibizionismo, potenza e rapidità a rendersi pubblici (ma virtualmente) sono quasi l'unica fonte di riconoscimento, valore e ammirazione, in uno schema relazionale orizzontale (di superficie) e non verticale (di profondità).

Se quindi come correttamente indica Fabj, il narcisismo è quell'incapacità di autoregolazione della propria autostima, che affligge la persona e chi intorno alla persona vive, secondo il modello circolare delle relazioni e dell'influenza reciproca nel contesto interpersonale, è evidente che le cause sociali oltre che psicologiche del narcisismo sono davanti a noi.

Allora grande rilievo ha definire come porsi in senso preventivo – molto complesso e verosimilmente non possibile – e terapeutico verso questo spettro di disturbi. L'analisi attenta di Fabj evidenzia che, seppur nell'efficacia comparabile tra diversi modelli che la letteratura ha cercato di validare (dalla Schema-focused therapy basata sugli schemi maladattivi, alla terapia cognitivo-comportamentale a quella metacognitiva interpersonale, basata sulla consapevolezza degli stati mentali, alla terapia basata sulla mentalizzazione, alla terapia di gruppo), resta di grande valore l'intervento psicodinamico. L'autore, molto chiaramente, coglie i punti chiave e l'essenzialità del rapporto terapeutico, difficile – tra i più difficili – con le persone che hanno un disturbo di area narcisistica. Molto utili le linee terapeutiche presentate da Fabj – la necessità di chiarezza delle regole del rapporto, del contratto e degli obiettivi terapeutici fin dall'inizio, la centralità del lavorare sul "qui e ora" e solo successivamente sul "là e allora", l'estrema attenzione ai movimenti transferali, specie se idealizzanti, da parte del paziente e controtransferali del terapeuta, l'atteggiamento "compassionevole" attivato dall'idea-guida di un paziente che non ha mai acquisito la capacità di muoversi nelle relazioni, e *più che bloccato sulla sedia è paralizzato* e deve esser guidato nell'esplorare in maniera nuova il mondo intorno a sé, nonostante le difese che in qualche modo egli ha dovuto attivare per sopravvivere – che rappresentano gli unici elementi sui quali impostare la cura.

Questo libro, chiaro e completo, è dunque estremamente benvenuto in un panorama di letteratura molto ampio, ma dispersivo e per il quale un lavoro di sintesi è di grande utilità. Un testo basato sull'esperienza pluriennale di Fabj sia in termini clinici sia formativi nella direzione di una scuola di specializzazione in psicoterapia. E, per questo, da adottare nelle scuole di specialità di psicologia, psichiatria e psicoterapia.

Luigi Grassi
Professore Ordinario di Psichiatria
Direttore Dipartimento di Neuroscienze e Riabilitazione
Università di Ferrara

Avvertenza alla lettura

La verità non si può permettere di essere tollerante.
Sigmund Freud

Per quanto mi riguarda personalmente, posso dire che la frase coniata dal Padre della Psicoanalisi posta qui in esergo su cosa sia l'essenza che caratterizza la verità, sia ciò che più di qualsiasi altra puntualizzazione possa indicare ciò che è praticamente sempre stato (e lo è tuttora), il mio modo di essere, sentire e pensare, sia come psicopatologo, sia come terapeuta psicodinamico. Credo di poter serenamente dire che per me, dal punto di vista clinico, la verità sia sempre stata una vera e propria necessità e scopo di vita professionale. In un rapporto terapeutico, non sono mai riuscito neppure a concepire l'idea che, nell'ambito della teoria e pratica della "psicologia medica"[1], ci si potesse porre di fronte a una persona affetta da un disagio psichico per mezzo di un modello mentale basato su atteggiamenti di carattere intuitivo, creativo, ispirato, o altri atteggiamenti simili di carattere unicamente soggettivo privi di un qualsiasi riferimento a un preciso modello della mente scientificamente condiviso e dimostrabile. In base a questa mia impostazione personale, il presente lavoro si basa sul fatto incontrovertibile che in termini scientifici la psicoterapia può essere definita unicamente come: "la cura non somatica dei disagi psichici"[2]. Da ciò se ne deduce, con altrettanto

[1] Come Carl Gustav Jung definì le varie forme di psicoterapia.
[2] Cosa che la rende differente dalla psichiatria, la quale utilizza invece anche mezzi somatici, soprattutto psicofarmaci, nella cura dei disturbi psichici.

indubitabile certezza, che la psicoterapia è una professione sanitaria esercitata da professionisti della salute (Psicologi e Medici specialisti[3]) che si basa, appunto, sulla cura con mezzi non somatici dei disturbi psichici. Pertanto tutto il resto che le si vuole far ruotare attorno, per quanto interessante e affascinante possa essere, ma che non compie questo lavoro di diagnosi e cura del disagio psichico, non è psicoterapia!

Solo da questo presupposto si sviluppano tutte le concezioni teoriche e pratiche contenute in questo testo. Per cui tutto ciò che esula da questa concezione teorica e applicazione pratica della psicoterapia, per quanto possa essere avvincente, non ha nulla a che vedere con i contenuti presenti in questo scritto sul narcisismo patologico. L'ambizione di questo lavoro è quella di esporre la problematica delle persone orientate narcisisticamente, nel modo più possibile aderente alla letteratura scientifica validata internazionalmente sull'argomento, senza occuparsi di aspetti o teorie che da essa si discostino. Non vengono difatti riportate teorie soggettive di singoli autori che, non essendo validate (o non ispirandosi a concezioni validate), rientrano unicamente nell'ambito delle mere ipotesi o di semplici convincimenti personali. A tal riguardo, mi sono anche sforzato di far sì che qualora, nel mio lavoro, abbia espresso una mia opinione personale, essa sia stata sempre ben evidenziata come tale, e sia stato altresì altrettanto rilevato il fatto che essa vale, per l'appunto, niente di più di quello che può valere un'opinione personale.

In base a questi presupposti ho cercato di descrivere il Narcisismo Patologico e il Disturbo Narcisistico di Personalità (DNP) seguendo i classici canoni che si usano per delineare qualsiasi patologia umana, in medicina, da quando essa è divenuta una scienza, ovvero:

[3] In base alla legge italiana il Medico e lo Psicologo sono entrambi Professionisti sanitari che debbono rispondere alle norme Deontologiche e Scientifiche che regolano il senso stesso delle loro prestazioni poste in essere per la salvaguardia della salute. In altri termini, entrambi debbono compiere atti che, oltre a basarsi su di un senso etico, si fondino anche e soprattutto, su criteri di validità scientifica riconosciuti. La psicoterapia non può basarsi, quindi, su opinioni e/o inclinazioni soggettive e personali.

1. Diagnosi e diagnosi differenziale;
2. Prognosi;
3. Metodo terapeutico con le sue indicazioni e controindicazioni.

In altri termini, mi sono adoperato per raccogliere quelle teorie etiologiche, diagnostiche e quelle possibilità terapeutiche presenti in letteratura, che posseggano (per quanto ciò sia possibile in base alle attuali conoscenze della psicopatologia) quelle validazioni scientifiche internazionalmente accettate che si utilizzano normalmente in medicina. In altre parole, il mio lavoro è essenzialmente un testo di clinica psicopatologica per clinici pratici, senza alcuna pretesa di giungere a conclusioni ultime e definitive sul fenomeno del narcisismo umano, al di là di ciò che di esso interessa la nosografia e la terapia medico/psicologica.

Pertanto non mi sono preoccupato troppo dell'estensione del concetto psicopatologico di narcisismo a tutto quel vasto insieme di opinioni morali, politiche, filosofiche e artistiche che attualmente sono molto in voga. Questa quantità di pensieri e applicazioni pratiche della psicopatologia è troppo dipendente dalla soggettività di chi l'esprime, per occuparsene in un testo che vuole essere essenzialmente un lavoro clinico che possa avere una qualche utilità per il clinico pratico. Chi volesse invece cercare, come avviene di solito, una stigmatizzazione della patologia narcisistica, resterà quindi molto deluso dal mio scritto, ma potrà comunque rivolgersi alla miriade di testi già esistenti scritti secondo quest'ottica, che segue le mode cercando il consenso e che nulla possiede di realmente scientifico e dimostrato.

La psicopatologia e la psicoterapia appartengono, o dovrebbero appartenere, alla *psicologia sperimentale*, e quindi sono una *psicologia applicata*, ovvero dovrebbero basarsi un *modello della mente e un metodo di cura della stessa, che possa essere dimostrato*, e non reggersi, come già sostenuto da Klaus Conrad fin dal 1958, su mere ipotesi teoriche assolutamente indimostrabili come quelle della psicoanalisi storica o della psicologia analitica, ma anche della così detta "Dasein analisi" (Daseinsanalyse). Tutti questi orientamenti che si basano su concezioni fondanti assolutamente indocumentabili scientificamente, come il "Complesso di Edipo", l'"Archetipo" o il "Tema centrale del delirio", rispondono solo ai criteri di una logica razionalistica/deduttiva personale di un Autore, non possono essere il riferimento di una psicopatologia/psicoterapia moderna e clinicamente utilizzabile (Conrad, 1958, p. 242[4]).

Tale è il motivo per cui l'attuale psicodinamica, su cui si basa l'esposizione del mio scritto, si è di gran lunga discostata dalla teorizzazione psicoanalitica originaria di Freud, al punto che si può serenamente asserire che oggigiorno la psicodinamica *non è* psicoanalisi, ammesso e non concesso che la cosiddetta psicoanalisi "ortodossa" (come del resto la psicologia analitica "ortodossa"), eseguita secondo i criteri applicativi originali della sua teorizzazione sia come metodo, sia come pratica clinica, sia ancora realmente esistente[5]. Difatti, la moderna psicoterapia psicodinamica è un processo psicoterapeutico che segue un iter codificato basato su un *modello teorico della mente* che è costruito, oggi, sulla presenza di un'attività psichica inconscia

[4] Ciò non significa che essi non esistono in senso assoluto nell'economia della psiche, ma che non vi è alcuna prova scientifica che esistano.

[5] Non credo di asserire nulla di straordinario o di assurdo nell'affermare che allo stato attuale la psicodinamica ha, alla fin fine, con la psicoanalisi e/o psicologia del profondo, più che altro un rapporto di derivazione storica. Sebbene siano ancora moltissimi i terapeuti psicodinamici che continuano a definirsi "psicoanalisti" (o che hanno avuto, come chi scrive, per ragioni anagrafiche, una formazione da "analisi"), in realtà sono ben pochi quelli che per davvero, ancora oggi, pratichino in modo ortodosso la psicoanalisi seduti dietro al paziente, sdraiato sul lettino, a interpretare le sue libere associazioni sui sogni, portati nel setting analitico con una frequenza di 3 o 4 volte la settimana. La maggior parte si siede di fronte al paziente e se va bene, per ragioni economiche, lo vedono una volta ogni 7 (quando non sono 15) giorni, e stanno ad ascoltarlo parlare dei suoi problemi contingenti e di ciò che gli è accaduto durante la settimana. Sempre che non vogliano mentire a loro stessi, tutti sono perfettamente in grado di vedere, anche se non hanno il coraggio di ammetterlo pubblicamente, che del sistema teorico/pratico originario della psicoanalisi resta ben poco. La situazione invece per la psicologia analitica di Carl Gustav Jung è ancora più complessa, sia per la mancanza di un metodo reale di applicazione, sia per tutta una deriva esoterica della stessa, che trasforma i terapeuti in "maghi" o "sacerdoti" di una sorta di neoreligione psicologico/spiritual/metafisica.

che ha caratteristiche ben differenti e molto lontane da ciò che sosteneva Freud con la sua idea di psicoanalisi coniata nel Novecento. L'attuale modello psicodinamico, che ha un riconoscimento scientifico – se non del tutto dimostrato assolutamente, però dimostrabile grazie all'evidence based medica del suo metodo di trattamento –, continua ad essere caratterizzato dall'idea dell'esistenza di *conflitti dinamici inconsci* nell'individuo, ma i contenuti di tali conflitti sono determinati dalla presenza, negli strati inconsapevoli della psiche, di *modelli operativi interni* tratti e del tutto analoghi a quelli individuati dalla *teoria dell'attaccamento* di Bowlby e della sua collaboratrice Ainsworth: teoria assolutamente accettata e condivisa scientificamente anche da altre branche della psicologia medica, come il cognitivismo e la psicologia clinica. Tali modelli operativi interni sono alla base di quella che viene definita in psicodinamica "teoria delle relazioni oggettuali"[6], la quale postula la presenza, nella mente di ogni individuo, di rappresentazioni interne di sé stessi e di oggetti/persone significative, rappresentazioni unite da un affetto/emozione, responsabili del nostro modo di sentire, pensare e soprattutto, comportarsi, nelle relazioni. Tali "diadi oggettuali" formate da rappresentazione di sé-affetto-rappresentazione dell'altro significativo (che altro non è che la rappresentazione del Caregiver della teoria dell'attaccamento), sono i "mattoni" che formano la struttura di personalità della psiche degli individui umani. Quando queste diadi non hanno avuto un corretto sviluppo, esercitano un'azione sulla percezione della realtà relazionale dell'individuo distorcendola, ed è da ciò che deriva il disturbo della personalità. Come chiunque con un minimo di cultura psicopatologica può vedere, questo modello teorico che ricerca una conferma scientifica ben evidente, ha ben poco a che vedere con le teorie della psicoanalisi come coniate da Freud originariamente.

[6] Rappresentazioni interne di sé stessi e di oggetti/persone significative unite da un affetto/emozione responsabili del nostro modo di sentire, pensare e soprattutto, comportarsi nelle relazioni.

Vi sono altri modelli teorico/pratici inclusi nell'attuale paradigma della psicodinamica e ne sono parte integrante: la *teoria del processo di individuazione e separazione* di Mahler, la *psicologia dell'Io*, la *psicologia del Sé*, gli *stili cognitivi* e la teoria della *mentalizzazione*, nonché gli studi delle *neuroscienze* sulla mente umana. Nell'ambito della psicodinamica rientrano anche quegli aspetti scientificamente verificabili della *psicologia analitica di Jung*, come la teoria dei complessi, la psicologia del transfert e la tipologia psicologica. In altri termini la psicodinamica è *un modello della mente* assolutamente *inclusivo*[7] e *integrato* di molte altre concezioni non solo psicodinamiche, scientificamente validate, ed è dotata anche di un *metodo terapeutico* che risponde a criteri e fasi il più possibile ripetibili e verificabili nella loro efficacia.

Questo è il sistema teorico a cui si fa riferimento nel presente lavoro che è suddiviso in due parti:

a. il modello teorico/clinico; in cui si descrive storia, diagnosi, etiologia, epidemiologia ecc. del Narcisismo Patologico e del DNP;
b. il trattamento; ove vengono esposti i metodi di trattamento considerati efficaci per tale fenomenologia psicopatologica.

Entrambe le parti sono dotate di una bibliografia specifica e a sé stante.

Occorre specificare che pur desiderando non mutilare la completezza espositiva, dal momento che rispetto al fenomeno del narcisismo patologico esiste un'enorme quantità di teorie e di mole di scritto, si è inevitabilmente obbligati a una sorta di "scelta di campo" perché questo eccesso di letteratura impedirebbe, persino relativamente alla mera descrizione categoriale

[7] A differenza di altri modelli che, credendosi i depositari di verità ultime di ciò che è la mente dell'uomo, sono assolutamente *esclusivi* e rifiutano qualsiasi altra teoria che non concordi con la loro ed esattamente come Mosè e Paolo di Tarso, dichiarano come "eresia" tutto ciò che non è a loro conforme lanciando ogni giorno il loro "anatema" su altri modelli psicoterapeutici che vorrebbero sparissero dall'orizzonte dello scibile.

del disturbo, di mantenere un atteggiamento neutrale rispetto alle varie e troppe teorie che ambiscono a una spiegazione del fenomeno.

Voglio con ciò intendere che le teorie sul narcisismo patologico sono talmente tante e varie che non si può non decidere preferenzialmente per un'area specifica di questo troppo vasto panorama di scelte possibili. Pertanto, è molto importante, come sempre lo è se si decide di descrivere un fenomeno psicopatologico in termini scientifici (per quanto sia possibile il farlo), stabilire sin dall'inizio quale sia l'ottica, ovvero il punto di vista, con il quale stiamo osservando questa patologia psichica. Sia per la mia formazione, sia per il fatto incontrovertibile che Sigmund Freud è stato il primo a coniare il termine "narcisismo" come fenomeno patologico e a descriverlo come tale, lo sguardo con cui osserveremo il narcisismo patologico, come abbiamo già asserito, è quello dell'*attuale teoria psicodinamica*. Ma ciò non risolve affatto il problema, poiché anche nell'ambito della psicodinamica, le sistematizzazioni concettuali sono estremamente numerose, per cui anche in questo dominio è necessario specificare quali siano le teorie su cui ci baseremo nel prosieguo dell'opera.

La principale teoria psicodinamica che avremo come punto di riferimento è quella *strutturale di Kernberg*, secondo la quale il narcisismo patologico è sostenuto da *una specifica e particolare organizzazione borderline di personalità, che dà origine alle differenti forme di disturbo narcisistico* che si possono osservare in clinica. In base a tale teoria, sintetizzando molto il concetto, per adesso, anche il disturbo narcisistico di personalità, esattamente come il disturbo borderline di personalità, ha come base etiologica *una struttura borderline, ovvero scissa, di personalità.* La differenza essenziale fra le due forme è data unicamente dal fatto che nel narcisismo patologico la scissione è sostanzialmente polarizzata su di un Sé grandioso stabile.

Questa "scelta di campo" è determinata, non solo dalla mia formazione di aggiornamento professionale lungo questa linea, che a mio avviso si concilia perfettamente con le teorie immaginativo/rappresentative della teoria dei complessi e del transfert di Jung (Fabj, Dazzi, 2018[8]), ma anche e soprattutto, dal fatto che il Sistema TFP ideato dal Gruppo Kernberg per la cura dei disturbi gravi di personalità è in possesso dell'evidence based medica. Con questa teoria perfettamente si concilia quella del *sistema cognitivo* e *socio/cognitivo* (pur non essendo psicodinamica), teoria alla quale viene dato ampio spazio teorico nel presente volume. Nello svolgersi di questo lavoro verranno comunque presi in considerazione anche i contributi delle *teorie di Kohut*, nonché quello della *psicologia analitica* (prevalentemente della tipologia psicologica) per spiegare alcuni aspetti della differenza di orientamento della coscienza fra il narcisismo grandioso e quello ipervigile e anche come la teoria psicodinamica di Jung possa forse conciliare le concezioni di Kohut con quelle di Kernberg, senza preoccuparsi se la grandiosità del Sé del narcisismo patologico abbia a che fare con un Sé inteso come istanza psichica sovraordinata (Kohut e Jung) o come rappresentazione grandiosa dell'Io (Kernberg). Tuttavia, verrà ampiamente evidenziato come quest'ultimo punto costituisca solo una mia ipotesi personale che per avere un reale valore dovrebbe essere confermata da numerosi altri Autori. Ciò non di meno, essa viene espressa perché, a mio modesto parere, può avere una sua utilità per ridurre la frequente confusione che incontra il clinico pratico nell'affrontare il vasto panorama delle teorie sul narcisismo patologico.

Per quanto riguarda la terapia invece, al di là della citazione di tutti i metodi riconosciuti efficaci nel trattamento del DNP (Gabbard, 2020) e di alcuni cenni di terapia cognitiva, essa si concentrerà sui sistemi basati sull'interpretazione della relazione paziente-terapeuta nel qui e ora della seduta terapeutica. La seconda parte non potrà ovviamente essere esaustiva, non essendo questo un manuale pratico, ma sarà incentrata su due punti fondamentali dati dall'alleanza terapeutica e, come già asserito, dall'interpretazione del transfert e controtransfert e

[8] Nonché dalla mia personale amicizia e stima con l'amico e collega Sergio Dazzi, il più importante esponente italiano del Gruppo Kernberg.

sua restituzione al paziente. Ovvero, questa parte del testo sarà incentrata sulla tecnica di interpretazione del transfert e controtransfert come metodo terapeutico di elezione per il trattamento delle persone orientate patologicamente in senso narcisistico.

In ultimo, ma non per ultimo, va precisato che nonostante tutta questa premessa di riferimento alla Verità intesa come validazione scientifica, nel campo della psicopatologia, e credo si possa dire in tutta l'area della mente umana intesa come "Psi", i risultati che si ottengono non sono mai assoluti, e ciò è soprattutto vero *rispetto all'insegnamento* di un modello della mente e dei metodi terapeutici che da esso discendono, anche quando questi hanno la più ampia validazione scientifica. Per cui, nonostante il mio obiettivo di basarmi unicamente su Verità di carattere scientifico, per poter proseguire questa trattazione – che ha l'intenzione (che probabilmente è una pretesa eccessiva) di voler essere prima di tutto un testo didattico, rivolto agli allievi di psicoterapia psicodinamica e ai Colleghi Medici e/o Psicologi interessati, per motivi di aggiornamento, approfondimento o semplicemente di curiosità, alla *moderna* psicodinamica – mi trovo nella necessità di dover fare una premessa, che come afferma Menninger (1976) costituisce il "dilemma" di qualsiasi Docente di Psicoterapia Psicodinamica, ovvero: il dover inevitabilmente produrre una schematizzazione didattica di ciò che si vuole trasmettere. In altri termini, istruire qualcuno in psicopatologia/psicoterapia significa inevitabilmente insegnare una certa "quantificazione" di fatti a scapito della loro *verità assoluta*.

Per rendere comprensibile un certo modello, il Docente deve inevitabilmente reificare, schematizzare, escludere le eccezioni più rare e spiegare con chiarezza ciò che in realtà non è affatto così limpido come lo si presenta. L'Allievo deve "imparare" le cose solo per scoprire, in un secondo tempo, che le cose *non* stanno proprio così come le ha imparate, ma presentano differenze che non possono essere ridotte a nessuno schema, specie se si tratta di esseri umani (Menninger, 1976). Infatti nella realtà clinica le persone non possono essere inserite in nessuna classificazione rigida, perché ciò che caratterizza la specie umana (e non solo) è la presenza di un'irripetibile e unica individualità, sia rispetto alla salute come anche alla malattia e al modo di rispondere o meno alle cure poste in essere verso di essa. Ciò nondimeno così, l'Allievo sarà entrato nello "spirito" dei problemi e ciò gli consentirà di "approssimarsi" alla verità, e lo porterà a scoprire che, in Psicoterapia, questo necessario lavoro di approssimazione, con fatica ed entusiasmo, continuerà a migliorare per tutta la sua vita professionale (Menninger, 1976).

Quest'ultimo punto può apparire in contrasto con tutto ciò che è stato detto all'inizio di questa "avvertenza" sulla Verità in Psicopatologia, ma non è così. Solo e semplicemente è che, se è vero come è vero, che nell'interazione fra terapeuta e paziente prende forma una Verità che è assolutamente indiscutibile e valida in modo assoluto solo per quel paziente e per quell'interazione, è altrettanto, purtroppo, vero che se si deve generalizzare e spiegare in termini didattici tale processo, proprio per la sua individualità irripetibile, non è possibile farlo attraverso una Verità assoluta trasmissibile in termini chiari e omologhi a ciò che si è deciso di insegnare. Quello che viene insegnato è una Teoria e un Metodo scientificamente comprovati, ma inevitabilmente, ci si trova nella necessità di generalizzare (e talora proprio di "massificare") tutte quelle sfumature individuali e particolari che, pur facendo parte della Verità del fenomeno psicopatologico ne restano escluse, proprio per poter insegnare tutto il resto[9].

Come si può chiaramente vedere però, anche in questo caso, la Verità non si permette di essere tollerante, ovvero, ci piaccia o meno, ci mostra il fatto che, in termini didattici, in psicopatologia/psicoterapia non si può trasmettere nulla di assoluto ma solo un qualcosa di relativo, che però aspira, nonostante tutto,

[9] E questo dimostra che in psicoterapia psicodinamica nessuna teoria può sostituire la pratica clinica con relativa supervisione.

ad avvicinarsi a quell'assoluto. Accettare anche il fatto che nella Scienza della Mente, per ora, non è possibile sapere tutto come un chiaro aspetto della Verità, a mio modesto avviso, costituisce già, in ogni caso, un non piccolo progresso che ci consente di guardare con serenità verso orizzonti futuri.

Spero che questo mio lavoro (durato più di due faticosi anni), che ha ottenuto recentemente come Corso FAD ben 50 crediti formativi ECM, possa aiutare gli Psicologi e i Medici che si stanno formando in psicoterapia a trovare, fin da subito, quei punti di riferimento che a me sono mancati, e che tali riferimenti possano essere d'aiuto anche a chi, già formato, nutre inevitabili dubbi sull'argomento "Narcisismo". Sebbene ciò possa sembrare fin troppo ambizioso, devo dire che sono in ogni modo certo che, anche se non raggiungerò in tutto o in parte lo scopo, non potrò di sicuro in alcun modo creare maggiore confusione rispetto a quella che già c'è nell'ambito di questi disturbi.

BIBLIOGRAFIA

Conrad, K. (1958). *Die beginnende Schizophrenie. Versuch einer Gestaltanalyse des Wahns*. Stuttgart: Thieme.

Fabj L.V., Dazzi S. (2018). Atti del Convegno: Jung e Kernberg a confronto: l'importanza della interpretazione del transfert nella psicoterapia psicodinamica moderna. *Il Minotauro Problemi e ricerche di psicologia del profondo, XLV (2)*, 7-28.

Menninger, K. (1976), *Teoria della tecnica psicoanalitica* (tr. it.). Torino: Bollati Boringhieri.

Parte I
Il modello teorico/clinico

1
Orientamento clinico e storia del concetto di narcisismo patologico

Mai epoca fu come questa tanto favorevole ai narcisi e agli esibizionisti. Dove sono i santi? Dovremo accontentarci di morire in odore di pubblicità.

Ennio Flaiano

1.1 LA DEFINIZIONE CLINICA DI "NARCISISMO" COME "DISTURBO DI REGOLAZIONE DELL'AUTOSTIMA"

L'area dei disturbi narcisistici ha una storia estremamente complessa e variegata. Se la concezione dell'esistenza di un'"area borderline" nei disturbi della personalità nasce da un vero e proprio vuoto culturale e di ricerca, provocato dalla netta dicotomia fra nevrosi e psicosi, il narcisismo origina, invece, da un pieno culturale eccessivo.

Come più che giustamente sostenuto da Madeddu (2020), dai tempi di Freud (1914), quando per la prima volta viene utilizzato specificatamente questo termine in psicopatologia, si sono accumulati un numero davvero "eccessivo" di dati e di teorie, che hanno finito per offuscare ogni tentativo di definire chiaramente il tema e circoscriverlo in una precisa area clinica della psicopatologia. Basti pensare, al riguardo, che dal 1914 si è dovuti arrivare fino agli anni Ottanta e Novanta perché fosse possibile giungere a una teoria veramente compiuta del narcisismo come *disturbo* della personalità. Ma nonostante ciò, l'inserimento del termine "narcisismo" come specifica forma di disagio psichico della personalità, non ha affatto portato, neppure oggi, a una classificazione nosografica e a una teoria etiologica univoca di questa patologia. Tutto questo in gran parte dipende proprio dal fatto che il disturbo narcisistico di personalità nasce da un'eccessiva mole di teorie, che spesso si sovrappongono e si contraddicono, rispecchiando molto frequentemente più i gusti e le concezioni morali, estetiche, filosofiche e persino politiche (come in Fromm[1]) dei loro autori, anziché la formulazione di reali teorizzazioni, basata sulla raccolta il più possibile obiettiva di dati clinici osservati e raccolti in un'unica ipotesi scientifica.

Detto ciò, prima ancora di prendere in considerazione la storia dell'evoluzione del concetto di narcisismo, possiamo da subito, fissare alcuni punti cardine della visione clinica che il mio lavoro si propone di dare:

1. In psicopatologia per descrivere questo disturbo di personalità si dovrebbe utilizzare unicamente il termine di "narcisismo patologico" e/o di "disturbo narcisistico", anziché usare, come ormai normalmente si fa, quello di "narcisismo" semplice senza alcun'altra aggettivazione e lo si dovrebbe fare per due importanti motivi. Innanzitutto, secondo la teoria psicodinamica, esiste un narcisismo che è *assolutamente normale e benefico per l'individuo* e senza il quale non sarebbe possibile regolare efficacemente la nostra autostima[2]. Ragione per cui è necessario specificare che ci si sta occupando degli aspetti patologici di una dimensione psichica che in condizioni di economia fisiologica della psiche è invece assolutamente normale e necessaria. Il secondo motivo, a mio avviso non meno importante del primo, è

[1] È molto facile osservare infatti, come – per la caratteristica connotazione negativa e di disprezzo che ha assunto il termine narcisismo – il proprio avversario politico, come del resto chiunque stia anche solo antipatico allo "psicoanalista" o opinionista di turno, sia sempre e immancabilmente "un narcisista".

[2] L'autostima è il processo soggettivo e duraturo che porta il soggetto a valutare e apprezzare sé stesso tramite l'autoapprovazione del proprio valore personale fondato su autopercezioni. La parola autostima deriva appunto dal termine "stima", ossia la valutazione e l'apprezzamento di sé stessi e degli altri unito ad "auto", ovvero "da sé", "in autonomia".

che l'utilizzo del termine "narcisista" nel lessico comune ha assunto un'accezione unicamente negativa e stigmatizzante, al punto che dare del "narcisista" a qualcuno è oggi, a tutti gli effetti, il proferire un'offesa. La stessa cosa, purtroppo, ormai è avvenuta in ambito clinico e asserire: "Questo paziente è un narcisista" ha assunto, anziché un carattere diagnostico, una connotazione morale negativa e umanamente svalutante. Ciò, chiaramente, è assolutamente non deontologico e indegno da parte di uno psicopatologo; per cui è di gran lunga preferibile utilizzare la nomenclatura di "narcisismo patologico" e/o di "disturbo narcisistico" per definire e classificare questo tipo di pazienti. Con ciò non si vuole asserire che i comportamenti delle persone orientate narcisisticamente non siano nella maggior parte dei casi del tutto deplorevoli, ma solo che, da un punto di vista clinico, non possono essere definiti come "buoni" o "cattivi" o come "giusti" o "sbagliati"; dallo psicopatologo tali comportamenti devono essere osservati come disfunzionali, disadattivi e dannosi, sia per le persone che sono in relazione con chi li pratica, sia per l'individuo stesso. In altri termini, per poter parlare di "disturbo" in clinica è necessario che sia presente una patologia, non una scelta morale consapevole, e sebbene mi renda conto che il confine fra situazioni limite come il narcisismo maligno o il disturbo antisociale e la "immoralità" o "delinquenza" come viene comunemente intesa, possa essere molto labile, resta comunque compito dello psicopatologo tenere valido quel confine, senza il quale qualsiasi atto illecito, dal parcheggiare nel posto riservato ai disabili, all'omicidio, potrebbe essere medicalizzato e spiegato in termini psicopatologici, cosa questa, di per sé impossibile e alquanto pericolosa, come ci insegna la storia dei regimi politici totalitari, che hanno utilizzato la psichiatria per stigmatizzare molti dei loro dissidenti, obbligati alla reclusione coatta in "cliniche/centri" per la "rieducazione popolare", luoghi ove, tramite farmaci e lavaggio del cervello, venivano tolti di mezzo gli oppositori a quei sistemi di governo dittatoriale che hanno procurato un orrore così immenso che mai si era visto nella storia politica dell'Europa[3].

2. Il narcisismo patologico va inteso come *un disturbo della capacità di autoregolazione della propria autostima che si manifesta, prevalentemente anche se non esclusivamente, nelle relazioni interpersonali.* Tali individui vanno visti dal clinico come *persone che lottano in modo disfunzionale e maladattivo per il mantenimento dell'autostima.* Tale incapacità di regolare l'autostima si traduce in *oscillazioni fra grandiosità e svuotamento, più che depressione*, a seconda della forma clinica con cui si manifesta. Questa moderna concezione della patologia narcisistica, concezione che come vedremo ha aperto una vasta area di ricerca clinica, sarà il criterio di base a cui ci atterremo nella valutazione descrittiva di tale patologia, ma anche il tipo di atteggiamento interiore che si consiglierà di mantenere al clinico per poter empatizzare con dei pazienti che molto di frequente appaiono estremamente sgradevoli.
3. Infine, mi preme precisare che, nel presente testo, il narcisismo patologico *non viene considerato come una patologia unica con un unico indice di gravità*, ma come un disturbo che *si manifesta in varie forme* (anche molto differenti fra loro da un punto di vista descrittivo sintomatologico), *lungo un continuum dimensionale di gravità e funzionalità* che va da forme estremamente lievi fino a forme gravi e gravissime che davvero sfiorano il delirio psicotico espansivo di megalomania.

Questi tre punti fondamentali danno, nel loro insieme, la definizione clinica di narcisismo patologico e di disturbo di personalità che si terrà nel presente lavoro, vale a dire *una pa-*

[3] La risoluzione del Parlamento UE del 19 Settembre 2019 (2019/2819(RSP)) ha finalmente equiparato senza ombra di dubbio alcuno il Regime Nazista a quello Comunista definendoli, non senza polemiche, ma che sono risultate minoritarie e antistoriche, esattamente *la stessa cosa*: Risoluzione del Parlamento europeo del 19 settembre 2019 sull'importanza della memoria europea per il futuro dell'Europa; P9TA(2019)0021; RC-B9-0097/2019. Questi sono infatti i due regimi che in Europa hanno utilizzato maggiormente la psichiatria per eliminare le persone, partendo dai malati di mente veri fino ad arrivare a individui perfettamente sani ma in opposizione ai dogmi dell'ideologia dominante.

tologia multiforme che possiede un continuum dimensionale di gravità e funzionalità e che si estrinseca in varie forme cliniche – anche alquanto differenti fra loro da un punto di vista categoriale – tutte caratterizzate da un disturbo della capacità di autoregolazione della propria autostima che si manifesta prevalentemente, anche se non esclusivamente, nelle relazioni interpersonali, attraverso comportamenti disfunzionali più o meno gravi e dannosi. In tale ottica è quindi possibile parlare di diverse forme di narcisismo patologico che possono considerarsi come appartenenti a una certa area clinica definibile come: "spettro narcisistico".

Ritengo che questi punti di partenza siano di fondamentale importanza per il clinico che si trova di fronte al difficile compito di diagnosticare un narcisismo patologico e nell'ancora più ardua impresa di cercare di trattarlo terapeuticamente. Il DNP (come del resto tutti gli altri disturbi di personalità gravi) corrisponde a ciò che viene normalmente chiamato "il paziente difficile" che con un'ottima intuizione K. Schneider ha definito come "colui che soffre e fa soffrire". Anche se ciò vale in pratica per tutti i disturbi di personalità (in modo particolare per quelli del Cluster B), possiamo senza alcun dubbio dire che tale definizione si attaglia perfettamente, forse ancora più del DBP, alle persone orientate narcisisticamente. Come fa osservare F. La Spina (nell'edizione di Invernizzi del 2000), la diagnosi e la terapia con questi pazienti[4] sono difficili per diverse ragioni:

1. *Non appare brillante l'effetto degli psicofarmaci nel rimodellare il rapporto distorto con la realtà di questi pazienti.* Anzi va precisato che *non esiste nessun psicofarmaco che possegga l'indicazione per il trattamento del narcisismo patologico* (Gabbard, 2020) e non è affatto detto che i farmaci utilizzati per trattare la depressione che si osserva nello scompenso narcisistico e talora negli eventuali disturbi presenti in co-

[4] La Spina si riferisce a tutti i disturbi di personalità, ma io credo che ciò valga in modo particolare per il disturbo narcisistico e borderline di personalità.

morbilità, non possano persino produrre un peggioramento del quadro clinico.

2. Il paziente affetto da questi disturbi, costantemente e più o meno inconsciamente, *falsifica la realtà*; si pensi alla frequente presenza di tratti istrionici o alla vera e propria comorbilità in questi pazienti con il disturbo istrionico vero e proprio. Questa falsificazione è mal vissuta dagli interlocutori: i familiari si sentono truffati e i terapeuti nel labirinto di una finta verità, che faticano a disvelare perché minacciati dal rischio del crollo delle difese dei pazienti; tutti sono comunque angosciati per l'arroganza e la violenza di un paziente che non delira, che non ha allucinazioni, ma che sembra una persona normale dotata di un carattere insopportabile. Tutto ciò produce un *controtransfert di paura e antipatia* che spesso si deve prevenire e comprendere *dentro di sé* (e nell'intera équipe che eventualmente opera) con competente capacità di autoriflessione, sino alla repressione se necessario. Come più che giustamente asserisce La Spina: «Nessuno che non si sia liberato di questo sentimento improprio potrà mai essere un buon terapeuta di questo tipo di pazienti», ma forse, ancora più importante per il terapeuta che si accinge a trattare queste persone è domandarsi se ha fatto veramente i conti con il *proprio* di narcisismo. Infatti, vi sono non pochi terapeuti dinamici (e non solo) che praticano la professione nell'aspirazione, più o meno inconscia, di essere ammirati dai loro pazienti e ciò muove atti iatrogeni di collusione pur di far sì che i loro assistiti abbiano un'ottima idea del terapeuta. Ora, poiché le persone orientate narcisisticamente in senso patologico possono essere trattate efficacemente con la terapia psicodinamica solo attraverso l'interpretazione della relazione negativa fra loro e il terapeuta nel qui e ora dell'interazione, saranno sempre trattate in modo a dir poco pessimo da un terapeuta che non è in grado di sopportare la manifestazione e interpretazione in seduta della traslazione negativa del paziente rivolta verso di loro.

3. In ultimo, ma non per ultimo, vi è praticamente sempre una *cattiva compliance terapeutica*: frequentemente, per non dire sempre, questi pazienti non riescono a vedere come provenienti da dentro di sé e dal proprio modo di pensare le cause del proprio disagio, ma le proiettano al di fuori, verso altre persone e/o situazioni e spesso, tali cause vengono proiettate sul terapeuta ogni qualvolta egli riesca a farli avvicinare al loro conflitto interiore.

Questo insieme di fattori rende già estremamente difficile il trattamento di questa patologia, senza necessità di aggiungervi stigmate e giudizi di carattere morale che complicano ulteriormente le cose. Si dovrebbe invece avere sempre davanti agli occhi della mente la bellissima e "affettuosa" definizione che La Spina dà di queste persone che fanno soffrire nella loro sofferenza: «Imprevedibili nella mutevolezza dei comportamenti, a tratti non disposti a curarsi, a tratti violenti e a frequente rischio suicidario, sono pazienti che pochi riescono a curare. Troppo "sani" per l'ospedale, troppo malati per la famiglia, troppo impegnativi per l'assistenza. E, paradossalmente, amore-dipendenti» (La Spina, in Invernizzi, 2000).

1.2 STORIA ED EVOLUZIONE DEL CONCETTO DI "NARCISISMO"

Fissati questi punti cardine del nostro lavoro possiamo iniziare a prendere in considerazione la storia e l'evoluzione del concetto di disturbo narcisistico di personalità e per fare ciò, non possiamo che partire da un sintetico commento della *Introduzione al narcisismo* scritto da Sigmund Freud nel 1914. Difatti, il primo che definì le caratteristiche del narcisismo come una modalità psicopatologica fu proprio Freud in quel lontano 1914 con il suo *Introduzione al narcisismo* (volume 7 delle *Opere*). Il titolo di quest'opera è davvero molto azzeccato perché in effetti Freud, fra le molte intuizioni che ha in questo lavoro, ha anche quella che esso sarebbe stato soltanto una "introduzione" all'immensa mole di letteratura che su questo argomento sarebbe stata prodotta.

In questo scritto Freud si addentra non solo nei problemi più profondi della relazione fra l'Io e gli oggetti esterni, tracciando per la prima volta la distinzione fra libido dell'Io e libido oggettuale, ma cerca, in pratica, di dare anche una spiegazione dell'origine stessa dell'Io. Come vedremo, Freud cerca di dare una risposta all'annosa domanda dell'uomo: "da dove veniamo?", proprio in termini di libido narcisistica, ovvero cerca di mostrare come l'Io altro non è che un prodotto dato dal "rispecchiamento" gratificante di sé stesso in sé stesso: Io sono Io, in quanto che mi vedo riflettere nell'ideale che ho di me stesso. Tale concetto di Ideale dell'Io, anticipando a sua volta quello di Super-io, diviene in questo testo un qualcosa che ha molto a che fare con il proprio senso di appartenenza o meno ai propri Valori Morali interiorizzati e l'autostima come un sistema che si regola in modo diretto con l'essere all'altezza o meno di tali Valori. In questo scritto di Freud, altrettanto importanti e pregne di un significato teorico che verrà sviluppato nell'ambito psicoanalitico, sono le sue concezioni esistenziali sulla malattia mentale, concezioni che si trovano sintetizzate nella famosa frase: «L'egoismo accentuato protegge dalla sofferenza, ma infine bisogna cominciare ad amare per non ammalarsi» (Freud, 1914[5]), poi modificata sinteticamente in: «Chi ama soffre, chi non ama si ammala». Questa famosa frase non viene *mai* riportata per intero, ma solo in modo tronco e/o sintetico, con conseguente facilità di fraintenderne il vero senso clinico a favore di una qualche interpretazione romantica sdolcinata degna di quelle che si possono trovare all'interno dei Baci Perugina. In realtà, come si vedrà nel prosieguo, quando Freud parla di "amore" ed "egoismo" si sta riferendo non ai quotidiani rapporti affettivi fra gli esseri umani, ma al rapporto libidico fra l'Io e gli oggetti esterni, così

[5] Pagina 183 dell'edizione di tale saggio compresa in *Scritti di Metapsicologia (1915-1917)* edizioni Bollati Boringhieri, Torino, 2005.

come i termini "sofferenza" e "malattia" stanno a indicare un importante rapporto fra la capacità di un "amore" maturo capace di mantenersi a prezzo della sofferenza che rende aderente l'Io al piano di realtà, oppure a una distorsione di tale piano, fino al delirio, ovvero alla "malattia" mentale intesa come vera e propria psicosi schizofrenica[6]. In realtà la frase per intero è la seguente: «Un forte egoismo protegge dalle malattie, ma infine, per non ammalarsi, bisogna iniziare ad amare *e quando non si riesce ad amare in seguito a un fallimento, non si può non ammalarsi*» (Freud, 1914). Ovvero, quando l'Io non riesce a mantenere il contatto libidico con gli oggetti reali esterni, soffrendo, nonostante i fallimenti che inevitabilmente la vita produce, essa si ritira sull'Io investendolo e creando dentro il soggetto una realtà parallela che va, a seconda della gravità, dalle fantasie transferali delle nevrosi sino al delirio psicotico di grandezza. Questo è il senso di tale frase, che detto più semplicemente è: quando un individuo non riesce, tramite la forza del suo Io, a sopportare la sofferenza che inevitabilmente il fallimento produce, si rifugia nella malattia mentale in vario grado di gravità proprio allo scopo di evitare di vedere quel fallimento e soffrirne fino in fondo le conseguenze. Il senso esistenziale di questa concezione è molto importante, perché Freud pone il fallimento delle aspirazioni che ogni persona ha nella vita, come la base dell'origine di tutte quelle malattie mentali che determinano una introversione della libido[7]. Tale concezione avrà successivi sviluppi e si legherà al concetto kleiniano di capacità di sopportare la sofferenza depressiva necessaria alla "riparazione dell'oggetto buono" quando questo, a causa dei fallimenti di vita o del normale sviluppo psichico, vada perduto.

Il *mito di Narciso* presenta molte varianti, ma quello a cui fa riferimento Freud è quello delle *Metamorfosi* di Ovidio nelle

[6] Che ai tempi di allora veniva definita da Freud con il termine di "parafrenia".

[7] «I nevrotici si distaccano dalla realtà perché la trovano insopportabile, nella sua totalità o in parte» (Freud, «Precisazioni sui due principi dell'accadere psichico», 1911, p. 15 in *Psicologia e metapsicologia*, Newton Compton, Roma 1992).

quali si narra che l'egocentrismo e la vanità di Narciso sono tali che, anche dopo la morte, egli si affacciò sulle acque limacciose del fiume Stige sperando di poter comunque ammirare ancora la propria immagine. Ovvero, il narcisista patologico veniva descritto, per mezzo di questo simbolismo contenuto nel mito, come *una persona che poteva avere un trasporto affettivo unicamente legato a sé stesso e del tutto incurante degli altri.* Ovvero, come lo descrive lo junghiano Schwartz-Salant: un individuo che si trova e vive in «uno stato di estrema adorazione di sé unito a una indifferenza che nega il bisogno per l'altro» (Schwartz-Salant, 1996). Questa è la rappresentazione, non priva di forti connotazioni moraleggianti, che sin dai tempi di Freud viene sottesa dal termine "narcisista". Una visione che di queste persone mostra una sostanziale centratura unicamente su di sé con conseguente disinteresse per gli altri che per questo motivo soffriranno, proprio come nel Mito l'odioso Narciso farà soffrire la Ninfa Eco fino a portarla alla morte. Della sofferenza interiore del Narcisista, invece non vi è mai alcuna presa in considerazione, come se queste persone fossero assolutamente disumane: delle macchine da distruzione prive di qualsiasi emozione. Se ciò nei casi più gravi può essere senz'altro vero, non lo è invece affatto per la maggioranza dei casi che si rivolgono a un terapeuta e hanno una loro possibile trattabilità.

Tornando a *Introduzione al narcisismo*, va evidenziato che la concezione unicamente libidico/sessuale della psicopatologia di Freud del 1914[8] vedeva in questa patologia una problematica spiegabile in termini "erotici". Partendo dalla concezione del tempo sulle parafilie di Paul Nake del 1899 – che designava col termine di "narcisismo" il comportamento di un individuo che tratta il proprio corpo nel modo in cui viene solitamente trattato un oggetto sessuale – il narcisismo patologico diveniva

[8] Siamo prima della scoperta nella psiche umana della presenza anche di una pulsione di morte, di sicuro non meno importante, quando non più importante, della Libido, scoperta che avverrà solo nel 1921.

in Freud una sorta di forma di *perversione autoerotica* di carattere "psicologico" anziché fisico/corporeo, determinata da una sorta di "perversione" della libido che invece di essere diretta verso gli oggetti esterni si rivolgeva verso l'Io, inflazionandolo. Come nel caso dell'individuo che provava una soddisfazione sessuale unicamente nella masturbazione, nella condizione di narcisismo patologico la libido del soggetto era orientata unicamente verso l'Io e sottratta dal mondo esterno. *Il ritratto di Dorian Gray* di Oscar Wilde del 1890 è un famoso esempio letterario di questa condizione che verrà descritta da Freud in termini clinici. Il personaggio di Dorian Gray è un giovane di straordinaria bellezza, talmente affascinante che chiunque lo incontri ne resta profondamente colpito ed è istintivamente portato a concedergli fiducia. Ha un aspetto puro e candido come se "fosse rimasto incontaminato dal mondo". La sua bellezza infatti è destinata a durare in eterno perché al suo posto, per una sorta di patto diabolico, invecchierà il suo ritratto. Appare così appagato il desiderio estetico di godere della bellezza in quanto sommo ideale per il quale valga la pena vivere, ma il mito dell'eterna giovinezza è accompagnato nel protagonista da un fascino maligno che corrompe sé stesso e gli altri: muoiono a causa sua la giovane attrice innamorata Sibyl, che si uccide perché abbandonata da Dorian a causa di una sola sua performance teatrale non all'altezza delle precedenti; il pittore Basil, ucciso in un eccesso di rabbia da Gray in quanto lo considerava da amico, la causa di tutti i suoi mali; un certo Campbell, ricattato e coinvolto da Dorian nell'occultamento del cadavere di Basil; e molti altri, per causa sua, distruggono la loro reputazione finendo sempre più in basso.

Dorian Gray conduce la sua esistenza senza scrupoli morali e l'effetto delle sue colpe appare solo sul suo ritratto nascosto alla vista di tutti. Nonostante questo potere, non riesce proprio ad essere felice; è perseguitato da un cupo presentimento di morte che lo accompagnerà inconsapevolmente alla sua fine, quando morirà, invecchiato di colpo, squarciando il dipinto nella convinzione di porre rimedio alle proprie sventure. Wilde ben descrive le dinamiche interiori della persona orientata in senso narcisistico: tutta volta solo all'apparenza e all'apparire, priva di ogni senso morale, sostenuta solo dall'angoscia di morte e dalla pulsione aggressiva, una individualità che nasconde a sé stessa la propria vera immagine che non può vedere nella verità perché ciò distruggerebbe la sua divina grandiosità rendendola, appunto, un comune mortale che come tale, invecchia, imbruttisce e muore. Tuttavia, non è questa la sede per approfondire questi aspetti letterari[9], praticamente contemporanei a Freud, basti qui mostrare come lo scritto di Wilde, a differenza del Mito di Ovidio, incomincia già a "umanizzare" la persona orientata narcisisticamente, mostrandone le sofferenze e questo atteggiamento è già di per sé assolutamente meno "narcisistico" rispetto a quello di chi vuole vedere questi individui come unicamente "cattivi"; ed è una visione di questo fenomeno psicopatologico, molto più aderente alla realtà.

In ogni caso va ribadito che è per merito di Freud che il narcisismo è divenuto, in psicodinamica e in nosografia psichiatrica, dal 1914, un termine che indica un fenomeno patologico della psiche umana. Nella concezione originaria di Freud e per molti aspetti ancora oggi in psicodinamica, con "Narcisismo" si definiscono differenti aspetti della psicologia, normale e patologica:

a. Uno stadio evolutivo normale;
b. Un aspetto dell'autostima;
c. Un modo di relazionarsi con gli altri (in Freud soprattutto in relazione alla scelta del partner);
d. Un modo di relazionarsi con l'ambiente (con scarsità delle relazioni interpersonali in generale);
e. Un aspetto centrale nell'ipocondria;
f. Una perversione sessuale;

[9] Questi aspetti mitologici e letterari non verranno qui approfonditi non essendo questa la sede in cui occuparsene. Saranno solo citati al fine di mostrare come questo fenomeno patologico è da sempre esistito ed è vecchio come l'uomo, o perlomeno, quanto lo è la storia di esso da noi conosciuta.

g. Una caratteristica della schizofrenia;
h. Una modalità di pensiero che distorce la realtà (pensiero magico).

Non vi è invece alcun accenno ad esso come disturbo specifico della personalità in quest'opera, come invece sarà in Kernberg nel 1996.

Innanzitutto, nella concezione di Freud, il narcisismo rappresenta, nell'evoluzione dello sviluppo della mente umana, *uno stadio iniziale di vita psichica* nel quale, conclusi con noi stessi, *siamo gratificati completamente in, per e da noi stessi*; si potrebbe definire tale condizione una sorta di «narcisismo prima di conoscersi» (Madeddu, 2020). Infatti, sin dall'inizio della vita extrauterina, non può esistere nell'individuo un'unità paragonabile all'Io. In questo stadio precocissimo di vita l'Io deve ancora evolversi, mentre invece le pulsioni autoerotiche, secondo Freud, sono un qualcosa di assolutamente *primordiale*, presenti fin dall'inizio della vita e probabilmente già anche durante la vita intrauterina. Tale stadio di "autismo" primitivo prende il nome nella teoria psicoanalitica di "narcisismo primario". Freud intende questa condizione primaria della mente come uno stato psichico *senza oggetti* ("fase pre-oggettuale") in cui *manca una differenziazione tra il soggetto e il mondo esterno*, il prototipo di tale condizione è dato dalla vita intrauterina. Questa fase pre-oggettuale della coscienza, in tempi successivi, sarà paragonata da uno junghiano, Neumann, in modo suggestivo al simbolo dell'Ouroboro, il Serpente che si divora la coda, definendolo come «stato ouroborico della coscienza» (Neumann, 1948). In effetti l'immagine dell'Uroboros, il mangia-coda in forma circolare, ben rappresenta questa iniziale forma di "coscienza" circoscritta in sé stessa dove assistiamo al paradosso antinomico di un Io che «è contenuto nell'inconscio» e che al suo «primo inizio» si trova ad essere un «Io... antecedente a ogni Io» (Neumann, 1948, p. 27) che altro non può essere che un totale soddisfacimento di sé.

Questa condizione iniziale si differenzia poi, in Freud, dalla condizione che egli definisce "narcisismo secondario", che si realizza, come vedremo successivamente, nelle psicosi allorché la libido viene ritirata dagli oggetti e re-investita sull'Io[10], con conseguente sua inflazione e creazione di una secondaria realtà delirante. Come già in parte espresso, tutto il processo dinamico del narcisismo è provocato, per Freud, da una serie di *movimenti della Libido* sia in questo stadio sia in quelli successivi dello sviluppo psichico e, in condizioni *normali*, la Libido in parte entra (diretta sull'Io) e in parte esce (diretta sul mondo esterno) in modo equilibrato nelle due direzioni; ciò è di fondamentale importanza per *la regolazione dell'autostima*. Questo narcisismo, dove la libido è in equilibrio fra l'Io e il mondo esterno, è un narcisismo assolutamente *normale e necessario* (anche se Freud non lo chiama in questo modo ma lo definisce "amore maturo") per la formazione nell'individuo di un'autostima *sana* che, come vedremo, si realizza attraverso un *progressivo abbandono del narcisismo primario*.

Freud nel suo saggio asserisce di avere l'impressione che a uno studio diretto del narcisismo si oppongono speciali difficoltà. Probabilmente le "parafrenie" (termine allora usato per indicare le psicosi) resteranno la via principale per accedervi. Infatti, un motivo pressante per occuparsi della concezione di un narcisismo primario e normale, nacque in Freud quando si trattò di far collimare ciò che si sapeva da Kraepelin della dementia praecox e delle nuove concezioni della schizofrenia di Bleuler, con la sua teoria della libido[11].

La spiegazione che Freud dà della differenza fra le nevrosi di traslazione e le affezioni parafreniche (psicosi), risiede nel fatto che in queste ultime, a causa della frustrazione che l'ambiente procura al soggetto, la libido diventa libera e non si lega più agli oggetti del mondo esterno e in questo modo si ritira sull'Io e il normale equilibrio libidico viene perduto. In questo

[10] Vedi più avanti.

[11] Aveva già scritto sul caso del Presidente Schreber.

caso la Libido è prevalentemente diretta verso l'Io e con ciò si verifica un impoverimento di senso del mondo reale esterno, che perde il suo significato di realtà e ciò determina la creazione di un mondo interno che viene vissuto come reale. Il delirio di grandezza corrisponde pertanto a una sorta di "dominio psichico" su questo eccessivo ammontare di libido rivolto verso l'interno e che è l'equivalente di quell'introversione che si ha nelle nevrosi di traslazione che però, in questo caso, fallisce e perde la sua valenza fantastica/fantasmatica per divenire una percezione del reale. Tuttavia, il distacco dagli oggetti della libido non è mai totale, ma solo parziale, ed è da questa parzialità che derivano i quadri clinici più o meno variegati delle psicosi. Questo, secondo Freud, è il meccanismo *psicogeno* alla base della *schizofrenia* e i costrutti deliranti dello psicotico rappresentano "un tentativo di guarigione" fallito, per ripristinare un rapporto libidico con il mondo esterno. In altri termini, il delirio è un tentativo, peraltro inefficace, della libido di ancorarsi di nuovo agli oggetti secondo delle modalità che sono, secondo Freud, isteriche o ossessive.

È interessante osservare quindi come in Freud, esattamente come nella *psicopatologia fenomenologica della Gestalt* di Conrad (che verrà molto tempo dopo le sue considerazioni, nel 1958), il delirio che osserviamo negli psicotici *non sia affatto l'esperienza primaria del vissuto psicotico, ma un tentativo da parte del paziente di dare un senso a un'esperienza che è talmente frammentante e arcaica che così com'è non può essere descritta né tantomeno compresa*.

Va tuttavia precisato che attualmente la moderna ricerca mostra che la psicologia della psicosi è data dalle caratteristiche che lo psicotico dà al mondo a causa del suo disturbo considerato di origine prevalentemente organica e non considera di certo i processi psichici come "causa" della psicosi. Su ciò vi sarebbe molto da dire, partendo dal fatto che i lavori sulla plasticità del cervello di Kandel mostrano come le reti neurali sinaptiche si modellino in seguito a processi psichici, ma a prescindere da ciò e per evitare polemiche, mi preme rilevare che le ricerche della Gestalt sul vissuto psichico della psicosi (primi fra tutti i meravigliosi lavori già citati di Conrad) stiano a indicare come, in termini fenomenologici di esperienza vissuta, anche se non causali, la concezione di Freud secondo l'ottica di una comprensione del delirio resti tuttora valida.

Un altro aspetto importante di questa correlazione *narcisismo secondario-psicosi* viene data dal tipo di angoscia che questi soggetti provano, angoscia che è provocata da una forma estremamente arcaica di essa, ovvero da un'*angoscia di frammentazione dell'Io* che Freud nel suo saggio definisce sensazione/percezione di "fine del mondo". Ovviamente il "mondo" che sta per finire è l'integrità dell'Io dell'individuo, e questo senso di "catastrofe imminente" associata a un'*angoscia senza oggetto di cui non si conoscono minimamente le cause*, è proprio quella consapevolezza del fallimento che si ripresenta, direbbe Freud, come "ritorno del rimosso" di quella sofferenza che l'Io di chi non sa amare se non sé stesso non è in grado di sopportare.

Tutto ciò, a prescindere dal contributo che può aver dato alla psicodinamica della schizofrenia, è molto rilevante per la comprensione della sintomatologia e dell'evoluzione del concetto di narcisismo parafrenico in disturbo narcisistico di personalità. Questo nel senso che il tipo di angoscia da cui si difendono questi tipi di pazienti è un'angoscia primitiva, arcaica ed estremamente intensa e soverchiante che si collega non solo alla possibile perdita dell'autostima, ma anche e soprattutto, alla frammentazione/distruzione del loro Io. Questo aspetto, su cui torneremo, può ben spiegare al clinico l'enorme quantità d'angoscia presentata palesemente o sottesa da un paziente orientato narcisisticamente, nonché tante delle "assurdità" più o meno paranoidi e/o maniacali che si possono osservare nel comportamento di chi è affetto da narcisismo patologico: in ultima analisi, essi cercano di proteggersi dalla follia, ovvero, dalla morte-in-vita del proprio Io.

Anche nell'*ipocondria*, secondo Freud, vi sono meccanismi di introversione libidica del tutto simili. A causa di una ripartizione della libido analoga a quella fatta dal parafrenico, l'ipocondria si manifesta con penose e dolorose sensazioni corporee, come il malessere organico. L'ipocondriaco ritira dal mondo esterno interessi e libido, *concentrandoli sull'organo che lo interessa*, e questo malessere costituisce un *sostituto dell'angoscia*. In questa visione Freud intuisce già quello che è il processo alla base del meccanismo di difesa della *somatizzazione*, da non confondersi con la conversione, che appunto è un meccanismo immaturo di difesa dell'Io. Pertanto, nella concezione di Freud, cosa che a mio parere è assolutamente condivisibile, il somatizzante ipocondriaco è una sorta di *schizofrenico corporeo* e quindi un paziente con una struttura di personalità molto grave. Il discorso ci porterebbe troppo lontano, ma deve essere assolutamente precisato ed evidenziato che l'ipocondria e la somatizzazione non sono in alcun modo malattie psicosomatiche, essendo gli organi e gli apparati a cui questi pazienti afferiscono sintomi medici, assolutamente sani. Pertanto, ammesso e non concesso (e lo scrivente non lo concede in nessun modo) che esistano malattie organiche, espressione in senso simbolico/biologico e in senso patologico disfunzionale, esse *non* sono né forme di ipocondria, né tipi di somatizzazioni, essendo queste ultime entrambe solo manifestazioni sintomatologiche fra le tante della sindrome narcisistica.

Come già espresso, per Freud, il narcisismo è anche una *perversione sessuale*, che può avere o meno carattere compulsivo, nella quale l'individuo trova unica o maggiore soddisfazione attraverso l'autoerotismo che insieme a un partner. In realtà questa situazione, che riguarda anche aspetti legati a tratti o al disturbo ossessivo-compulsivo, è un argomento molto vasto che esula dalla presente trattazione per cui non lo approfondiremo se non evidenziando che molto frequentemente, da solo o in compagnia, la sessualità narcisistica non è mai veramente soddisfacente per vari motivi che vedremo successivamente, così come vedremo quanto sia importante ai fini prognostici rendersi conto se un paziente orientato narcisisticamente è in grado di provare e trasmettere una reale intimità al partner, anche occasionale, durante l'atto sessuale.

Al di là di questi aspetti patologici, Freud si concentra nel suo saggio su quello che deve essere lo sviluppo evolutivo normale del narcisismo nell'individuo. Perché ciò possa avvenire è necessario che progressivamente l'individuo *abbandoni sempre di più lo stato di narcisismo primario* nel quale si trova alla nascita, per dedicarsi agli oggetti esterni all'Io; ed è solo questo che determina *la formazione dell'Io*. In altri termini, la linea evolutiva normale è che noi crescendo diventiamo *sempre meno narcisisti* sostituendo l'amore dell'Io con un amore oggettuale reale. Per fare ciò, è di fondamentale importanza la formazione dell'*ideale dell'Io*, che consiste in una rimozione dell'amore narcisistico con sublimazione dello stesso all'interno di questo ideale. Possiamo crescere e amare solo attraverso questo *autoinganno,* per mezzo del quale l'ideale dell'Io non è più la stessa gratificazione neonatale del narcisismo primario, ma è ciò che più gli assomiglia. Nell'occhio dell'altro, nell'amore di chi ci ama, vediamo un rispecchiamento di questo Ideale dell'Io che ci procura una sublimazione della nostra perfetta gratificazione neonatale (Kernberg, 2004). Si viene quindi a creare una paradossale situazione nella quale *lo sviluppo dell'Io consiste nel prendere le distanze dal narcisismo primario e, contemporaneamente, dà luogo a un intenso sforzo per recuperarlo*. Ciò è quello che farà dire a Kernberg che in certe forme di narcisismo patologico l'individuo prova per l'altro un amore eccessivo che corrisponde al modo con il quale lui vorrebbe essere amato. Questo ideale dell'Io diverrà, nella successiva teorizzazione freudiana, una parte fondamentale del *Super-io* che *prescrive* e *proscrive* il comportamento morale dell'individuo proprio per essere all'altezza di questo ideale[12]. Questo concetto ben spiega come nel narcisismo patologico tale processo sia fallito e il Super-io sia assolutamente arcaico manifestandosi sia in forme sadiche come eccessivamente punitivo quando il narcisista non è all'altezza di ciò che si aspettava di divenire

[12] In *Il disagio della civiltà* Freud definirà questa funzione dell'Eros come ciò che «trasforma l'Io in molti».

o compiere, sia in forma di sua assenza quando il narcisista si comporta in modo sfruttante e talora francamente sociopatico nei confronti degli altri.

Dunque, rispetto all'oggetto verso il quale è diretta la libido, secondo la teoria di Freud, il narcisismo è legato al *soddisfacimento pulsionale* che si manifesta nell'individuo in forma di *gratificazione* che *sostiene la sua autostima*. Tale gratificazione può essere *normale o patologica*. Rispetto a questo soddisfacimento pulsionale potremo avere due tipi di situazioni:

a. Se si esaurisce nella mera stimolazione di una zona erogena, *senza presenza di un oggetto esterno*, possiamo parlare di attività autoerotica (tipica della prima infanzia) e di pulsioni parziali ad essa legate. In tal caso avremo un *narcisismo patologico* che costituisce una sorta di *riedizione del narcisismo primario nell'età adulta* con *un fallito sviluppo normale dell'Io e del Super-io*.
b. Se le mete pulsionali sono *ricercate nella realtà esterna* abbiamo una organizzazione pulsionale matura (genitale). In questo caso avremo un *narcisismo normale con la capacità di un amore maturo e un normale sviluppo dell'Io e del Super-io*.

Infine il narcisismo in questo saggio è considerato anche come *una caratteristica del pensiero magico onnipotente di alcune culture primitive (animismo)* e quindi alla base dell'interesse per i poteri della mente e dell'occultismo nel senso più ampio del termine, che si manifesta spesso come sintomo evidente di certi disturbi di personalità come quello schizotipico, ma che è sempre più o meno presente in forma latente e nascosta in ogni paziente orientato narcisisticamente che ha aspettative straordinarie e magiche rispetto a sé stesso e agli altri.

È più che onesto osservare come molte delle intuizioni di Freud sul narcisismo patologico mantengano ancora una certa validità in ambito clinico, anche se, come vedremo, in psicodinamica il narcisismo patologico sarà sempre più collegato all'*aggressività* e *autodistruttività* dell'essere umano (Kernberg, 2004), ma anche in questo caso, è alla concezione, sempre individuata da Freud, dell'esistenza nell'individuo di una *pulsione di morte* (Freud, 1921) che si fa riferimento. Tutto ciò fa sì che, piaccia o meno, il termine "Narcisismo" in psicopatologia sia indissolubilmente legato al nome di Freud, come in fisiologia e fisiopatologia umana i glomeruli renali lo sono a quello del Malpighi.

In ultimo, rispetto al lavoro di Freud su questa *Introduzione al narcisismo*, come già anticipato, non vi è accenno al narcisismo come disturbo patologico specifico di personalità, anche se in un successivo lavoro (che per motivi a me incomprensibili non viene mai citato) cercherà di collegare il narcisismo al carattere. Infatti, in un'altra opera minore del 1931 (*Tipi libidici*, volume II, pp. 55-58), Freud distingue due tipi di narcisismo adulto: l'*erotico narcisistico* e il *narcisista ossessivo*. Nel primo tipo, che egli considera il più diffuso fra le persone, il narcisismo assume la forma di un modo di relazionarsi con gli altri, significativi o meno, caratterizzato da *una povertà affettiva di fondo*. Quest'ultimo punto rimane anche nella letteratura corrente: ciò che caratterizza il narcisista patologico è quello di *non avere mai una relazione con l'altro che possa essere un interscambio realmente arricchente soprattutto affettivamente, ma anche intellettualmente*, poiché un narcisista patologico vuole solo insegnare, ed essendo intimamente convinto di sapere sempre già tutto, non impara mai davvero alcunché, anche perché una delle sue caratteristiche tipiche è quella di non saper mai ascoltare realmente qualcuno. Invece, secondo Freud, il *narcisistico ossessivo* costituisce *la variante di maggior valore per la civiltà*, in quanto sono individui dotati di forte indipendenza associata a una grande attenzione per le esigenze morali che si sommano a una vigorosa capacità d'azione. In queste persone l'Io si rafforza rispetto al Super-io che lo sostiene. A prescindere dallo scarso valore reale delle considerazioni cliniche fatte da Freud in questo suo secondario lavoro, esso va comunque citato perché mostra che verso la fine della sua vita professionale e biologica[13] anch'egli

[13] Freud era già ammalato di cancro alla mandibola in quegli anni e morirà nel 1939.

aveva già cominciato a intravedere nel narcisismo una manifestazione che in qualche modo poteva collegarsi con il carattere/personalità degli esseri umani.

Tuttavia va precisato che la difficoltà a considerare il narcisismo patologico come un disturbo psichiatrico di personalità è un qualcosa che si è protratto molto nel tempo, perché esso è un tema umano talmente universale che non può essere descritto come un vero disturbo psichiatrico fra gli altri disturbi, essendo, in fondo, una sorta di "modo d'essere" delle persone che tende a riguardare ciascuno di noi, al punto che molte ricerche sostengono che esso debba essere tolto dalla nosografia ufficiale[14].

Ciò spiega l'immensa mole di studi e scritti che si sono storicamente sviluppati attorno al concetto di narcisismo patologico, studi che, dai tempi di Freud (1914), hanno portato alla descrizione di uno specifico disturbo di personalità classificabile in senso nosografico nell'ambito psichiatrico solo negli anni Sessanta, e da allora sino a oggi la psichiatria ufficiale non collega tale disturbo a un qualche specifico orientamento libidico.

Il primo lavoro degno di nota, che segue quelli di Freud e comincia a riferirsi a caratteristiche del carattere, è quello di Walder del 1925. Si tratta di un lavoro unicamente *descrittivo* legato a questo tema *dell'essere troppo investiti su sé stessi* e che definisce questi soggetti con tre caratteristiche:

1. Altezzosi/Boriosi ("Condescending" parola inglese che secondo il Cambridge Dictionary è sinonimo di "Arrogant");
2. Si sente/percepisce ("Feeling") come superiore agli altri;
3. Preoccupato delle apparenze/dell'apparire.

Negli anni Quaranta S. Mitchell, basandosi su radici freudiane, descrive caratteri di individui con una sopravvalutazione di sé stessi o degli altri e dei propri ideali. Da allora in avanti la let-

[14] Difatti, anche nella stesura dell'ultimo DSM, il quinto, si è molto discusso fra i clinici se mantenerlo o meno fra gli specifici disturbi di personalità.

teratura si concentra su alcuni aspetti del narcisismo patologico che oggi possiamo definire come la forma grandiosa di tale disturbo, pressoché escludendo gli aspetti vulnerabili del narcisismo. Quindi descrive soggetti:

1. Focus sulla preservazione del sé;
2. Fortemente indipendenti, autonomi ed estrovertiti;
3. Aggressivi e che non si lasciano intimidire;
4. Incapaci di amore e di relazioni intime;
5. Fortemente attratti da situazioni in cui compare l'ammirazione.

Nel 1939 Horney parla di persone arroganti-espansive dedite al perfezionismo o arroganti-vendicative.

Reich (1949) descrive il *carattere fallico* del narcisismo patologico usando questo termine non in senso metapsicologico ma assolutamente concreto secondo i seguenti tre criteri:

1. Self-confidence (*esagerata fiducia in sé stessi*);
2. Arroganza/Aggressività;
3. Freddezza (*mancanza di empatia*).

Nel 1960 Annie Reich incomincia a vedere il narcisismo patologico come un'incapacità a regolare l'autostima con oscillazioni fra grandiosità e svuotamento con: «little tollerance for ambiguity, mediocrity, failure (poca tolleranza per l'ambiguità, la mediocrità e il fallimento)»; e nel 1965, Winnicott (prima di Kohut) descrive questi pazienti come soggetti che si identificano con un falso sé grandioso difensivo per proteggere la loro vulnerabilità (*grandiosità protettiva*). In ogni caso è Nemiah che nel 1961 descrive per primo il narcisismo come disturbo di personalità degno di essere accettato nella nosografia psichiatrica ufficiale.

I lavori moderni che hanno dato il contributo maggiore in senso psicodinamico sul narcisismo patologico sono quelli di Kernberg del 1967 ove il disturbo è determinato dalla presenza di un sé grandioso stabile e quelli di Kohut del 1971-77 che basano il disturbo narcisistico sull'identificazione con un falso Sé patologico; lavori che vedremo nel prosieguo dell'opera.

1.3 IL NARCISISMO COME FENOMENO DELL'ESSERE UMANO. LA DIFFICILE DIAGNOSI DIFFERENZIALE FRA NARCISISMO SANO E NARCISISMO PATOLOGICO

Questa enorme mole di dati della letteratura sul narcisismo che abbiamo "storicamente" riportata, in modo affatto non esaustivo e per difetto, serve, come abbiamo già accennato nel precedente paragrafo, a confermare tutta la difficoltà clinica che in realtà vi è a identificare questa modalità d'essere uomini come uno specifico disturbo psicopatologico.

Andrea Fossati e Serena Borroni (2018) nel loro ottimo saggio, per dare un'idea del fatto che il narcisismo sia non solo una patologia, ma assolutamente anche un "tema", piccolo o grande che sia, presente nella vita umana di ciascuno di noi, citano Virgilio: «Non omnes arbusta iuvant humilesque myricae... (Non a tutti piacciono gli arbusti e le umili tamerici)». Questo per dire che a nessuno di noi piace, nello scenario dell'esistenza, essere poco più che un'insignificante pianticella di campo, alla fin fine tutti vorremmo essere dei maestosi alberi che svettano al di sopra degli altri.

E appunto, tutto ciò sino a che punto può definirsi patologico? Chi non vorrebbe migliorare le proprie condizioni economiche, il proprio status sociale e le proprie relazioni affettive? Chi non è gratificato dal sentirsi ammirato, stimato e amato? Quando tutto ciò diventa patologico? Questo è il punto centrale che per decenni ha impantanato la psicopatologia nelle "sabbie mobili" del narcisismo patologico (Fossati, Borroni, 2018).

Come giustamente fanno osservare gli autori appena citati: *le dinamiche narcisistiche riguardano tutti gli esseri umani e, a seconda delle differenze individuali, dei fattori culturali e delle pressioni sociali possono portare a conseguenze catastrofiche.* Non è indispensabile ricorrere al mito greco di Narciso per trovare delle pregnanti descrizioni delle dinamiche patologiche del narcisismo, specie nelle sue forme più problematiche ed estreme: la cultura popolare abbonda di queste figure. Basti pensare alla favola di Biancaneve dei fratelli Grimm dove la Regina malvagia con il suo "Specchio, specchio delle mie brame chi è la più bella del reame?" cade in una feroce rabbia invidiosa che giunge all'omicidio perché si sente dire che esiste qualcun'altra che è più bella di lei: l'immagine di sé che gli rimandava lo specchio magico non era quella grandiosa che ella pretendeva di avere. E così tutta una vastissima gamma di letteratura, opere teatrali, film e musica mostrano questa dinamica. E cosa dire del suicidio-catarsi di molti grandi del pensiero occidentale? Come Socrate, Seneca e Cicerone che ci ricordano molto da vicino il seppuku del guerriero giapponese, che non può continuare a vivere nel momento in cui il suo onore viene irrimediabilmente leso perché non è stato all'altezza del suo ideale dell'Io (Fossati, Borroni, 2018).

Gabbard (2015) rileva inoltre che nella pratica clinica «la differenza fra i livelli di narcisismo sano e quello patologico è molto difficile da cogliere». Come abbiamo già detto, il fenomeno del narcisismo si svolge lungo un continuum nel quale può essere molto difficile comprendere esattamente quale sia il punto in cui il narcisismo sano si trasforma in patologico. Diversi sono i fattori che complicano questa difficoltà:

a. Certi comportamenti che in un individuo possono essere considerati come patologicamente narcisistici, in un altro possono essere considerati la semplice manifestazione di una sana autostima;
b. Il narcisismo viene giudicato in maniera diversa a seconda del ciclo dell'età della vita in cui si manifesta;
c. L'etichetta di "narcisista" nel senso comune e peggiorativo del termine, viene con una certa facilità affibbiata ipocritamente a persone di cui si invidia la sicurezza e il meritato successo;

d. Viviamo in una cultura narcisista che da molti autori fin dagli anni Settanta (C. Lasch) viene considerata come sostenuta dai social, nei quali molte persone possono crearsi una sorta di "pubblico" virtuale di ammiratori che si fermano alla superficialità di un'immagine o di un concetto espresso in poche righe senza andare mai in profondità. Uno studio statunitense promosso dal National Institutes of Health (Stinson et al., 2008) ha rilavato che nella fascia d'età compresa fra i 20 e i 29 anni, rispetto al gruppo di età di 65 anni, il numero di individui che rispondevano ai criteri per la diagnosi di disturbo narcisistico era di tre volte superiore. Sulla copertina del *Time Magazine* questa giovane generazione del terzo millennio è stata definita come «generazione io, io, io» (J. Stein, 2013). Molti degli appartenenti a questa generazione sarebbero cresciuti con «un senso di diritto», per cui «ritengono di meritare di diventare famosi o ben pagati anche se non compiono grandi sforzi per realizzare i loro sogni» (Gabbard, 2015). Tale situazione ambientale rende molto spesso problematico determinare quali tratti indichino un disturbo di personalità narcisistico e quali, invece, siano semplicemente degli *adattamenti culturali*.

Questa così variegata situazione di influenze varie, dati culturali molteplici e, talora, di inclinazioni personali di carattere morale, ci pone inevitabilmente di fronte alla domanda: "Esistono criteri davvero affidabili per differenziare un narcisismo sano da un narcisismo patologico?".

Gli storici criteri della psicoanalisi per valutare la salute mentale dell'amare e lavorare sono solo parzialmente utili a questo proposito. Infatti la capacità lavorativa di un individuo ci dice ben poco rispetto a una problematica di narcisismo patologico. Individui narcisisticamente disturbati, anche in modo grave, possono avere uno straordinario successo in certi ambiti lavorativi, come per esempio negli affari, nelle arti, in politica, nel mondo dello spettacolo e in quello dello sport professionistico (Gabbard, 1983). Oppure, dall'altro lato, si può osservare nella patologia narcisistica una «superficialità nell'interesse professionale» (Kernberg, 1970), come «se il successo e l'applauso fossero più importanti di un'effettiva competenza specifica» cosa che di conseguenza comporta un basso, quando non scarsissimo, rendimento lavorativo. Per cui, la funzionalità lavorativa *alta* non può di certo escludere un disturbo narcisistico grave, così come quella *bassa* non necessariamente lo conferma.

Invece, al di fuori della sfera funzionale delle attività lavorativa, le forme patologiche del narcisismo si possono molto meglio identificare per mezzo dell'esame della qualità delle relazioni interpersonali: «Una tragedia che affligge queste persone è la loro incapacità di amare» (Gabbard, 2015).

Va sottolineato il termine "qualità" e non quantità, ovvero *durata*, delle relazioni interpersonali. Difatti, sebbene sia possibile che in questa condizione patologica le relazioni siano brevi, tumultuose e numerose, ciò non è un criterio diagnostico di patologia narcisistica, essendo perfettamente possibile che questi pazienti abbiano relazioni poco numerose e assolutamente stabili nel tempo. Quello che conta a livello diagnostico è la modalità patologica della relazione che queste persone presentano.

Nelle relazioni *sane* si possono individuare alcuni tratti fondamentali come:

a. l'empatia e la preoccupazione per gli altri;
b. un genuino interesse per le loro idee e bisogni;
c. la capacità di tollerare l'ambivalenza nei rapporti di lunga durata;
d. la capacità di riconoscere il proprio contributo nei conflitti interpersonali.

Al contrario, un individuo affetto da una patologia narcisistica si accosta agli altri trattandoli come oggetti da usare o abbandonare a seconda dei suoi bisogni, incurante dei loro sentimenti. Gli altri non sono percepiti come persone che hanno un'esistenza separata e con esigenze specifiche. Questo è il motivo per cui un individuo con un disturbo narcisistico diviene aggressivo, svalutante e distaccato fino a interrompere la relazione (anche dopo breve tempo) quando l'altro comincia a porre richieste relative ai suoi bisogni. Chiaramente, poiché il cardine dei meccanismi di difesa di questa patologia sta nel fatto che il narcisista disturbato se valuta l'altro svaluta sé stesso, una relazione in cui vi sia un riconoscimento reciproco, non "funziona" in termini della capacità del narcisista patologico di mantenere la propria autostima poiché riconoscere le necessità altrui rispetto alle proprie (Stolorow, 1975), equivale a svalutarsi: riconoscere e comprendere l'altro gli è intollerabile[15].

Quest'ultima considerazione introduce ciò che vedremo nel prossimo capitolo, ovvero che nella valutazione diagnostica di un disturbo narcisistico è molto più importante considerare la *struttura della personalità* del paziente in termini di *disabilità relazionale e sistemi motivazionali disfunzionali* piuttosto che cercare di ancorarsi a criteri categoriali basati su "segni e sintomi" come, invece, si può fare con altri tipi di patologie.

1.4 IL "PROBLEMA" DELL'AUTOSTIMA E DELL'AGGRESSIVITÀ

Otto Kernberg nel suo saggio del 2004 su *Narcisismo, aggressività e autodistruttività* specifica che «la chiarificazione del concetto di narcisismo è complicata dall'esistenza di due livelli paralleli e complementari di definizione» (Kernberg, 2004, p. 51).

Il primo livello è dato dalla *metapsicologia psicoanalitica* ove il narcisismo viene definito come l'"investimento libidico del sé". Nel paragrafo 1.2 abbiamo visto la teoria metapsicologica originaria di Freud, la quale, pur mantenendo alcuni aspetti della sua validità, ha subito nel corso degli anni notevoli evoluzioni e cambiamenti. La metapiscologia a cui si riferisce Kernberg e che definisce «la teoria che considera i principi struttura-

[15] Tutto ciò verrà ampiamente sviluppato nelle successive parti del lavoro.

li, dinamici, economici, adattativi e genetici del funzionamento mentale», è quella della *psicologia dell'Io* (Kernberg, 2004) che è alquanto diversa da quella originaria di Freud, sebbene sia da essa che prende le mosse. Nel paradigma della psicologia dell'Io, il sé viene considerato come una *sottostruttura dell'Io* costituita dall'integrazione di tutte le rappresentazioni (immagini) di sé che lo compongono e che si sviluppano attraverso l'interazione con altri esseri umani significativi che prendono il nome di "oggetti". L'investimento libidico su questi oggetti (persone) e sulle loro rappresentazioni/immagini psichiche (rappresentazioni oggettuali), costituisce la libido oggettuale. Quest'ultima è in relazione dinamica con la libido narcisistica, investita nel sé (Kernberg, 2004).

Figura 1.1
Schema delle dinamiche e dei contenuti inconsci del narcisismo secondo la psicologia dell'Io.

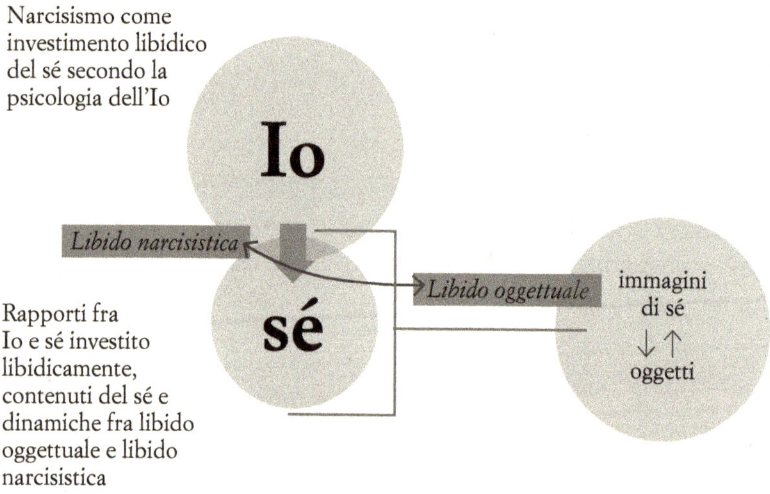

Il secondo livello di concettualizzazione del narcisismo è dato invece, dalle *sindromi che caratterizzano i pazienti che*, come abbiamo già detto, hanno *un'anomala regolazione della propria autostima*. Ma come si determina l'autostima? Per Kernberg l'autostima o considerazione di sé, in base al senso comune: «fluttua a seconda della valutazione della distanza che separa i propri obiettivi e le proprie aspirazioni dalle proprie realizzazioni» (Kernberg, 2004). In altri termini, se la discrepanza fra ciò che mi sono posto di raggiungere e ciò che ho raggiunto è troppo alta, l'autostima cade. Ciò corrisponde a ciò che scrive il famoso drammaturgo scozzese James M. Barrie[16]: «La vita di ogni uomo è un diario nel quale un individuo intende scrivere una storia e invece ne scrive un'altra. La sua ora più triste è quella in cui egli confronta il racconto così com'è con quello che aveva intenzione di scrivere». Questo "scrittore" ha messo il dito nella piaga atavica più dolorosa del vissuto dell'esistenza umana: la differenza fra le intenzioni e la realtà. In fondo, questo "scrittore" che dolorosamente si accorge di aver scritto il "diario" della sua vita in modo non solo differente, ma spesso addirittura opposto a ciò che desiderava scrivere, ben descrive in metafora molti dei nostri pazienti orientati narcisisticamente, i quali richiedono una psicoterapia e si presentano in seduta mostrando le pagine aperte dei loro "diari" che proprio non riconoscono come scritti da loro e, in modo molto doloroso, vi versano sopra le loro lacrime del tutto stupefatti e increduli di esserne i veri autori. Questo è, all'apparenza comune, il superficiale motivo della perdita della propria autostima, come se tutti coloro che si sono realizzati e hanno ottenuto un qualche successo nella vita, fossero anche persone appagate, serene e psichicamente stabili. Ovvero, superficialmente, sembra che la propria autostima provenga dal mondo esterno, da ciò che in esso si è ottenuto o non realizzato o da ciò che invece si è solidamente realizzato. In realtà le cose non sono così semplici come potrebbero apparire sbrigativamente, ma esiste anche e soprattutto, un mondo interiore con le sue dinamiche da cui dipende la nostra autostima.

Secondo la teoria della psicologia dell'Io a cui stiamo facendo riferimento vi sono delle relazioni molto complesse fra l'autostima e quelli che sono gli affetti dominanti, relazioni che determi-

[16] Barrie (1860-1937) è molto noto per la creazione del personaggio fantastico Peter Pan.

nano la misura in cui le rappresentazioni di sé e delle interazioni fra sé e gli altri sono ben integrate rispetto alla realtà o sono invece dissociate (o scisse che dir si voglia) fra di loro. Tutte queste importanti determinanti della propria autostima, sono dei contenuti psichici del tutto, o comunque in gran parte, inconsci. Per Kernberg è la metapsicologia psicoanalitica della psicologia dell'Io che fornisce alcuni modelli (tre per l'esattezza) del funzionamento psichico inconscio in grado di descrivere i fenomeni clinici del narcisismo patologico che cadono sotto la nostra osservazione.

Il primo modello postula che la regolazione dell'autostima dipenda dalle pressioni che le esigenze (prescrittive e proscrittive) del Super-io esercitano sull'Io: più è severa la moralità infantile, ovvero le pretese (prescrizioni) inconsce di perfezione e le proibizioni (proscrizioni), più l'autostima del soggetto tende ad essere bassa. L'abbassamento dell'autostima, in questo caso, sarebbe provocato dalla predominante aggressività del Super-io diretta contro l'investimento libidico del sé.

Il secondo modello prevede che un abbassamento dell'autostima possa essere invece causato dalla mancanza di gratificazioni istintuali di natura sia libidica, sia aggressiva, che si manifesta come desideri di dipendenza, desideri sessuali e desideri aggressivi. Le difese dell'Io che rimuovono dalla coscienza questi bisogni istintuali vanno a impoverire l'Io e quindi il sé, di esperienze gratificanti e in questo modo indeboliscono gli investimenti libidici dell'Io e di conseguenza del sé con abbassamento dell'autostima.

Infine il terzo modello proposto da questa metapsicologia è che l'interiorizzazione di rappresentazioni oggettuali libidicamente investite rinforzi decisamente l'investimento libidico dell'Io e di conseguenza del sé; ovvero la presenza nella mente di rappresentazioni delle persone che amiamo e da cui ci sentiamo amati, rafforza l'amore per noi stessi[17]. Invece quando conflitti aggressivi vanno a indebolire gli investimenti libidici

[17] Come abbiamo già visto nel paragrafo 1.2.

sugli altri e sulle rappresentazioni oggettuali degli altri ad essi corrispondenti, l'investimento libidico di sé e l'amore di sé ne soffrono con conseguente abbassamento dell'autostima.

Ora, a prescindere da questo modello, di sicuro non semplice, di funzionamento della mente inconscia (sul quale ritorneremo nel prosieguo del lavoro), quello che mi preme fare osservare a completamento di quello che è l'inquadramento iniziale descrittivo delle persone narcisisticamente orientate, è che a prescindere da ciò che da un punto di vista esteriore appare o di ciò che a livello della coscienza il soggetto prova, ciò che caratterizza il narcisismo patologico è sempre *un basso livello di autostima*, o forse per essere più precisi *un'incapacità di mantenere la propria autostima a livelli normali o di riportarla a tali livelli quando viene, per un qualsiasi motivo, abbassata*. Per cui, possiamo dire che definire il narcisismo come disturbo di regolazione dell'autostima equivale sempre a dire che l'individuo affetto da tale disturbo, ne sia consapevole o meno, *ha una bassa autostima* e ciò è dovuto prevalentemente a un'aggressività che è sempre distruttiva, in senso etero-diretto ma soprattutto in senso autodiretto. Infatti, anche il narcisista più arrogante e devastante se apparentemente dirige la sua aggressività in modo eterodiretto sembrando difendere i propri introietti oggettuali positivi, in realtà, la sta indirizzando contro i medesimi oggetti positivi e pertanto, anche quando crede di amarsi svalutando e danneggiando gli altri, in realtà, sta facendo esattamente il contrario: il suo disamore e avversione proiettato contro gli altri, altro non è che odio diretto contro le parti migliori di sé stesso. Su tutto ciò si tornerà ampiamente quando affronteremo l'etiologia del narcisismo patologico e del DNP secondo la teoria psicodinamica, per ora basti aver ben presente due punti:

1. in questi disturbi solo in parte le dinamiche che determinano i quadri clinici dipendono dal mondo esterno (anche se è proprio su di esse che il paziente tende a fissarsi), in realtà le determinanti dipendono prevalentemente dalle dinamiche inconsce del proprio mondo interno;

2. il narcisismo patologico in ogni sua forma è sostenuto sempre da una bassa quota di autostima ed essa è legata al livello di aggressività e autoaggressività di chi ne è affetto.

2
Diagnosi categoriale; epidemiologia, genetica e aspetti biologici

È così egocentrico che se va a un matrimonio vorrebbe essere la sposa, a un funerale il morto.

Leo Longanesi

2.1 DIAGNOSI CATEGORIALE: I CRITERI DIAGNOSTICI SINTOMATOLOGICI DEL DSM-5 PER IL DISTURBO NARCISISTICO DI PERSONALITÀ

La letteratura scientifica sul narcisismo patologico, come abbiamo già evidenziato, appare molto variegata e talora alquanto confusa ma da essa si può evincere chiaramente che la definizione di disturbo narcisistico può essere applicata a *quadri clinici differenti.* Tuttavia, le varie formulazioni del DSM, compresa l'ultima (la quinta), si riferiscono in pratica a un *quadro clinico unico* che configurerebbe un *unico disturbo di personalità*. Tale disturbo corrisponde a quella forma di narcisismo che viene in genere definita con gli aggettivi "grandioso" e/o "inconsapevole", ma come vedremo, è ampiamente dimostrato che esistono anche altre di forme di narcisismo come disturbo di personalità e che presentano una sintomatologia alquanto differente rispetto all'unica descritta dal DSM. Il criterio diagnostico che viene proposto dal DSM è sostanzialmente categoriale, ovvero basato sulla compresenza di specifici sintomi osservabili, che superano una certa soglia di gravità e che nel loro insieme consentono di fare la diagnosi di DNP. Questo criterio è ciò che ha consentito, in psichiatria come nelle altre branche della medicina, di poter fare diagnosi ripetibili e operazionalizzabili. Purtroppo però, nella diagnosi psichiatrica, con questo sistema si è verificato il grosso problema di un'elevatissima comorbilità per i vari quadri clinici, comorbilità che anziché semplificare, ha talora complicato il processo diagnostico. Per tali motivi, l'ultima edizione del DSM oltre ad abolire gli assi, ha affiancato alla diagnosi categoriale anche quella dimensionale, basata in pratica su un adattamento dei famosi "Big Five" della personalità dell'individuo. Purtuttavia questa forma di diagnosi per i Disturbi di Personalità, e in particolare per il DNP, continua ad essere insufficiente e incompleta, come si vedrà più avanti, nel senso che continua sempre e solo ad applicare criteri che hanno come riferimento unicamente il Disturbo Narcisistico "Grandioso", mentre in realtà le forme di narcisismo come patologia della personalità sono molteplici e di forma differente. In ogni caso, iniziamo col descrivere proprio questa, comunque molto importante e frequente, forma di narcisismo patologico secondo il DSM-5.

Prendiamo in considerazione per cominciare una vignetta clinica.

Il caso di Roberto[1]

Roberto, un professore universitario ultracinquantenne, si rivolse a un terapeuta solo in seguito alle numerose e continue sollecitazioni della moglie. Durante il colloquio la moglie descrisse il marito come assolutamente concentrato sul suo lavoro senza praticamente mostrare mai alcun interesse per i suoi familiari, e fece notare che Roberto era estremamente incentrato solo su sé stesso e le sue capacità arrivando spessissimo a sminuire tutti i colleghi. Il paziente, dimostrando una davvero minima considerazione per le osservazioni della moglie, affermò che lui «non era mai stato il tipo di persona che tollerasse gli idioti» e non vedeva «per quale ragione proprio ora dovesse incominciare a offrire questa forma di tolleranza a chi non la meritava». Seguendo ▶

[1] Il nome Roberto è stato scelto come traduzione di "Bob", il "caso clinico" preso dalla letteratura internazionale.

questo ragionamento in una rapida successione egli descrisse il Preside della sua Facoltà, il suo supervisore, i suoi colleghi di Facoltà, gli studenti, i suoi genitori e anche una serie di suoi ex amici come delle persone prive di intelligenza e competenza che non meritavano il suo interesse e la sua amicizia. Riconobbe, invece, di essere una persona dedita in modo assoluto al lavoro, forse anche troppo, ma sostenne che la sua ricerca era potenzialmente in grado di cambiare in meglio la vita degli esseri umani e che non poteva permettere che altre attività e interessi interferissero con il suo successo. Alla domanda del terapeuta, che gentilmente gli chiedeva se queste sue dichiarazioni di superiorità per caso provocassero tensioni nelle sue relazioni interpersonali, Roberto rispose con una sprezzante negazione.

Questo paziente di fantasia, preso dalla letteratura per illustrare la vignetta clinica di cui sopra, mostra molto bene quelle che sono le caratteristiche *grandiose* tipiche di un paziente con un *disturbo narcisistico di personalità* secondo quelli che sono *i criteri classici* della *nosografia psichiatrica* (DSM-5) che, comunemente, si possono osservare nella nostra pratica clinica quotidiana.

Le persone affette da questa forma di narcisismo hanno *un'idea irrealistica e grandiosa di sé*, si pongono mete molto elevate con altrettanto straordinarie aspettative di risultati nella loro vita; nello stesso tempo mostrano scarsa o pressoché nulla empatia; indifferenti ai sentimenti altrui, si aspettano sempre dei trattamenti speciali a causa di un eccessivo senso di diritto personale e per tale motivo assumono atteggiamenti arroganti e pretenziosi. Queste persone orientante grandiosamente in senso narcisistico hanno due criteri diagnostici che li caratterizzano: 1) *vivono per essere ammirati*; 2) *sono del tutto inconsapevoli e noncuranti dell'effetto che il loro comportamento produce sulle altre persone.*

I criteri sintomatologici individuati dal DSM-5 per diagnosticare un Disturbo Narcisistico di Personalità seguono il principio categoriale, ovvero quello secondo il quale la gravità del sintomo deve superare una certa soglia e devono essere presenti un certo numero di sintomi fra loro associati perché si possa parlare di Disturbo Narcisistico di Personalità.

Ciò che caratterizza il disturbo narcisistico di personalità per questo manuale diagnostico/statistico è dato da: «Un pattern pervasivo di *grandiosità* (nella *fantasia* o nel *comportamento*), *necessità di ammirazione* e *mancanza di empatia*» che deve manifestarsi nei più vari contesti della vita dell'individuo e iniziare nell'adolescenza o nella prima età adulta. Tuttavia, perché si possa porre una vera diagnosi di DNP secondo il DSM-5 (APA, 2013) a questo pattern devono associarsi ulteriori 5 o più elementi. Il manuale elenca *nove criteri* per la diagnosi di Disturbo Narcisistico di Personalità, nessuno dei criteri è da solo sufficiente a porre diagnosi, e come già detto, ne serve un insieme di 5 o più. Tali criteri sono dati: dall'avere un senso grandioso di importanza (per esempio, esagera risultati e talenti, si aspetta di essere considerato superiore senza un'adeguata motivazione); dall'essere assorbito da fantasie di successo, potere, fascino, bellezza illimitati, o di amore ideale; dal credere di essere "speciale" e unico e di poter essere capito/a solo da, o di dover frequentare, altre persone (o istituzioni) speciali o di classe elevata; dalla richiesta di eccessiva ammirazione; dal sentirsi in un eccessivo senso di diritto, ovvero, ha l'irragionevole aspettativa di speciali trattamenti di favore o di soddisfazione immediata delle proprie aspettative; è una persona che sfrutta le altre persone approfittandosene per i propri scopi; manca pressoché totalmente di empatia, ossia, è incapace di riconoscere o di identificarsi con i sentimenti e le necessità degli altri; molto spesso è invidioso degli altri, oppure, crede di essere invidiato dagli altri; e infine il suo modo di comportarsi o di atteggiarsi è arrogante e presuntuoso.

Questi criteri del DSM in pratica descrivono quella forma di narcisismo definito "narcisismo grandioso" o "inconsapevole" che molto si avvicina a quella forma di base descritta da Kernberg nei suoi lavori. Tuttavia, sebbene sia pressoché universalmente accettato che la grandiosità serva a nascondere una bassissima autostima, questa consapevolezza non rende ragione di molte altre forme di narcisismo individuate, fra cui quella di un narcisismo estremamente fragile e vulnerabile alle critiche, nonché di un'altra forma ancora più grave di quella individuata dal DSM che racchiude nelle sue manifestazioni comportamenti francamente sadici e antisociali. Come vedremo nel prosieguo dell'opera, la definizione del DSM-5 rispetto al narcisismo in tutte le forme cliniche in cui si manifesta appare assolutamente inadeguata e insufficiente.

2.2 LE VARIE FORME DI NARCISISMO PATOLOGICO INDIVIDUATE

I nove criteri appena elencati dal DSM-5 identificano solo *un certo tipo patologico di narcisista*, ovvero l'individuo *arrogante*, *presuntuoso* ed *eccessivamente vistoso* che *ha bisogno di costante ammirazione* (che è il tipo che potrebbe corrispondere alla descrizione che ne fa Kernberg), ma non identificano *un altro tipo di paziente disturbato narcisisticamente* (Cooper, Michels, 1988) ovvero, il narcisista *schivo, silenziosamente grandioso*, che a causa della sua estrema sensibilità verso il rifiuto *evita il più possibile di trovarsi al centro dell'attenzione* (che è il tipo che potrebbe essere descritto da Kohut).

Attualmente vi è un ampio consenso in letteratura scientifica sul fatto che entrambi i tipi facciano parte del disturbo narcisistico, ovvero che il narcisismo patologico sia costituito da un continuum (Gabbard, 2015). A un estremo del continuum troviamo l'individuo *invidioso e avido che richiede l'attenzione e il consenso degli altri* descritto dettagliatamente da Kernberg (1970, 1974, 1998), mentre all'estremo opposto osserviamo l'individuo *più narcisisticamente vulnerabile e tendente alla frammentazione del Sé* delineato da Kohut (1971, 1977, 1984); inoltre alcuni pazienti descritti da altri Autori *si possono collocare fra questi due poli*, in base al loro stile di *relazioni interpersonali*[2] (Gabbard, 2015).

[2] Come si può osservare, la *modalità di relazione interpersonale*, come abbiamo già detto, è centrale nella diagnosi di narcisismo patologico.

Questi due tipi estremi vengono definiti da Gabbard (1989b) coi termini di "narcisista inconsapevole" e di "narcisista ipervigile". Questi termini vengono riferiti da Gabbard allo *stile di interazione prevalente nel soggetto* sia nella *relazione di transfert* con il terapeuta, sia nelle *relazioni sociali* in generale (vedi tabella 2.1, tratta da Gabbard, 2015).

Tabella 2-1 – Stili di interazione prevalenti

Narcisista inconsapevole	Narcisista ipervigile
Non ha consapevolezza delle reazioni degli altri	È fortemente sensibile alle reazioni degli altri
È arrogante e aggressivo	È inibito, schivo o persino si eclissa
È concentrato su sé stesso	Dirige l'attenzione più verso gli altri che verso di sé
Ha bisogno di essere al centro dell'attenzione	Evita di essere al centro dell'attenzione
È "trasmittente" ma non "ricevente"	Ascolta gli altri con molta attenzione per evidenziarne mancanza di rispetto o critica
È apparentemente impermeabile all'idea di essere ferito dagli altri	Si sente ferito con facilità; prova facilmente sentimenti di vergogna o di umiliazione

Vorrei fosse chiaro che questi due tipi, così apparentemente differenti, non costituiscono due entità cliniche separate, ma solo l'espressione della stessa patologia di base, ovvero un'incapacità patologica di regolazione della propria autostima, che si manifesta in una sintomatologia e in un insieme di comportamenti differenti che sono parte dello stesso tipo di orientamento e struttura di personalità dell'individuo. Sebbene sia possibile che queste due forme di narcisismo patologico si manifestino in forma *pura*, molti pazienti mostrano *una miscela di caratteri-*

stiche fenomenologiche di entrambi (Gabbard, 2015) e in questo range vi sono persone che presentano una notevole quantità di genuino fascino nelle relazioni interpersonali e sono socialmente molto più affabili.

Ritengo sia molto utile per il clinico riportare la descrizione che Gabbard fa dei due tipi (Gabbard, 2015) a cui ritengo sia possibile aggiungere alcuni riferimenti che possono essere tratti dalla tipologia psicologica junghiana.

Il tipo *inconsapevole*, che corrisponde al soggetto "grandioso" descritto dal DSM-5, sembra *non avere alcuna consapevolezza dell'impatto che ha sulle altre persone*. Coloro ai quali si attaglia tale definizione, si esprimono come se si rivolgessero a un vasto pubblico, stabilendo raramente un contatto visivo, e guardando di solito *oltre le teste* di quelli che stanno intorno a loro[3]: parlano al "cospetto" degli altri e non "con" gli altri. Sono ignari del fatto che sono tremendamente *noiosi*[4] e che di conseguenza le persone cercheranno di abbandonare la conversazione con loro o, se possibile, proprio di evitarla. Mostrano un *evidente bisogno di essere al centro dell'attenzione* e i loro discorsi, strutturati più o meno sempre "come se fossero in cattedra" e stessero distribuendo non si sa quale "verità", sono spesso ricchi di riferimenti ai loro successi[5]. Sono *insensibili* ai bisogni delle altre persone (specie se sono bisogni emotivi), fino al punto di non permettere che altri contribuiscano alla conversazione. Vengono spesso definiti come se «avessero un trasmettitore ma non un ricevitore» (Gabbard, 2015).

Dal punto di vista della *tipologia psicologica junghiana* appartengono al tipo *pensiero estroverso* con *sensazione estrover-*

[3] La caratteristica di questo sguardo è quella di *guardare oltre* il suo interlocutore, un po' come se non ci fosse. Non vanno quindi confusi con quei pazienti dallo sguardo schivo che guardano in basso o di lato. La sensazione che si prova è frequentemente molto spiacevole di fronte a tale sguardo che viene definito come "essere trapassato" da questo modo di guardare. È un modo svalutante/disprezzante di guardare.

[4] Anche nel *controtransfert* il *senso di noia* che prova il terapeuta nell'ascoltare questi pazienti è un segno patognomonico tipico.

[5] Ogni occasione è buona per loro per insegnare qualcosa: su qualsiasi argomento devono sempre far sfoggio di ciò che ne sanno anche quando, in realtà, non ne sanno alcunché.

sa come funzione secondaria, del tutto privi della capacità di usare le funzioni sentimento e intuizione; il che spiega la loro mancanza di empatia e la loro rigidità pervasiva con incapacità di adattarsi in modo consono a situazioni sociali differenti, sempre pronti a correggere gli errori altrui anche in contesti culturali in cui ciò è assolutamente fuori luogo. Per fare esempi concreti, queste persone orientate narcisisticamente non sono mai in grado di confortare nessuno e sono capaci di correggere il lessico del cameriere di un bar di un circolo del dopo lavoro di operai metalmeccanici senza rendersi minimamente conto dell'antipatia che suscitano in tale ambiente comportandosi in tal modo. Il guaio grande è che non sono minimamente in grado di rendersi conto che le persone provano un senso di disagio, noia o vera e propria ostilità verso di loro a causa del loro comportamento: *mettersi in discussione è per loro assolutamente impossibile* e dell'atteggiamento negativo delle altre persone verso di loro si danno spiegazioni che vanno dal fatto che gli altri sono "troppo stupidi" per comprendere o che si comportano così perché "li invidiano"; oppure, in casi tutt'altro che rari, proprio non si accorgono dell'altrui atteggiamento avverso come se non fosse avvenuto. La politica italiana è ricca di esempi di politici che, affetti da questo tipo di narcisismo, dopo aver perso le elezioni, i referendum, avendo consensi stimati sotto lo zero virgola, continuano imperterriti, a comportarsi come se nulla fosse e come se fossero i vincitori dell'agone elettorale e fossero il nucleo ideale attorno al quale ruota tutta la vita dello Stato. Lo stesso avviene nella vita normale di ogni cittadino: i narcisisti grandiosi, dopo tre matrimoni falliti, quattro figli che si rifiutano di parlare con loro, nessun vero amico nella loro esistenza, dieci progetti lavorativi non portati a termine, si comportano come se tutto ciò non fosse avvenuto e continuano a credersi affabili, accattivanti e pieni di successo lavorativo e affettivo, e soprattutto, sono pressoché certi di essere talmente ammirabili che se tutto il mondo non sta fermo in adorazione estatica della loro persona, è solo ovviamente perché non posseggono uno strumento di comunicazione sufficiente per raggiungere ogni essere umano che vive sul pianeta.

Le caratteristiche del tipo *ipervigile* sono invece completamente differenti. Infatti queste persone *sono estremamente e patologicamente sensibili alle reazioni che gli altri hanno nei loro confronti*. La loro attenzione è quindi perennemente diretta *verso gli altri*, in modo assolutamente opposto al tipo inconsapevole, la cui attenzione è costantemente diretta verso sé stesso. Con un'attenzione veramente degna di un "paranoico" ascoltano gli altri alla ricerca della *pur minima reazione critica* rivolta verso di loro e tendono a *sentirsi offesi di continuo*. Qualsiasi comportamento dell'interlocutore, in modo particolare delle persone significative (terapeuta compreso), può venire registrato come offensivo e non raramente la diagnosi differenziale con il disturbo paranoide di personalità può essere estremamente difficile. La neutralità analitica, ovvero la semplice non approvazione da parte del terapeuta del contenuto portato in seduta, può essere interpretata come una vera e propria offesa nei loro riguardi; ciò avviene sempre anche con il tipo grandioso, solo che a differenza di quest'ultimo, che diviene immediatamente aggressivo in modo palese e arrogante, nel caso dell'ipervigile si possono osservare vere e proprie crisi di pianto o comunque turbamenti emotivi che denotano un'apparente fragilità. Questi pazienti sono *timidi e inibiti* ed *evitano di mettersi in luce* possedendo la ferma convinzione che saranno *rifiutati e umiliati*. In verità, nel nucleo del loro mondo interno vi è un profondo senso di *vergogna* connesso al *loro segreto desiderio di esibirsi, in realtà, con modalità grandiose*. Essi si sentono *irreparabilmente imperfetti* e spesso richiedono una terapia proprio per raggiungere quello stato di grandiosa perfezione che vorrebbero avere. Come si può quindi già vedere da queste prime caratteristiche elencate, il narcisismo "grandioso" e quello "vulnerabile" sono *entrambi aspetti del medesimo fenomeno* psicopatologico, ovvero l'*identificazione con un sé grandioso stabile*, solo che nel caso della persona orientata con una fragilità narcisistica, questa grandiosità si trova ad essere ben nascosta sotto un'apparente vulnerabilità.

Dal punto di vista della *tipologia psicologica junghiana*, i narcisisti ipervigili sono tipi *pensiero e sensazione introversi* il che spiega la loro difficoltà a utilizzare la logica se applicata al mondo esterno e il loro continuo, perenne bisogno di controllo perfezionistico su tutte le cose. Tutto ciò che nel mondo dipende da loro e appare loro in disordine, diventa una conferma della loro inadeguatezza, che verrà scoperta e sarà fonte di un'inevitabile umiliazione: *la paura di sbagliare* è sempre presente e talora è tale che restano paralizzati e non riescono a portare a termine, a causa di ciò, i compiti che si sono prefissati o che la società gli impone. Anche loro, come i corrispettivi grandiosi, non sono in grado di utilizzare la funzione sentimento e intuizione, per cui sono travolti dalle emozioni e intuiscono malamente la presenza di critiche inesistenti da parte delle altre persone.

Entrambi i tipi, sia l'inconsapevole sia l'ipervigile sono *gravemente fissati unilateralmente a livello della loro coscienza*, per adattarsi all'ambiente esterno, *unicamente sull'utilizzo delle loro funzioni principali*. Ciò avviene perché, come abbiamo già detto, l'angoscia da cui entrambi si difendono è un'*angoscia psicotica di frammentazione dell'Io* per cui, se in un qualche modo, l'organizzazione difensiva cedesse si verificherebbe un totale allagamento della coscienza da parte dei contenuti inconsci. Difatti le persone orientate narcisisticamente in senso patologico *non possono venire trattate con i metodi della psicoanalisi classica* che pone al centro del lavoro la storia passata del paziente e l'interpretazione della stessa. Questa impostazione classica della terapia ha dato risultati nulli, quando non addirittura effetti dannosi, con questi pazienti. Nel caso del narcisismo grandioso/inconsapevole può dare luogo non a nevrosi, ma a *psicosi da transfert* con *agiti distruttivi* di vario ordine e grado, che si manifestano con comportamenti che vanno dal semplice dropout in genere "punitivo" verso il terapeuta (come per esempio non presentarsi all'appuntamento e sparire, o interrompere la terapia mediante atti svalutativi e offensivi in seduta), fino a varie forme di agito extra setting che portano a danni talora irreparabili allo scopo di *agire anziché percepire* la loro rabbia che stava emergendo in seduta verso figure genitoriali del passato. Invece nel caso dell'ipervigile, possono verificarsi delle *gravi inflazioni dell'Io* con passaggio da uno stato remissivo e timido a uno grandioso e arrogante con chiari spunti deliranti di tipo espansivo megalomanico. Tutte queste situazioni sono state definite dalla letteratura come lo "slatentizzarsi" di "psicosi latenti" a seguito della terapia[6].

Nel paziente orientato narcisisticamente possiamo dire che rispetto al suo passato familiare, a prescindere che sia un narcisista grandioso o inconsapevole, abbiamo tre atteggiamenti tipici: 1) un disinteresse assoluto verso il suo passato infantile: essendosi "generato da sé" e non ammettendo alcuna forma di dipendenza dagli altri neppure da neonato (autosufficienza narcisistica), non riesce minimamente a comprendere che cosa possa ricavarne dall'esplorare la sua storia passata per aiutarlo a risolvere i suoi problemi presenti; 2) la sua vita familiare e i suoi genitori sono stati assolutamente perfetti, nemmeno San Giuseppe e la Vergine Maria sono stati genitori migliori dei suoi e tende pertanto a non comprendere per quale motivo mai ci si dovrebbe interessare a un passato così meraviglioso; oppure, 3) all'opposto, i suoi genitori sono stati pessimi e sono la causa di tutti i suoi problemi, proprio a cagione della loro malvagità e inettitudine genitoriale lui oggi è purtroppo quello che è, con un brutto carattere del tutto immodificabile e tutto il mondo deve prenderne atto e insieme alla vita stessa lo deve risarcire. Questo stampo di persona tipicamente dice: «Questo è colpa di mio padre/madre e perciò sono fatto così e non posso farci niente» e ciò in realtà sottende: «Io non ho alcuna responsabilità di come sono, per cui non ho nemmeno la responsabilità di impegnarmi a cambiare il mio modo d'essere e di comportarmi; è il mondo intero semmai che deve adattarsi a me perché da piccolo ho sofferto tanto».

A prescindere da quello che possa essere l'atteggiamento di queste persone narcisisticamente orientate verso il loro passato familiare, è bene porre in evidenza che secondo i moderni dettami del trattamento psicodinamico, non ha alcun senso iniziare

[6] Questi casi sono ciò che Jung definiva «la bestia nera dello psicoterapeuta».

e impostare su questo la terapia, perché questo porta solo il paziente e il suo terapeuta in un vicolo cieco senza alcuna possibilità d'uscita. Nel narcisismo patologico è semplicemente dannoso occuparsi dall'inizio del trattamento della vita passata, ma si deve, come vedremo, concentrarsi sul "qui e ora" della relazione con il terapeuta all'interno del setting e rivolgersi solo in un secondo momento al "là e allora" del passato.

Esistono numerose conferme nella letteratura scientifica dell'esistenza di questi due tipi di narcisismo patologico, anche se vengono definiti con una terminologia differente. Wink (1991), per mezzo dell'analisi delle componenti principali di sei scale sui tratti narcisistici del Minnesota Multiphasic Personality Inventory (MMPI), ha identificato *due fattori ortogonali*: una dimensione di *vulnerabilità-sensibilità* e un aspetto di *grandiosità-esibizionismo*. Egli ha definito queste due forme, che considera come due forme psicopatologiche distinte, come narcisismo "celato" e "manifesto". Sebbene in entrambe le forme identificate da Wink siano presenti *indifferenza verso gli altri, indulgenza verso sé stessi e presunzione*, i soggetti del gruppo "celato" della dimensione vulnerabilità-sensibilità, mostravano *un atteggiamento introverso, difensivo, ansioso, e vulnerabile ai traumi della vita*, mentre quelli del gruppo "manifesto" della dimensione grandiosità-esibizionismo, si mostravano con *un atteggiamento estroverso, sicuri di sé, esibizionisti e aggressivi.* L'esistenza di queste due categorie di disturbo narcisistico è stata confermata anche dai lavori di Dickinson e Pincus (2003) che hanno sottolineato una forte similarità fra i narcisisti ipervigili e gli individui con *disturbo evitante di personalità.*

Un altro interessante studio condotto su 701 studenti di un college (Hibbard, 1992) ha evidenziato due sottotipi di disturbo narcisistico di personalità. Gli studenti rispondevano a questionari basati su otto scale di valutazione del narcisismo, delle relazioni oggettuali, del masochismo e della vergogna. Ne sono emersi due sottogruppi distinti di "stile": uno con *stile narcisistico vulnerabile* e uno con *stile fallico grandioso*. L'affetto centrale che appariva fondamentale in questi soggetti è la *vergogna* correlata positivamente con lo stile vulnerabile e all'opposto negativamente nello stile grandioso. È molto importante evidenziare come da questo studio appare che il tipo grandioso può decisamente dirsi come un individuo "felice", mentre il vulnerabile è una persona "sofferente" sotto molti aspetti. Questa situazione è stata ulteriormente confermata da Rose (2002) in uno studio su 262 studenti ove i soggetti che rispondevano ai criteri per un disturbo narcisistico di stile grandioso, in base a strumenti di autovalutazione, si ritengono relativamente felici e dotati di una buona autostima. In altri termini, la personalità che ha un narcisismo manifestamente patologico può trarre dei vantaggi psicologici da questa forma di autoinganno perché, mantenendo delle convinzioni non realistiche sul proprio valore e considerando gli altri inferiori, può ottenere un migliore risultato di adattamento alla vita proteggendosi in modo difensivo dalla vergogna e dalla sofferenza. Ciò spiega per quale motivo queste persone non si rivolgono primariamente a un terapeuta ma vi sono indotti da altre persone o circostanze. Invece i narcisisti vulnerabili hanno *sentimenti di inferiorità e di infelicità* perché le loro difese contro la vergogna della ferita narcisistica sono molto meno sviluppate.

Tuttavia esiste un altro studio ancora (Russ et al., 2008) che ha utilizzato le scale della SWAP-II e ha coinvolto ben 1200 clinici fra psichiatri e psicologi. Oltre a confermare la presenza dei due tipi appena descritti, questo studio ha individuato, su 255 pazienti, anche *un terzo tipo di narcisismo patologico*: un narcisismo *grandioso-maligno*, simile al narcisismo inconsapevole ma caratterizzato dalla presenza di maggiori note antisociali; *un esagerato senso di importanza, mancanza di rimorso, manipolazione interpersonale, rabbia furiosa, ricerca di potere interpersonale* e *senso di privilegio*. Questo terzo tipo di narcisismo patologico costituisce un'evidente conferma dell'esistenza del cosiddetto "narcisismo maligno", al confine con l'antisociale isolato da Kernberg.

In ogni caso, quest'ultimo lavoro ha anche posto in evidenza come, *in tutte le tre forme di narcisismo patologico*, siano presenti come *caratteristiche chiave*: *vulnerabilità interpersonale, difficoltà di regolazione affettiva, competitività* e *disagio emozionale*;

tutte componenti che sono assolutamente assenti nel costrutto diagnostico descrittivo del DSM-5 sia dal punto di vista categoriale sia dimensionale! Pertanto si può ben vedere come un'indagine del paziente che sia funzionale/dimensionale e che non abbia come base un preconcetto categoriale/sintomatologico, porti a risultati affatto differenti da quelli che si ottengono da un'osservazione descrittiva come quella del DSM.

Tutti questi studi scientifici[7] citati confermano quindi l'esistenza di almeno *tre tipi* di narcisismo patologico: una forma *grandiosa* (descritta dal DSM 5), una forma *vulnerabile* (descritta da Gabbard), e una forma *maligna* (descritta per primo da Kernberg) che confina con la sociopatia. Pertanto possiamo ben asserire, come abbiamo fatto all'inizio di questo lavoro, come sia scientificamente provato che il narcisismo patologico sia *un fenomeno composito e polimorfo* che, risentendo moltissimo degli usi e costumi dell'ambiente in cui si manifesta, presenta anche la caratteristica della *patomorfosi*. Ovvero, a parte i casi limiti, le persone orientate narcisisticamente che oggi si osservano, sono alquanto differenti da quelle che si vedevano dieci o venti anni fa e se in fondo la caratteristica di base che sostiene la loro patologia è sempre quella (grandiosità e incapacità d'amare veramente), le manifestazioni a cui essa dà luogo sono cambiate nel corso del tempo. Per fare un esempio, negli anni Sessanta-Settanta (ma anche Ottanta-Novanta) del secolo passato, un maschio vanitoso non si sarebbe mai depilato avendo come sex symbol attori che si presentavano col il petto ricoperto di peli: basti pensare al villoso 007, Sean Connery, il massimo della virilità, del "tombeur de femme" dell'epoca. Anzi, un uomo che si depilava era considerato "effeminato". Oggi invece, è proprio il narcisista fallico quello che ricorre alla depilazione e ai centri estetici, molto di più di una fotomodella che vive per lavoro della sua immagine. Il terapeuta non più giovane, o già anziano (come chi scrive), dovrà essere informato sulle attuali mode per poter valutare correttamente la personalità di questi pazienti.

[7] Tutti riportati in *Psicologia clinica* di A.M. Kring et al., Zanichelli, Bologna 2020.

Infine, per complicare ulteriormente le cose, la letteratura scientifica descrive anche un'aggiuntiva forma di narcisismo, definito "ad alto funzionamento" nel quale i soggetti, che avrebbero una personalità organizzata molto più sul versante *nevrotico* che borderline, sebbene possiedano una concezione di sé stessi data da una percezione di eccessiva importanza, si presentano come individui attivi, pieni di energia e ben articolati nel loro adattamento relazionale alle persone e all'ambiente; sembra, in pratica, che tali persone abbiano utilizzato il loro narcisismo come forte motivazione al successo. Tale forma è stata definita "narcisismo relativo" (subclinico) e sarebbe la caratteristica di molte persone di successo che non presentano i sintomi o i comportamenti francamente patologici descritti nelle forme precedenti. Date le tendenze alla fiducia di sé e all'ambizione costruttiva di queste persone ci si è chiesti se questo tratto narcisistico potesse avere un valore adattativo. Uno studio condotto da 121 esperti di politica americana e dei suoi leader ha assegnato un punteggio al narcisismo relativo dei presidenti degli USA. Quelli che hanno ricevuto il punteggio maggiore sono anche quelli che sono stati considerati i più persuasivi, più capaci di conquistare il voto popolare e di promuovere nuove legislazioni. D'altra parte però, sono anche risultati gli stessi che avevano maggiori probabilità di incorrere in problemi durante il loro mandato a seguito di comportamenti non etici (Watts, Lilienfeld et al., 2013). Le persone invece con chiara diagnosi di disturbo narcisistico hanno una probabilità ancora più alta di incorrere in queste problematiche di carattere etico[8].

Come si può quindi vedere il fenomeno del narcisismo patologico, anche in senso descrittivo puro, è un problema assolutamente irrisolto dalla classificazione che ne fa il DSM-5, perché essa è del tutto insufficiente a raccogliere le varie forme in cui tale disturbo si presenta e anche l'attuale modello alternativo per la diagnosi di disturbo narcisistico di personalità previsto

[8] Questo studio confermerebbe le concezioni di Freud che abbiamo visto in precedenza secondo le quali più si è narcisisti e meno si è etici.

dall'ultima edizione del DSM, anche se ha sicuramente migliorato le cose, non risolve affatto il problema della diagnosi dei vari disturbi narcisistici esistenti, perché come vedremo fra poco, continua a riferirsi sempre e solo al tipo grandioso di questi disagi psichici.

2.3 IL MODELLO ALTERNATIVO DEL DSM-5 PER IL DISTURBO NARCISISTICO DI PERSONALITÀ: UN MODELLO SUFFICIENTE?

Come è ormai noto il DSM-5 ha abolito la classica suddivisione in Assi dei Disturbi Psichici e ha introdotto anche un Modello alternativo Dimensionale di valutazione delle aree funzionali, basato essenzialmente sul datato concetto dei "Big Five" nella valutazione della personalità del paziente.

Nel *Modello alternativo del DSM-5 per il Disturbo Narcisistico di Personalità*, si distinguono le specifiche compromissioni del funzionamento di personalità:

Criterio A: caratteristiche difficoltà in almeno 2 delle seguenti 4 aree:

1. *Identità*: eccessivo riferimento agli altri per la definizione di sé e della propria autostima che può essere bassa o alta o oscillante tra questi estremi. La regolazione emotiva segue le fluttuazioni dell'autostima.
2. *Autodirezionalità*: definizione degli obiettivi mirata alla ricerca di approvazione da parte degli altri; standard personali irragionevolmente elevati, autovalutandosi come eccezionali, o troppo basati sulla convinzione che "tutto sia dovuto" con frequente inconsapevolezza delle proprie motivazioni (reali).
3. *Empatia*: grave compromissione della capacità di riconoscere i bisogni e i sentimenti altrui; eccessiva reazione alle reazioni altrui ma solo se rilevanti per sé con sovra-sottostima del proprio effetto sugli altri.

4. *Intimità*: rapporti superficiali stabiliti per regolare la propria autostima; reciprocità ostacolata dalla mancanza di autentico interesse per l'altro e dalla predominanza del bisogno di un vantaggio personale.

Criterio B: entrambi i seguenti tratti di personalità patologici:

1. *Grandiosità*: egocentrismo, sentimenti di "essere eccezionale" e che "tutto sia dovuto"; convinzione di essere migliore degli altri.
2. *Ricerca di attenzione*: reiterati ed eccessivi tentativi di attirare l'attenzione per essere al centro dell'ammirazione altrui.

Dunque possiamo osservare che, anche se con il modello alternativo del nuovo DSM si va un po' più in profondità senza fermarsi alla mera descrizione dei sintomi e si accetta il fatto che l'autostima del paziente narcisista oscilla continuamente, si sta sempre descrivendo un unico tipo di disturbo – ovvero la sua espressione grandiosa – quando invece è ampiamente dimostrato dagli studi clinici sopra riportati che vi sono almeno tre sottotipi che appaiono fra loro alquanto differenti da quello catalogato dal DSM-5. Ciò sta a indicare che, sebbene il DSM sia uno strumento orientativo indispensabile in psicopatologia, rispetto al Disturbo Narcisistico di Personalità (come, in realtà, anche rispetto ad altri DDP) è un dispositivo diagnostico del tutto insufficiente.

2.4 LA DIAGNOSI DIFFERENZIALE

In base al DSM-5 il disturbo narcisistico di personalità (DNP) va differenziato dagli episodi maniacali e ipomaniacali dove il comportamento è francamente psicotico o dai disturbi dall'uso di sostanze, anche se la cosiddetta "doppia diagnosi" è tutt'altro che rara (specie per l'uso di alcol e cocaina). Esso va differenziato anche da tutte le forme deliranti di carattere espansivo-paranoico ove la grandiosità megalomane è il nucleo del vissuto del paziente: la struttura delirante del pensiero è assolutamente dirimente. Il DNP si differenzia poi dai seguenti DDP:

1. *Antisociale*: il narcisista patologico è maggiormente orientato a stabilire il suo dominio piuttosto che a ottenere guadagni materiali; l'antisociale presenta disturbi della condotta e non manifesta particolari necessità di essere ammirato. Va detto da subito che ormai è rimasto solo il DSM a non considerare il disturbo antisociale come la forma più estrema e grave di narcisismo patologico.
2. *Borderline*: esso presenta identità instabile, comportamenti caotici, gesti autolesivi, ansia cronica e molto raramente raggiunge obiettivi elevati nella vita.
3. *Istrionico*: a differenza del disturbo narcisistico ha forte capacità empatica, espressione emotiva e raramente sfruttamento degli altri.
4. *Ossessivo-compulsivo*: presenta inflessibilità, comportamento orientato massimamente sui dettagli, isolamento sociale associato al perfezionismo e all'incapacità di delega e fiducia negli altri.
5. *Paranoide e schizotipico*: include sospettosità e ritiro sociale.

Anche questa situazione di diagnosi differenziale viene a basarsi unicamente su principi descrittivi categoriali che possono essere del tutto inadeguati di fronte alla complessità che il più delle volte presenta il DNP, cosa che del resto vale anche per tutti gli altri DDP.

2.5 COMPLICANZE E COMORBILITÀ

In base al DSM-5 come *complicanze* del DNP possono presentarsi: *ritiro sociale, umore depresso, disturbo depressivo maggiore o distimico* come *reazione a critiche o a fallimenti*. È molto importante evidenziare come questi pazienti che cadono in ciò che viene definito "scompenso narcisistico" di tipo depressivo – che frequentemente è la prima manifestazione psicopatologica con cui un paziente con DNP si presenta all'osservazione clinica

– possono essere soggetti a ideazioni e a veri e propri tentativi effettivi di suicidio. A differenza di altri DDP in cui l'attività volta in senso suicida presenta perlopiù un carattere dimostrativo per attirare l'attenzione e può portare alla morte del soggetto più per sfortuna che per volontà del paziente, nel caso del DNP la volontà di suicidarsi deve essere sempre presa assolutamente sul serio e prima di occuparsi del Disturbo di Personalità vero e proprio è di fondamentale importanza trattare lo scompenso. Scompenso che in genere deriva da fallimenti reali della vita dell'individuo come licenziamenti, progetti non raggiunti, divorzi e abbandoni (specie se è il paziente ad essere stato lasciato), ma anche al non raggiungimento di un grandioso ideale di sé chc il soggetto si era prefissato come scopo della sua esistenza.

Rispetto alla *comorbilità* questi pazienti sono a maggiore rischio di sviluppare *depressione maggiore* e, come già detto, *disturbo da uso di sostanze*. È molto importante tenere presente che in un numero molto elevato di casi si possono associare i seguenti Disturbi di Personalità: *borderline, antisociale, istrionico e paranoide* (Bressi, Invernizzi, 2017) e *tutti anche contemporaneamente*. Ovvero, in altri termini, un paziente che risponde ai criteri diagnostici del DSM per il Disturbo Narcisistico di Personalità può presentare anche contemporaneamente criteri altrettanto validi per tutti gli altri disturbi elencati; il che significa che, in un caso limite, secondo il DSM un paziente può presentare contemporaneamente ben *5* differenti disturbi di personalità.

Anche ciò mostra chiaramente come la diagnosi unicamente descrittiva e categoriale dei Disturbi di Personalità sia un qualcosa non solo di insufficiente, ma anche chiaramente fuorviante[9], e come sia necessario possedere anche altri criteri di valutazione diagnostica della personalità di questi pazienti.

[9] Ciò in realtà vale per qualsiasi disturbo psichiatrico ove la valutazione unicamente sintomatologica, davvero, lascia il tempo che trova. Nel caso poi del Disturbo Narcisistico questo fatto è talmente evidente che balza agli occhi di chiunque, tranne di chi caparbiamente non lo vuole vedere.

2.6 EPIDEMIOLOGIA, GENETICA E ASPETTI BIOLOGICI

A seconda degli studi il 50-75% dei pazienti affetti da DNP appartiene al sesso *maschile* (Bressi, Invernizzi, 2017). In realtà tutti gli studi più recenti non hanno per nulla confermato questa prevalenza e depongono per *un 50 a 50 fra sesso maschile e femminile* (Gabbard, 2015; Kring et al., 2020). Ciò può essere dovuto alla tipica patomorfosi che i Disturbi di Personalità presentano, ma anche a fattori di cambiamento sociale, alle diverse aree culturali e geografiche o anche a differenti criteri di misurazione. In ogni caso, nel vissuto comune di una certa "psicologia" utopicamente schierata, il DNP viene considerato una sorta di "prerogativa" maschile, come se l'aggressività e la mancanza di empatia umana fossero legati alla forma che assumono i genitali esterni degli individui[10]. Tale impostazione non ha alcun valore scientifico perché anche se è ovvio che nell'ambito dell'esercizio comportamentale dell'aggressività maligna narcisistica essa possa assumere forme maggiormente fisiche e violente nella compagine maschile, ciò non significa affatto che il sadismo manipolativo svalutante che pongono in essere molte donne orientate narcisisticamente non possa essere altrettanto dannoso e distruttivo rispetto a quello palesemente concreto. Anche la maggiore incidenza nei giovani, di cui abbiamo parlato, non è affatto confermata dagli studi più recenti (Kring, et al., 2019[11]).

Dal punto di vista epidemiologico, la prevalenza va dal 2 al 16% della popolazione clinica, mentre è compresa tra 0 e 6.2% nei campioni di soggetti rappresentativi di comunità, e sicuramente il DNP e il narcisismo patologico (anche in forma di tratti

[10] Basti pensare all'interminabile elenco di donne serial killer che si sono susseguite nel corso della storia dell'umanità.

[11] I dati recenti suggeriscono che i punteggi nell'NPI (Narcissistic Personality Inventory) tra gli studenti universitari sono in forte discesa a partire dal 2008; posto che fino al 2008 il narcisismo stesse aumentando, le difficoltà a entrare nel mercato del lavoro nel periodo di dura crisi economica che ebbe inizio in quell'anno potrebbero essere correlate con l'abbassarsi dei punteggi di narcisismo.

più o meno evidenti) è in continuo aumento rispetto ai pazienti che si osservano nelle nostre pratiche ambulatoriali.

Dal punto di vista biologico/genetico, allo stato attuale, anche se Gabbard li cita, *non vi sono studi numericamente sufficienti su questi pazienti per poter osservare la presenza di aspetti genetici o biologici* (Bressi, Invernizzi, 2017). L'unico dato che viene ipotizzato è la possibilità che questi pazienti abbiano un'*aggressività più elevata* della media, costituzionalmente determinata; ma tale situazione non è certo specifica del disturbo narcisistico di personalità. Rispetto poi alla neurochimica e alla neurofisiologia del cervello, non vi è alcun dato in grado di mostrare una correlazione fra specifici neuromediatori o altri aspetti neurochimici e il DNP.

Questi dati ci mostrano chiaramente come sesso, età, ereditarietà genetica, fattori neurofisiologici *non sono assolutamente in grado di dare alcuna reale spiegazione del disturbo narcisistico*, per cui rimangono solo le *teorie dei modelli psicologici* (psicodinamica, cognitiva etc.) *e ambientali/sociali come possibili cause etiologiche* di questa patologia. Ciò verrà ampiamente trattato in seguito, ove si tratterà l'etiologia del disturbo narcisistico insieme alla sua psicodinamica, poiché la psicodinamica di un disturbo psicopatologico è appunto, darne una spiegazione etiologica basata su processi psicologici interni.

3
Modelli etiologici psicologici non psicodinamici del narcisismo patologico e del disturbo narcisistico di personalità

E ora parliamo un po' di te, mi ami?

Maria Luisa Spaziani

3.1 IL MODELLO COGNITIVO

Come abbiamo visto nel precedente capitolo non esistono, allo stato attuale, modelli biologici che posseggano una reale evidenza scientifica che consenta di spiegare l'insorgenza e il mantenimento del Disturbo Narcisistico di Personalità, per cui non possono rimanere *unicamente* che i *modelli psicologici* per dare una possibile spiegazione valida di tale orientamento patologico.

Esistono diversi *modelli psicologici* utilizzati per comprendere le dinamiche narcisistiche, cominceremo prendendo in considerazione il modello etiologico *cognitivo*. Tale modello si pone storicamente in contrasto con quelli di orientamento psicodinamico, tuttavia spero sia possibile mostrare in questa disamina come oggi vi siano molti punti in comune e di utile dialogo tra i due modelli, e come ciò consenta serenamente un'utilissima integrazione a dimostrazione di come in psicopatologia sia sempre la *multifattorialità* etiologica il principio cardine a cui ispirarsi per la comprensione dei fenomeni che essa osserva come scienza.

Il modello cognitivo, rispetto alle forme di narcisismo patologico che abbiamo preso in esame nel capitolo precedente, prende in considerazione in pratica solo il Disturbo Narcisistico nella sua forma grandiosa (come descritto dal DSM) ma, ciò non di meno, molte delle considerazioni a cui giunge sono decisamente utili e applicabili anche alle altre forme di patologie e stili narcisistici.

Il modello cognitivo prende quindi le sue mosse concettuali dalla definizione che il DSM dà della personalità narcisistica patologica come: «quadro di personalità caratterizzato da *un senso pervasivo di grandiosità* e dalla pressoché *assoluta mancanza di empatia*» (APA, 2000) e imposta i suoi studi su questi *due aspetti* considerati come i cardini su cui poggiano le "distorsioni cognitive" di questi pazienti.

1. Per quanto riguarda la *grandiosità*: il concetto di sé stesso è incentrato su una sensazione di eccezionalità associato a una rappresentazione personale come di un individuo fuori dal comune, unico e decisamente superiore alla norma. A questo si accompagna l'idea di meritare più degli altri e l'aspettativa di ottenere successi eclatanti sia nel campo professionale sia nelle relazioni affettive (Rezzonico, Bisanti in Bara, 2005-2007, p. 266). Il paziente narcisista ritiene di possedere uno status speciale che lo pone al di sopra della massa (Beck, Freeman, 1990) da cui deriva il suo particolare rapporto con le regole: in quanto individuo "fuori dalla norma", nel senso positivo del termine, egli coltiva la convinzione di potersi porre al di sopra delle regole che solamente tutti gli altri (inferiori a lui) devono rispettare, mentre invece lui merita assolutamente eccezioni e/o deroghe. In altri termini, ciò che vale per gli altri a lui non si applica e si aspetta, per questo motivo, particolari attenzioni e privilegi che considera dovuti e la cui mancanza provoca reazioni di collera e di rabbiosa rivendicazione, in quanto ciò corrisponde a un mancato riconoscimento della propria superiorità.
2. Per quanto riguarda l'*assoluta mancanza di empatia*: il rapporto con gli altri presenta, sia sul piano degli atteggiamenti, sia su quello dei comportamenti messi in atto, caratteristiche coerenti con le fantasie di grandezza personale. Gli altri sono considerati inferiori e perciò disprezzati. Va tut-

tavia precisato che, a differenza dell'antisociale che vede gli altri come spregevoli in quanto sfruttatori[1], nel caso del solo narcisismo patologico il disprezzo non nasce tanto dalla negatività dell'altro, quanto dall'eccezionale senso di valore di sé percepito. Di conseguenza, le relazioni di questi pazienti si contraddistinguono per la scarsa o nulla empatia e capacità di farsi coinvolgere o di prestare attenzione alle emozioni altrui, unite invece, a un'abilità veramente molto sviluppata di manipolare l'altro per i propri scopi.

Sempre Beck e Freeman (1990) indicano la personalità del disturbo narcisistico come dotata, da un lato, di *schemi ipertrofici* relativi all'*autoesaltazione* e alla *competitività* posta in essere soprattutto contro coloro che vengono vissuti come qualcuno che "pretende" di porsi su un piano di parità con loro; dall'altro lato, pressoché priva degli *schemi compensatori* dei due ipertrofici, ovvero, di quelli facenti capo alla *collaborazione paritetica*, quali *partecipazione* e *identificazione con il gruppo di appartenenza.*

Quindi le concezioni di Beck e Freeman possono essere riassunte come in tabella 3.1.

Tabella 3.1 – Disturbo narcisistico secondo Beck, Freeman (1990)

Personalità narcisistica	Grandiosità, mancanza di empatia, bisogno di ammirazione
Visione di sé	Speciale, unico, superiore alle regole comuni, "per me valgono regole speciali"
Visione degli altri	Inferiori, ammiratori, disprezzabili
Pensieri caratteristici	"Sono migliore degli altri", "sono speciale e quindi per me valgono regole speciali"
Strategie principali	Usa gli altri, non rispetta le regole, manipolatorio, competitivo

[1] Ciò vale anche per il narcisismo maligno in cui si associano entrambi gli aspetti.

3.2 IL MODELLO SOCIO-COGNITIVO

Il *modello socio-cognitivo* sviluppato da Carolyn Morf e Frederick Rhodewalt (2001) è sempre basato su questa impostazione ma ne differisce per un aspetto importante. Esso è costruito su due concetti base: 1) le persone con disturbo narcisistico hanno *un'autostima fragile* e ciò è dovuto, in parte e non in tutto, al fatto che *cercano di preservare la convinzione di essere individui speciali*; e 2) per loro le interazioni interpersonali *sono finalizzate ad aumentare l'autostima* piuttosto che ad acquisire intimità o calore umano.

In altri termini: le persone con questo disturbo sono completamente schiave dell'obiettivo di mantenere una visione grandiosa di sé stesse, e questa finalità pervade praticamente tutte le loro esperienze di vita. Quindi, come si può vedere, anche questo modello, come quello psicodinamico (che vedremo successivamente), è incentrato sulla fragilità dell'autostima[2] del narcisista patologico, ma pone una maggiore enfasi sui meccanismi sociali e sulle distorsioni cognitive sottostanti a questo disturbo. Semplicemente i due modelli pongono maggiore o minore enfasi sulla dimensione cognitiva o inconscia dell'individuo.

Una serie di studi sperimentali compiuti da questi due autori confermerebbero che, appunto, le persone affette da disturbo narcisistico di personalità presentano delle *distorsioni cognitive* che servono a conservare convinzioni grandiose su di sé. Gli esperimenti di laboratorio di Morf e Rhodewalt hanno valutato queste distorsioni nel modo in cui le suddette persone valutano sé stesse in vari contesti. Per esempio, in determinati test è risultato che essi sopravvalutano l'attrazione che esercitano sugli altri e ugualmente sopravvalutano il proprio contributo ad attività di gruppo: «Gli altri mi invidiano perché ho fatto la parte del leone nei progressi compiuti oggi» è una tipica esternazione di questi pazienti emersa durante questi lavori. In

[2] Che in psicodinamica viene definita con il noto termine di "ferita narcisistica".

altri esperimenti si sono forniti ai partecipanti feedback positivi, dicendo loro che avevano portato a termine con successo un compito (indipendentemente dalle effettive prestazioni), poi è stato chiesto ai partecipanti di valutare le ragioni per le quali avevano avuto successo. I pazienti affetti da disturbo narcisistico attribuivano il successo alle proprie capacità piuttosto che al caso o alla fortuna, in maniera nettamente maggiore rispetto al gruppo di confronto di persone senza il disturbo.

Sempre Morf e Rhodewalt hanno anche valutato sperimentalmente, per mezzo di una rassegna di studi, fino a che punto l'autostima di queste persone dipenda da feedback esterni. Per esempio, quando si dice loro, mentendo, che hanno avuto una prestazione mediocre in un test QI, essi manifestano una reattività negativa molto maggiore delle altre persone. La medesima reattività molto maggiore rispetto alla norma, ma questa volta in senso positivo, si manifesta anche quando si comunica loro che hanno avuto un'ottima prestazione.

Mi preme rilevare, anche se ciò non è presente in questi studi, come sia caratteristico di questa sindrome anche *l'attribuire sempre ad altro (circostanze e/o persone) la causa dei propri insuccessi* talora con una serie di ragionamenti davvero tortuosi che rasentano l'ideazione delirante. Tali persone quasi sempre *mentono* (agli altri e in minor misura a sé stessi) nel raccontare lo svolgimento dei fatti che li hanno portati a un fallimento: *sbagliare è assolutamente intollerabile* perché mette in discussione la loro grandiosità; per non avvertire la fragilità della loro autostima devono trovare sempre un responsabile esterno ai loro insuccessi, grandi o piccoli che siano. Qualora per cause oggettive questo meccanismo di attribuzione fallisca e in un qualche modo si debbano inevitabilmente rendere conto della loro responsabilità, in tutto o in parte (che più spesso è in tutto), negli eventi che hanno portato all'insuccesso, questi individui vanno in crisi esistenziale, con l'insorgenza di depressione talora anche grave. La continua ricerca di una vita che si possa svolgere in modo da essere persone prive di "errori", spiega la necessità di doversi trovare sempre un "responsabile" pronto per l'uso su cui scaricare le proprie "colpe"[3]: costui molto facilmente diverrà un individuo "malevolo" nei loro confronti quando non un vero e proprio nemico malintenzionato. Ciò rende conto del frequente atteggiamento francamente *paranoide* che queste organizzazioni psicologiche sempre, prima o poi, mettono in essere: «Non sono io che ho sbagliato, è lui che me lo ha fatto fare; e me lo ha fatto fare perché ce l'ha con me in quanto invidia la mia perfezione». Tutto ciò, insieme ad altre loro modalità comportamentali tipiche, rende sempre molto difficili, nel breve o nel lungo periodo di tempo, le relazioni con le altre persone.

Infatti secondo il modello socio-cognitivo, come abbiamo visto, quando i pazienti con disturbo narcisistico interagiscono con gli altri, il loro scopo primario è alimentare la propria autostima. Questo obiettivo influenza sotto diversi aspetti il loro modo di agire verso gli altri. Innanzitutto, tendono a *vantarsi molto* e poiché molto spesso sono persone dotate di fascino, all'inizio ciò funziona bene, ma nel tempo le loro vanterie ripetute finiscono per essere percepite negativamente dagli altri (Paulhus, 1998). In secondo luogo quando *qualcun altro fornisce una prestazione migliore della loro* in un compito percepito come rilevante per la loro autostima, essi *denigrano l'altra persona*, anche apertamente. Questo atteggiamento rende facile capire perché questi pazienti si impegnino in comportamenti sgradevoli che alienano la simpatia altrui: *il loro senso di sé dipende dall'essere ammirati*, e non dal conquistare o mantenere l'amicizia e l'intimità con gli altri (Campbell, Bosson, Gohenn et al., 2007).

Questi ultimi lavori confermano sperimentalmente un concetto che è centrale anche nel modello psicodinamico relativo alla modalità relazionale nel narcisismo patologico, vale a dire la difesa dell'Io della *svalutazione-idealizzazione dell'altro in alternanza rispetto a sé stessi*. Ovvero, *per valutare sé stesso il*

[3] L'utilizzo della parola "colpa" del tipo: "È *colpa* di mio padre se sono così"; "Le ho chiesto di parlarle da solo per farle capire che è *colpa* di mia moglie se mia figlia sta male"; "E di chi è *la colpa* di questa malattia/situazione?" ecc. Si tratta di un tipico vocabolo utilizzato molto di frequente dalle persone orientate narcisisticamente.

narcisista svaluta l'altro, se valuta l'altro, lo idealizza, svalutando sé stesso (McWilliams, 2011): *la relazione è sempre asimmetrica, una relazione paritaria di reciproca valutazione è semplicemente impossibile.* Le persone strutturate narcisisticamente dipendono più di qualsiasi altra difesa da questi processi fra loro complementari di svalutazione-idealizzazione, non solo nelle relazioni, ma in ogni scelta della loro vita. Da ciò discende tutto un processo di "classificazione" di ogni cosa rispetto a ciò che può fornire un feedback positivo di grandiosità: qual è la scuola migliore per mio figlio? La palestra migliore? Il vestito migliore? L'abitazione nel quartiere migliore? E così via. Nell'ambito di questa classificazione in termini di relazione, le persone significative diverranno una vera e propria *estensione narcisistica di sé stessi*, specie genitori, figli e partner, che verranno valutati in senso positivo in termini "prestazionali", solo se sapranno rispecchiare la propria grandiosità. Per tale motivo i figli di queste persone dovranno ottenere il migliore risultato possibile nelle prestazioni scolastiche e sportive, i partner dovranno essere sempre perfetti specie in pubblico e sarà anche possibile accettare che qualcuno delle persone significative che li circondano possa riuscire meglio di loro, purché si possa ascrivere al fatto che ciò è stato possibile solo perché avevano loro come madre, padre, marito o moglie. È inutile dire come la relazione con queste persone porti a un profondo senso di annullamento di coloro che vivono loro accanto a meno che, a loro volta, non siano affetti dallo stesso disturbo narcisistico e quindi condividano questa assurda e patologica visione della vita alla ricerca del "meglio". Tuttavia anche in questo caso la relazione sarà essenzialmente competitiva e non basata sull'affetto, con l'insorgenza di continue invidie che potranno sfociare in situazioni estremamente conflittuali. Se a ciò si aggiunge, come abbiamo visto prima, la tendenza paranoide di proiettare difetti e responsabilità su altre persone (che frequentemente sono quelle più significative), ben si comprende come il mondo relazionale delle persone narcisisticamente orientante sarà *sempre* un mondo *disfunzionale* con variabili gradi di gravità ed è parere di chi scrive che chi, anche al più alto grado di funzionamento, presenta una personalità che risponde ai criteri di uno stile narcisistico, non è *mai, interiormente*, una persona in grado di un amore vero e stabile nel tempo verso i propri simili anche quando il suo comportamento è tale da apparire "affettuoso" e non svalutante. Queste persone, nel loro mondo interiore, non sono mai veramente capaci, per amore di un loro simile, di andare fino in fondo e in ogni caso oltre loro stesse. Anche quando vengono assunte alla gloria degli altari dei Santi, hanno sempre e solo agito con lo scopo, più o meno inconscio, di essere ammirati dall'umanità intera e possibilmente anche da Dio stesso poiché, anche Lui, se fosse stato un po' più attento nel guardarli avrebbe forse potuto capire che qualcosina da imparare da loro ce l'aveva eccome!

3.3 AFFETTIVITÀ E MODELLI COGNITIVI

Sul piano dell'*affettività*, anche il modello cognitivo, come alcuni modelli psicodinamici (Kernberg in particolare), ritiene che l'emozione prevalente presente in questo disturbo sia la *rabbia*, dovuta *all'assenza degli attesi riconoscimenti di superiorità*. Il mancato raggiungimento degli obiettivi di ampliamento della propria sfera di potere, di gloria e di innalzamento di status, si accompagna a *reazioni di tipo depressivo*, caratterizzate da senso di fallimento e sconfitta, vuoto e soprattutto vergogna: queste emozioni stanno a confermare, nella personalità organizzata in senso narcisistico, la centralità assoluta del *sistema motivazionale interpersonale agonistico-competitivo* che abbiamo già segnalato (Rezzonico, Bisanti, in Bara, 2006-2007).

Gli aspetti affettivo-cognitivi del narcisismo patologico vengono ricondotti davvero magistralmente da Semerari (Dimaggio, Semerari, 2003) ad alcuni *tipici stati mentali* dati da specifici *temi* legati a specifiche *emozioni:*

a. Uno *stato grandioso* corrispondente a temi di eccellenza, superiorità rispetto alla media, non-appartenenza alla massa, accompagnati da emozioni di euforia, senso di alta autoefficacia, oppure freddo distacco rispetto agli altri.

b. Uno *stato depresso-terrifico* legato ai temi del fallimento e/o al mancato riconoscimento di superiorità, accompagnato da vergogna e paura.
c. Uno *stato di vuoto devitalizzato* legato a temi di senso esistenziale, in cui ogni esperienza emotiva appare come "sospesa", assente, in cui si compie pienamente il distacco dagli altri e l'autostima, in questo modo non sottoposta a prove, si mantiene inalterata.
d. Uno *stato di transizione* legato alla percezione del rischio di invalidazione o di mancato riconoscimento (tema del "non essere all'altezza"), minaccioso per l'autostima, accompagnato da un'angoscia senza oggetto[4].

Questi stati mentali con i loro *temi centrali* e i loro *vissuti emozionali* possono presentarsi singolarmente in questi pazienti, in modo alternante o anche tutti insieme nello stesso soggetto. A mio modesto avviso tale descrizione costituisce anche un'ottima rappresentazione *fenomenologica esistenziale*, oltre che cognitiva, del disturbo narcisistico di personalità, in quanto pone al centro della sua delineazione quello che è il *senso* dell'*esperienza vissuta* della persona orientata narcisisticamente.

3.4 RUOLO DELL'ATTACCAMENTO E DELLA MENTALIZZAZIONE NELL'ETIOLOGIA DELLE DINAMICHE NARCISISTICHE

Nel modello cognitivo le problematiche di questi pazienti sono legate a uno specifico *stile di attaccamento* (ma oggi il ruolo dei modelli operativi interni della Teoria dell'Attaccamento[5] e di

[4] In genere il sentire come se qualcosa di terribile, terrifico incombesse e dovesse accadere.

[5] Va infatti ricordato che la teoria dell'attaccamento di Bowlby nasce in un ambito assolutamente psicodinamico e fa parte della storia della psicoanalisi post freudiana e non del cognitivismo.

centrale importanza anche in quello psicodinamico) e tale stile non riguarda solo il disturbo narcisistico, ma *tutti* i disturbi del *Cluster B* (Narcisistico, Borderline, Antisociale, Istrionico) ovvero lo *stile disorganizzato di ostilità*. In base a questa teoria esisterebbe una correlazione tra *attaccamento disorganizzato* e stile cognitivo di *ostilità* presente nei disturbi del Cluster B. Tale tipo di attaccamento disfunzionale si instaurerebbe quando il bambino, durante il suo sviluppo, interagisce con una madre (o altre figure genitoriali) che è dominata da un grave conflitto o da un'emozione irrisolta (per esempio un grave lutto), che la spinge a interagire con il bambino manifestando un costante atteggiamento di *tristezza, preoccupazione o ansia*, concentrandosi più sul proprio mondo interno che sulle esigenze del figlio. A causa di questo atteggiamento del caregiver, il bambino finisce per percepirlo come una *minaccia* e potrà sviluppare un attaccamento disorganizzato, nel quale assume atteggiamenti *ambivalenti e contraddittori* a causa della situazione paradossale in cui si trova, dove *chi dovrebbe essere fonte di rassicurazione è invece visto come minaccioso.* Lo stile cognitivo che si sviluppa è quindi quello detto di *ostilità*, in quanto il soggetto *incapace di reagire in maniera adeguata alle invalidazioni*, *cerca di imporre con la forza la propria posizione*, *screditando gli altri, ignorandoli e manipolandoli come se si trattasse di oggetti da utilizzare per i propri bisogni e non di persone*. Il tipo di personalità che ne origina è quello di un individuo che: a) *instaura rapporti interpersonali molto conflittuali*; b) *si crede speciale e in diritto di sfruttare gli altri*; c) *è privo di regole morali e non sviluppa adeguatamente il senso di colpa/responsabilità*: "Stile cognitivo narcisistico" secondo Beck e Freeman (1990).

Dimaggio e Semerari (2003) hanno ulteriormente sviluppato questa Teoria dell'Attaccamento verso la centralità di una sorta di *superiore autosufficienza* del sistema motivazionale del paziente con disturbo narcisistico: ogni debolezza e ogni richiesta d'aiuto sono giudicate inaccettabili in quanto corrispondenti – nella prospettiva di un tipo di relazione agonistico/competitiva che appare cognitivamente sovraordinata – a sottomissione, sconfitta e inferiorità. Vengono piuttosto attivamente coltivati gli aspetti di un *distacco superiore* verso le altre persone, legati anche all'idea che l'altro non possa realmente fornire l'aiuto e le attenzioni richieste, perché *non ne ha le capacità*, proprio come non le aveva la madre (o il caregiver di riferimento) di queste persone. Pertanto, a differenza di un atteggiamento paranoideo che vede l'altra persona a cui si dovrebbe chiedere aiuto come una persona malevola che si approfitterà della condizione di inferiorità del soggetto che pone la richiesta, nel caso dello stile narcisistico, l'altro che dovrebbe portare aiuto viene visto proprio come qualcuno del tutto incapace di farlo. Del resto nella mentalità orientata narcisisticamente vige l'idea che non possa esservi nulla che tale soggetto non possa capire, conoscere e fare, per cui se non è in grado lui di aiutarsi chi altri mai potrebbe farlo?

La Teoria dell'Attaccamento può fornire anche un utile modello di riferimento per comprendere l'*incapacità di mentalizzazione* presente nei soggetti affetti da disturbo narcisistico. Difatti, sia il narcisista inconsapevole come quello ipervigile sono individui dotati di *insufficienti capacità mentalizzanti*, ovvero entrambi *non sono in grado di entrare in sintonia con le menti delle altre persone*. Il primo *non riesce a capire l'impatto che ha sugli altri*, mentre il secondo *non riesce a percepire correttamente il senso delle azioni/reazioni degli altri verso di lui* (Gabbard, 2015) ed entrambi ottengono reazioni esattamente opposte rispetto a quelle che vorrebbero: il grandioso raggiunge quasi sempre l'allontanamento degli altri anziché la loro agognata ammirazione e l'ipervigile, a causa della sua reattività eccessiva a ogni minima osservazione, ottiene sempre nuove umiliazioni anziché riconoscimenti e inclusioni. Gabbard evidenzia come il narcisista inconsapevole può aver ricevuto durante l'infanzia esperienze traumatiche di vergogna e umiliazione che hanno determinato un annullamento della serena curiosità verso le risposte interne delle altre persone (attaccamento sicuro), come modo per evitare la successiva esposizione a sentimenti di vergogna. Ma tutto ciò fa sì che le persone non si sentano mai viste da questi individui con conseguente senso di inutilità nella relazione che porta inevitabilmente a un allontanamento. Nel caso, invece, del narcisista ipervigile, egli cerca di mantenere un illusorio controllo su esperienze di questo tipo (sempre derivate dall'infanzia) cercando di anticiparle; i suoi difettosi processi di mentalizzazione però portano paradossalmente a ulteriori esperienze di umiliazione e vergogna, perché gli altri si sentono incompresi e attaccati quando i loro comportamenti assolutamente normali vengono interpretati come critiche pesanti che non avevano la minima intenzione di fare. Tuttavia, va precisato che gli studi maggiori che si sono fatti nel campo del processo di mentalizzazione riguardano in modo particolare le alterazioni di tale processo nella forma grandiosa del disturbo narcisistico come descritto dal DSM e del suo rapporto con quello Borderline, piuttosto che sulle forme ipervigili di tali sindromi.

La *mentalizzazione* o *funzione riflessiva* consiste nella capacità di pensare in termini di "stati mentali" – desideri, motivazioni, credenze, bisogni – per comprendere il proprio e l'altrui comportamento e il suo corretto sviluppo dipende dalla qualità delle relazioni di attaccamento (De Panfilis, Clarkin et al., 2019). Nei Disturbi di Personalità Narcisistico e Borderline quello che succede è che vi è *una distorsione*[6] *della realtà sia del mondo esterno, sia del mondo interno e gli aspetti della realtà che più di ogni altro sono distorti sono la percezione e l'interpretazione delle percezioni sociali, ovvero, ciò che appare alterato è la risposta che viene data alle intenzioni e ai comportamenti altrui. Tale risposta, sia in termini di vissuto interiore sia di comportamento verso il mondo interno in seguito alla percezione e interpretazione distorta delle intenzioni e comportamenti degli altri, si trasforma in vere e proprie rappresentazioni psicologiche stabili che determinano lo schema mentale*

[6] Non vi è una perdita della realtà come se si creasse un'allucinazione, ma solo una distorsione di essa.

di *pattern di funzioni mentali*[7] che *organizzano la personalità* dell'individuo secondo un modello stabile e duraturo. Questa risposta è mediata da dei circuiti neurali che formano i cosiddetti "circuiti della mentalizzazione". Vi sono diversi sistemi neurologici centrali che mediano la *cognizione sociale*, la cui descrizione e complessità ci porterebbero troppo fuori tema rispetto agli scopi che qui ci siamo preposti. In estrema sintesi possiamo dire che il nostro cervello possiede una sorta di *circuito neurale di risposta d'allarme* e uno di *risposta automatica* che vengono mediati da un ulteriore *circuito di risposta riflessiva*. Il circuito riflessivo è ciò che inibisce le aree cerebrali di risposta automatica. I segnali sociali degli altri vengono percepiti attraverso la *capacità di riconoscere correttamente le emozioni facciali*, ma le persone con disturbo di personalità compiono questo processo di riconoscimento in modo distorto. Tutti gli esseri umani hanno bisogno di essere socialmente accettati e quindi stare male dopo un rifiuto è assolutamente adattativo: non accorgersi di essere rifiutati, ovvero non provare *dolore sociale* è come non percepire che il fuoco brucia. È un processo evolutivo noto come "sistema di controllo dell'ostracismo". In presenza di rifiuto sociale determinato da un tipo di comportamento compiuto da un individuo nel contesto di una comunità, si attiva in lui un senso di allarme e di sofferenza (che coinvolge le stesse aree cerebrali del dolore fisico!) che consente di mettere in atto nuovi comportamenti che permettano al soggetto di essere accettato. Tutti *dipendiamo* dall'accettazione e approvazione degli altri per stare bene e *apprendiamo* dalle esperienze negative. Possiamo dire che apparentemente nel disturbo narcisistico ciò non avviene: questi pazienti affermano di non preoccuparsi o curarsi del rifiuto degli altri e sembrano non avere la tipica *iper-reattività emotiva al rifiuto* (Rejection Sensitivity, RS) dei borderline, ma in realtà gli studi sperimentali danno i medesimi risultati in entrambi i disturbi – è come se nel narcisista la RS si verificasse

[7] Di percezione, esperienza soggettiva e comportamento della personalità di ognuno di noi.

solo nelle aree cerebrali, ma non venisse percepita cognitivamente dal soggetto – e difatti in realtà si arrabbiano enormemente in caso di rifiuto (De Panfilis, Clarkin et al., 2019). Nel narcisismo patologico la percezione dei segnali sociali si attiva come nell'individuo normale, se non in modo superiore, ma è finalizzata unicamente alla ricerca di approvazione e ogni minimo segnale sociale di disapprovazione viene sostanzialmente negato alla comprensione, sebbene venga in realtà percepito come doloroso, ma solo nelle aree cerebrali al di fuori di quelle della consapevolezza emotiva. Il narcisista patologico ha bisogno di *ammirazione* per mantenere la sua autostima che è *qualcosa di più* che un'*inclusione sociale* essendo una *iperinclusione sociale*, proprio come il borderline, solo che non l'ammette (come invece fa il borderline) perché si trova in una situazione di *entitlement (di diritto)* con la sensazione che *tutto gli sia dovuto*. La mentalizzazione normale è quel processo che ci dà la capacità di capire correttamente gli altri nei termini della loro intenzionalità e in una situazione normale abbiamo il formarsi di risposte che danno origine a *rappresentazioni psicologiche condivise*: il mondo non è più il "mio" o il "tuo" mondo ma è un *luogo condiviso* (De Panfilis, Clarkin et al., 2019). Invece, la personalità organizzata narcisisticamente ha difficoltà a mantenere una rappresentazione di sé *collegata* all'altro: il mondo è solo il "mio" mondo. Vi è un'esperienza di sé *stabilmente polarizzata sull'Ego*: «Io sono colui che ha diritto, l'altro è colui che deve espletare il mio diritto e, se non lo fa, mi arrabbio e lo punisco» (Preti, Sarno, 2019). Pertanto il suo comportamento è socialmente maladattivo: non sono pro-sociali, non sono cooperativi e sono antisociali. Dunque il deficit della mentalizzazione in buona sostanza rende queste persone dei *disadattati sociali* e porta ancora una volta in evidenza, semmai ce ne fosse stato bisogno, come il disturbo narcisistico di personalità, a prescindere dai modelli psicologici di riferimento con cui viene osservato, è prima di tutto un *problema relazionale*.

3.5 STILI GENITORIALI E DISTURBO NARCISISTICO

Inevitabilmente la teoria dell'attaccamento ci porta a considerare quale sia il *ruolo etiologico* dello *stile genitoriale* nell'insorgenza del disturbo narcisistico. Molti sono i modelli e le teorie che attribuiscono un *ruolo negativo* ai genitori nella formazione di una personalità organizzata in senso narcisistico, modelli e teorie che però sono fra loro alquanto contrastanti: la psicologia del Sé di Kohut attribuisce importanza ai *fallimenti empatici* delle figure genitoriali con formazione di un "falso Sé"; Kernberg ha evidenziato la ricorrente presenza di *genitori freddi e severi* nelle storie dei pazienti narcisisti patologici; McWilliams (e anche la cultura popolare) invece sottolinea la presenza di *genitori eccessivamente indulgenti*, base questa anche dell'insorgenza dell'organizzazione e dei tratti antisociali per il mancato apprendimento dell'importanza del valore delle regole sociali nell'infanzia. Per contro Horton (2011), esaminando le varie teorie sull'argomento, ha rimarcato *la relativa mancanza di solide evidenze a sostegno del ruolo patogenetico di uno specifico stile genitoriale.* Inoltre bisogna sempre considerare che i genitori potrebbero *reagire* a tratti costituzionali[8] particolarmente problematici del bambino e quindi che vi possa essere una possibile *bi-direzionalità* dei *problemi genitori-figli.* Dunque l'esatta importanza e natura del ruolo svolto dai genitori nello sviluppo di questo disturbo è poco chiara e richiede ulteriori indagini. In ogni caso, come più che giustamente scrive Gabbard: «*Il clinico deve essere cauto nel presumere che le descrizioni dei genitori fornite dal paziente siano resoconti veritieri e obiettivi;* informazioni più affidabili sugli aspetti del conflitto genitore-figlio potranno emergere da *processi di transfert e controtransfert* nel corso della terapia» (Gabbard, 2015, pp. 490-491). Tuttavia, resta molto importante, seguendo l'impostazione delle indicazioni terapeutiche del PDM-2, avere sempre ben presente che solo nel caso di un'organizzazione di personalità nevrotica di un paziente con

[8] Pur non essendovi alcuna componente genetica chiaramente dimostrata.

uno stile narcisistico si potrà lavorare sull'esplorazione del suo passato vissuto genitoriale. Nel caso di un'organizzazione borderline di personalità con stile narcisistico, ciò non solo sarà non utile ma addirittura dannoso. Ora, considerando che sono ben poche le persone con stile narcisistico patologico che non abbiano una organizzazione borderline di personalità, risulta davvero non così fondamentale dirimere la questione dell'importanza o meno di uno specifico stile genitoriale nell'insorgenza di questo disturbo.

3.6 CENNI DI TERAPIA IN SENSO COGNITIVO

Come si può vedere tutto ciò che abbiamo esposto sin qui non ci dice in realtà nulla delle dinamiche del mondo interno del paziente con un disturbo narcisistico di personalità, cosa che invece vedremo nel capitolo successivo, essendo proprio la psicodinamica che si occupa di questo aspetto. Tuttavia, va precisato che la moderna psicodinamica ha reso parte integrante del suo modello, tutti gli aspetti di questi modelli cognitivi e socio-cognitivi che ci consentono non solo di valutare lo *stile cognitivo* di un paziente, ma anche di impostare alcuni aspetti di tecnica terapeutica adatti a tale stile, aspetti che l'analista deve tenere presenti nel setting attraverso una serie di "tecniche" estremamente utili esemplificabili in una lista di "cose da fare" e "cose da non fare" nelle modalità di gestione della relazione terapeutica (Bara, 2005-2007, vol. II, p. 265). Fra le cose da fare abbiamo: a) *Mostrare approvazione ogni volta che il paziente appare sincero*[9]; b) *Spiegargli le reazioni degli altri*; c) *Rispettare scrupolosamente regole e forma*; d) *Fare le critiche indispensabili e essere molto precisi*; e) *Essere discreti sui propri successi e privilegi*; f) *Essere vigili di fronte ai tentativi di manipolazione (svalutazione mascherata: va restituita)*. Invece fra le cose assolutamente da non fare abbiamo: a) *Presentare un'opposizione sistematica*; b) *Accordare*

[9] In tutti gli altri casi va mantenuta una neutralità analitica assoluta.

favori che non si intende rinnovare; c) *Aspettarsi gratitudine o riconoscimenti.*

Tutte queste modalità terapeutiche vanno intese in senso psicodinamico come un insieme di tecniche che hanno il precipuo scopo di favorire l'incontro terapeutico in senso contenitivo e ciò che in psicodinamica si chiama "chiarificazione", ovvero il processo dialettico per mezzo del quale il paziente riflette su quanto egli stesso e l'altro stanno sperimentando in un dato momento. Questo è il pilastro del mezzo per ottenere un aumento progressivo delle capacità di mentalizzazione del paziente. Ogni psicoterapia psicodinamica inizia con la chiarificazione ed è su di essa che si costruisce tutto il processo di consapevolezza del paziente. Conoscere gli aspetti cognitivi delle tematiche narcisistiche da parte del terapeuta psicodinamico è di importanza fondamentale per il raggiungimento di questo scopo. Il trattamento in senso psicodinamico del narcisismo patologico verrà trattato nell'ultima parte del volume.

4
I modelli psicodinamici

Non può esserci un Dio, perché se ci fosse non potrei credere di non essere io.

Friedrich Nietzsche

4.1. CRITERI DIAGNOSTICI PSICODINAMICI: IL PDM-2

Cominciamo prendendo in considerazione il più importante lavoro scientifico internazionalmente accettato che mai sia stato compiuto nel campo della psicodinamica, ovvero la seconda edizione del *Manuale diagnostico psicodinamico*, abbreviato con l'acronimo PDM-2 (Lingiardi, McWilliams, 2018). Tale manuale, suddiviso in Assi, colloca gli stili, i tipi e i disturbi della personalità nell'Asse P (Sindromi di Personalità) e le diagnosi che presenta sono "prototipiche" e non categoriali; l'assunto teorico su cui si basa è che una categoria diagnostica *non* possa essere accuratamente descritta come una lista di sintomi (Diagnosi categoriale o "politetica"). Alcune sezioni del PDM-2 si riferiscono a categorie utilizzate nelle attuali tassonomie diagnostiche, ma diversamente dal DSM e dall'ICD, il PDM-2 mette in luce l'*esperienza interna* di queste condizioni psicopatologiche. La differenza fondamentale fra le mappe ICD e DSM e l'Asse P del PDM-2 è che le prime due sono tassonomiche di *disturbi*, mentre l'altra costituisce un tentativo di rappresentare tipi di *persone*. L'Asse P vuole approfondire la comprensione del paziente mirando a promuovere la formulazione del caso clinico, aiutando a comprendere le difficoltà del paziente in un contesto più ampio del solo funzionamento della personalità (DSM) al fine di coadiuvare a decidere se e quando la psicoterapia può essere utile e come condurla più efficacemente per quella persona (Lingiardi, McWilliams, 2018). L'Asse P è proprio finalizzato a individuare le indicazioni e controindicazioni a un'eventuale psicoterapia e alla sua migliore possibile conduzione.

L'Asse P presenta 2 Principali Organizzatori:

a. Livello di Organizzazione: spettro di Gravità della compromissione del funzionamento della personalità.
b. Stile o Tipo: non connota la salute o la patologia, piuttosto identifica temi psicologici centrali e Principi Organizzatori tipici.

Anche solo collocando un paziente all'interno di uno stile e di un livello di gravità, la formulazione del caso ha già informazioni sufficienti per impostare un trattamento efficace. La gravità non è data dallo Stile di Personalità, ma dalla valutazione dell'*Asse M* del PDM-2, ovvero dalla valutazione del *Profilo del Funzionamento Mentale*, che prende in considerazione una serie di capacità (12) che definiscono lo stato di salute psicologica e ne consentono la collocazione lungo un continuum: Sano – Nevrotico – Borderline – Psicotico.

Ognuno di noi possiede uno stile di personalità: per convenzione i clinici parlano di "Disturbo" per indicare un grado di gravità e di rigidità che compromette il funzionamento dell'individuo e causa sofferenze e difficoltà a sé stessi e agli altri.

Il criterio essenziale per diagnosticare un disturbo di personalità è l'evidenza del fatto che un certo modo di funzionare:

1. *Causi disagio significativo all'individuo e agli altri;*
2. *Sia stabile nel tempo;*
3. *Faccia parte della propria esperienza al punto di non ricordare di essere stato differente o di immaginare di poterlo essere.*

Il PDM-2 prevede *4 livelli di organizzazione della personalità* (gravità del disturbo) definiti *PL*:

- PL4 Livello sano
- PL3 Livello nevrotico
- PL2 Livello borderline
- PL1 Livello psicotico

A *ogni* livello di organizzazione di personalità corrisponde *uno specifico Stile Difensivo "principale"* e *una specifica Identità dell'Io*. A quello *Nevrotico* lo Stile Difensivo della *Rimozione* con *Identità dell'Io conservata*; a quello *Borderline* la Difesa della *Scissione* con *Diffusione d'Identità*; a quello *Psicotico*, il *Diniego* con *Frammentazione dell'Io*. A livello sano le difese sono mature e di alto livello, e ovviamente anche qui l'identità dell'Io è conservata.

L'Asse P descrive ben 12 *Sindromi di personalità* (denominate P1, P2 ecc.): Personalità depressive (inclusi commenti sulle manifestazioni ipomaniacali e sul masochismo); Dipendenti; Ansioso-evitanti e fobiche; Ossessivo-compulsive; Schizoidi; Somatizzanti; Isterico-istrioniche; Narcisistiche; Paranoidi; Psicopatiche; Sadiche e Borderline.

Queste Sindromi corrispondono anche agli Stili di personalità degli individui e secondo il PDM-2, *tutte* possono essere comprese in un continuum che va dal sano al patologico essendo solo il livello di funzionamento mentale delle 12 capacità dell'Asse M che determina la gravità dell'organizzazione di personalità; anche se, ovviamente, alcuni Stili possono più facilmente di altri trovarsi a un livello più grave di organizzazione di personalità (vedi figura 4.1).

Per quanto riguarda le Personalità Narcisistiche (Asse P: P8 Adulti), il PDM-2 le colloca: «lungo un *continuum di gravità* che va dal livello *nevrotico* fino a quello *psicotico*. All'estremo nevrotico dello spettro, gli individui narcisistici possono essere socialmente adeguati, avere fascino e successo e, pur non

Figura 4.1
Struttura/organizzazione di personalità secondo il PDM-2.

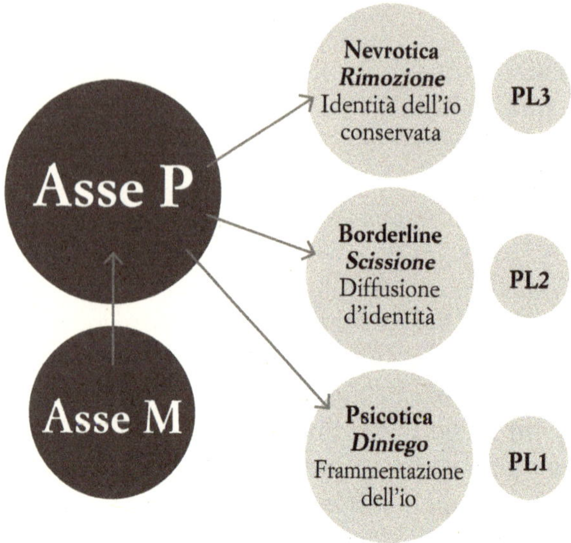

essendo capaci di intimità essere ragionevolmente adattati alle loro vite familiari, al lavoro e agli interessi che coltivano. Invece, le persone con personalità ai livelli più patologici del continuum, indipendentemente dal successo raggiunto, presentano problemi di diffusione dell'identità (che spesso celano dietro un modo grandioso di presentarsi), mancano di un sentimento profondo e radicato di moralità e possono comportarsi in modi altamente distruttivi e tossici per gli altri. Kernberg (1984) descrive alcuni di questi pazienti come intrisi di "narcisismo maligno" (cioè di narcisismo misto ad aggressività sadica) – una condizione che li pone in continuità con le personalità francamente psicopatiche (Meltzer, 1973; Rosenfeld, 1987)» (Lingiardi, McWilliams, 2018, p. 50).

Per queste sindromi il PDM-2 prevede le seguenti caratteristiche principali:

- Aspetti costituzionali: Nessuna evidenza specifica.

- Tensione/preoccupazione principale: Inflazione *vs* deflazione dell'autostima.
- Affetti principali: Vergogna; umiliazione; disprezzo; invidia[1].
- Credenza patogena caratteristica relativa a sé stessi: "Devo essere perfetto per sentirmi bene".
- Credenza patologica relativa alle altre persone: "Gli altri hanno ricchezza, bellezza, potere e fama. Più ne avrò anch'io e meglio starò".
- Modi principali di difendersi: Idealizzazione; svalutazione.

Come si può vedere il PDM basa il suo criterio di classificazione del disturbo narcisistico (come del resto di tutti gli altri disturbi di personalità) su di un'ottica *dimensionale*, ovvero di *gravità* della patologia, che va dal sano fino allo psicotico, passando per il nevrotico e il borderline, a seconda del livello di *organizzazione* di personalità dell'individuo e quindi riconosce dei criteri molto simili a quelli della concezione *strutturale* dei disturbi di personalità secondo la visione di Kernberg.

Molto interessante è il rilevare come il PDM-2, a differenza di altri sistemi, riconosca l'esistenza di un'*organizzazione psicotica di personalità* e di conseguenza la possibilità dell'esistenza anche di uno specifico *Disturbo Psicotico* di personalità. Ovvero, non è necessario che l'esame di realtà del soggetto sia conservato per poter parlare di disturbo di personalità, ma esso può estrinsecarsi anche all'interno di uno spettro psicotico, la cui manifestazione è probabilmente data dalle cosiddette "psicosi atipiche". Ciò costituisce, senza alcun dubbio, un possibile arricchimento rispetto alla comprensione di questo tipo di pazienti. Ciò che invece colpisce è che all'interno dell'elenco delle Caratteristiche Principali di questi Stili/Sindromi, alla voce "Affetti Principali" vissuti dal paziente, manchi la rabbia. Questa decisione francamente sconcerta per il semplice motivo che, non solo in Kernberg ma si può dire praticamente in tutte le vi-

[1] In modo del tutto incomprensibile manca la rabbia nel PDM-2 fra le emozioni tipiche del Disturbo Narcisistico.

sioni psicodinamiche (forse con la sola eccezione di Kohut), il principale atteggiamento presente nelle tematiche narcisistiche è *l'aggressività* sia etero sia autodiretta; la quale, nella maggioranza dei casi si accompagna e viene sostenuta dall'emozione della rabbia. Difatti, le persone orientate narcisisticamente sono, si potrebbe dire, per definizione "distruttive", nel senso più ampio del termine e dotate di una notevolissima quota di *rabbia* (cosciente o inconscia) con la quale, il più delle volte, non riescono proprio a fare i conti e che devono porre in essere in forma agita. Tale dato di fatto è talmente evidente a tutti coloro che abbiano una anche pur minima esperienza di lavoro con questi tipi di pazienti che, anche se il PDM-2 non lo riporta, esso resta centrale sia per la comprensione sia per orientare correttamente il trattamento delle persone orientate in senso narcisistico.

Il PDM-2 costituisce un'opera monumentale di psicopatologia psicodinamica e fornisce un vero e proprio progresso per la comprensione e il trattamento dei disagi psichici da parte degli operatori sanitari che seguano l'orientamento psicodinamico. Tuttavia, rispetto al fenomeno del Narcisismo e specialmente nella sintesi delle caratteristiche fondamentali della sindrome, manca di alcuni di quegli aspetti (isolati invece da Kernberg), che consentono a mio parere un migliore inquadramento nosografico di tale sindrome. Ciò non di meno la concezione centrale che «la personalità è ciò che uno è e non ciò che uno ha» (Lingiardi, McWilliams, 2018) e il fatto che essa vada valutata non secondo categorie sintomatologiche o disfunzionali, quanto piuttosto secondo la sua organizzazione/struttura, rappresenta la vera e fondamentale rivoluzione del modo di pensare il disagio mentale da parte del Clinico, che solo il paradigma psicodinamico può dare.

4.2 LE TEORIE PSICODINAMICHE

Come abbiamo visto in precedenza le teorie psicodinamiche sul Narcisismo patologico abbondano e sono quanto mai variegate e spesso contraddittorie fra di loro. In questo lavoro si è deciso di descrivere solo le tre teorie che a mio parere sono più accreditate nel panorama internazionale della psicodinamica/psicoanalisi: quella di Nancy McWilliams (che è anche l'Autrice dell'Asse P del PDM-2), quella di Heinz Kohut e quella di Otto Kernberg.

4.2.1 Il narcisismo secondo Nancy McWilliams

È assolutamente fuori di dubbio che se si vuole fare un'esaustiva panoramica delle teorie più importanti sul narcisismo patologico, non si può non considerare il contributo di McWilliams. L'opera dal titolo *La diagnosi psicoanalitica* (1994, edizione italiana 1999) costituisce ormai un classico di riferimento per il clinico che si occupa della personalità e dei suoi disturbi. In tale opera vengono considerate come narcisistiche quelle personalità che sono «organizzate intorno al mantenimento della propria autostima tramite le conferme provenienti dal mondo esterno» (McWilliams, 1994, p. 192). Ognuno di noi riceve o meno dal mondo esterno conferme che possono essere gratificanti per la propria autostima, ma secondo l'autrice statunitense queste persone sono assolutamente incentrate su questo modello relazionale e in pratica esso è ciò che dà un senso alla loro esistenza. Per la comprensione di questa organizzazione di personalità appare molto più corretto applicarvi un *modello di deficit* anziché di conflitto; è come se «nella loro vita interiore mancasse qualcosa» (McWilliams, 1994, p. 192). Quest'ultimo punto è di notevole importanza. Infatti il mondo psicoanalitico/psicodinamico è, talora eccessivamente, incentrato sulla ricerca della presenza di un qualche conflitto presente nel mondo interno delle organizzazioni patologiche dei pazienti, come se dalla risoluzione di esso ne potesse conseguire la risoluzione di tutte le problematiche degli individui. Nel caso dei pazienti orientati in senso narcisistico, invece, non è presente un conflitto, ma una vera e propria mancanza: *un'incapacità di relazione sia verso gli altri sia verso sé stessi*, incapacità variabile in grado e intensità a seconda della gravità del disturbo. Osservare il proprio paziente non come qualcuno che deve risolvere qualcosa di conflittuale – ovvero come qualcuno che deve prendere una decisione fra due aspetti opposti dell'esistenza o trovare fra essi una sintesi – ma come qualcuno che *deve imparare a fare qualcosa*, cambia completamente la prospettiva con la quale lo si sta guardando. È come osservare una persona seduta che non riesce ad alzarsi, sapendo che il suo corpo è legato alla sedia con una corda che si oppone al suo desiderio di muoversi, oppure guardare la stessa persona che non si alza dalla sedia sapendo che non lo fa perché *non ha mai imparato a camminare*. Per poter essere di aiuto, nel primo caso si dovrà intervenire sulla corda che trattiene la persona, mentre nel secondo sarà necessario *insegnargli a camminare*. Questo è proprio il cardine della moderna terapia psicodinamica nel trattamento del narcisismo patologico: a prescindere dagli orientamenti teorici e dalle tecniche, essa si incentra sul cercare di far comprendere al paziente che la sua è una disfunzione/incapacità a relazionarsi con gli altri esseri umani e che, attraverso la relazione con il terapeuta, mira a insegnare un modello relazionale migliore. Tale assunto, che si è dimostrato efficace nei casi trattabili, non sarebbe applicabile se non si partisse dal presupposto che alla base delle organizzazioni narcisistiche di personalità vi sia un deficit anziché un conflitto.

McWilliams analizza poi diversi aspetti e caratteristiche della personalità narcisistica (come del resto fa per tutti i tipi/stili di personalità descritti in quest'opera) che sono: le pulsioni e le energie dinamiche, le difese e l'adattamento, le relazioni oggettuali e il Sé. Le prenderemo tutte in considerazione singolarmente.

Pulsioni ed energie dinamiche. Come abbiamo già detto, l'organizzazione di personalità narcisistica gravita attorno alla necessità assoluta di mantenere la propria autostima tramite le conferme che giungono dal mondo esterno. A ciò si aggiunge che tale autostima viene mantenuta anche tramite il raggiungimento di obiettivi sempre più elevati: nessun successo raggiunto è mai sufficientemente appagante se non per periodi di tempo piuttosto brevi.

Il soggetto narcisista, sia esso manifestamente grandioso negli atteggiamenti, sia esso ipervigile verso le conferme altrui, prova intimamente un senso di inadeguatezza, vergogna o inferiorità, come se nella sua vita interiore (e esteriore) mancasse sempre qualcosa. L'ideale dell'Io è sempre qualcosa di immenso – giustamente Jones (1913) parla di "Complesso di Dio" – e come tale irraggiungibile, a ciò si associa un Super-io sadico. Per questi motivi, i sentimenti più frequenti che tali persone provano sono *l'invidia* di chi ha o è di più (o viene percepito come tale) e la *vergogna* di non essere o di avere abbastanza, rispetto a quell'Ideale dell'Io grandioso.

La relazione di specchio nell'altro è sempre basata primariamente sulla superficialità e l'apparenza cosicché: «L'immagine prende il posto della sostanza e quella che Jung (1928) definiva la *persona* (la parte di sé che si mostra al mondo) diventa più reale e sicura del nostro essere autentico» (McWilliams, 1994, p. 192). Restando solo in superficie, i rapporti con le altre persone sono quindi, inevitabilmente *irrispettosi*, perché l'etimologia della parola "rispetto" è il latino *respicere*, ovvero "guardare in profondità", ossia al di là e oltre le apparenze. Se l'immagine diviene sostanza essa non potrà mai essere base per una reale comprensione dell'altro, il quale serve solo da specchio: chi si rimira in uno specchio guarda la propria immagine e ben poco si occupa dello specchio che la riflette. Così è dei rapporti umani basati su questo presupposto: dell'altro ben poco o nulla mi importa se non che mi rimandi quell'immagine di me che desidero vedere.

Secondo l'Autrice (cosa non condivisa da molti altri Autori), spesso l'adulto narcisista non era altro che un bambino ben dotato, utilizzato all'interno della famiglia come *estensione narcisistica* dei genitori: un bambino che non era mai stato amato per quello che era ma per la funzione che svolgeva. Ciò in molti casi può essere senza dubbio vero, ma, come abbiamo già visto, il ruolo genitoriale come causa principale di un orientamento narcisistico, attualmente viene alquanto messo in dubbio.

Processi difensivi e adattativi. Una delle più importanti considerazioni fatte da McWilliams sulle personalità narcisistiche risiede proprio nell'aver evidenziato come queste persone utilizzino le difese dell'*idealizzazione* e della *svalutazione in alternanza:* per poter valutare me stesso devo svalutare l'altro, poiché se valuto l'altro svaluto me stesso. Così come l'altro mi serve per valutarmi solo se provo un senso di superiorità verso di lui, così io penso che per poter provare un senso di valore dell'altro io possa sentire anche un'inferiorità nei suoi confronti. Questo è davvero il modello relazionale di base delle personalità narcisistiche, un modello nel quale tutto si riduce a: "o io sono migliore di lui, oppure sono peggiore". Uno schema davvero disfunzionale che rende tutte le relazioni, comprese quelle che dovrebbero essere le più affettive (come quelle di un genitore verso un figlio), assolutamente *competitive* e intrise di *aggressività, invidia* e *vergogna.* Una relazione alla pari è assolutamente inconcepibile, così come lo è una relazione d'amore vero: che non giudica, non classifica e accoglie l'altro così com'è. Questo tipico atteggiamento relazionale si può manifestare anche nel rapporto terapeutico, dove a un primo atteggiamento di idealizzazione del terapeuta ne segue uno di assoluta svalutazione dello stesso, anche se più frequentemente c'è una certa costanza nel transfert, che nelle forme grandiose è prevalentemente svalutante nei confronti del terapeuta.

Un'ulteriore posizione difensiva in cui sono intrappolate le persone orientate narcisisticamente è inerente al *perfezionismo*, che si manifesta in due modi: 1) perseguono ideali grandiosi e si convincono di averli raggiunti: *esito grandioso*; oppure, 2) rispondono al fallimento di questi scopi superiori con il sentimento di avere dentro di sé una grave e inemendabile pecca, non riuscendo ad accettare la fallibilità umana: *esi-*

to depressivo. McWilliams evidenzia come: «In terapia queste persone possono avere l'aspettativa egosintonica che il trattamento *serva a perfezionare il Sé piuttosto che a comprenderlo* e a trovare modalità più efficaci per gestirne i bisogni» (McWilliams, 1994, p. 196, corsivo aggiunto). È, quindi, molto importante verificare durante i colloqui diagnostici quali siano le aspettative del paziente rispetto alla terapia e specificare immediatamente, sin dai primissimi incontri, che una psicoterapia psicodinamica *non* serve a perfezionarsi, ma unicamente, a poter osservare e comprendere le dinamiche del proprio mondo interiore. La richiesta di perfezionismo che accompagna sempre queste personalità si manifesta nella continua tendenza a *classificare* fatti, persone, ruoli, qualifiche ed eventi: qual è la cosa, la persona, il professionista, la palestra, la situazione migliore, quale la peggiore e così via. L'atteggiamento cronico verso sé stessi e gli altri è di *critica* e connotato da un'incapacità di accettare la fallibilità umana e di provare gioia nell'accontentarsi. A volte, sottolinea l'Autrice, queste persone risolvono le loro assurde esigenze di autostima considerando perfetto *qualcun altro*, un partner, un maestro, e inflazionano il loro Io attraverso l'identificazione con questa persona; è come se si sentissero una sorta di "appendice" della persona che hanno eletto come esemplare ed eccezionale e di conseguenza esse stesse si trovano nel medesimo stato di perfezione.

In tutti questi casi, comunque, va sempre tenuto ben presente che: «*Le soluzioni perfezionistiche ai dilemmi narcisistici sono destinate di per sé al fallimento*: si creano ideali esagerati per compensare difetti nel senso di sé percepiti con tale disprezzo che soltanto la perfezione può ripararli, ma dato che nessuno è perfetto, la strategia è destinata a fallire e il Sé disprezzato emerge di nuovo» (McWilliams, 1994, corsivo aggiunto). Torneremo su questo punto quando ci occuperemo del trattamento, qui basti evidenziare che durante la terapia con questi tipi di pazienti è molto importante esplorare ed elicitare questa condotta e atteggiamento perfezionistico in modo che venga ben compreso come le sue strategie di perfezione siano assolutamente disfunzionali, non correttamente adattate all'ambiente e assolutamente fallimentari.

Relazioni oggettuali e Sé. Gli psicologi del Sé hanno coniato il termine "oggetto-Sé" per indicare quelle persone che nella nostra vita alimentano un senso di identità e di considerazione, attraverso la loro conferma, ammirazione e approvazione. Queste persone significative contribuiscono alla nostra definizione di sé e alla modulazione della nostra autostima. Tutti abbiamo oggetti-sé e tutti ne abbiamo bisogno e se li perdiamo proviamo un immenso dolore sentendoci sminuiti come se fosse morta una parte di noi. Tuttavia, l'esame di realtà, così come la presenza di un io morale, esigono che gli altri *siano qualcosa di più che meri oggetti sé* e che, quindi, si riesca a comprenderli come realmente sono e quali siano i loro bisogni. Nel disturbo narcisistico invece gli altri sono visti solo in termini di ciò che fanno per noi, sono vissuti unicamente *non per quello che veramente sono ma per la funzione che svolgono.* Questo è l'unico modo con cui la persona orientata narcisisticamente mantiene il suo senso di identità e la sua autostima, e questo si traduce nella formazione di un Sé sostanzialmente vuoto, poiché tutto ciò che ha dentro proviene unicamente dall'esterno.

Il prezzo più caro che un'organizzazione di personalità orientata in senso narcisistico a livello patologico deve pagare è *l'incapacità di amare e di accettare gli altri in quanto tali* e *il vivere disperatamente alla ricerca continua di un'ammirazione da parte delle altre persone, ammirazione che non è mai sufficiente.* Il continuo bisogno di usare gli altri per la propria conferma e il bisogno soverchiante di essere rassicurati per il proprio valore, rendono il mondo affettivo di queste persone un arido e desolato deserto. L'atteggiamento relazionale del narcisista ha due versanti opposti: senso di falsità, vergogna, inferiorità; oppure sprezzante ipocrisia, orgoglio e vanità che spesso conducono a utilizzare le altre persone come oggetti-sé, finalizzati al mantenimento dell'autostima. "Io voglio avere tutto, così sarò tutto" è il distorto pensiero narcisistico tipico di queste persone, pensiero che spesso viene proiettato sui figli, vissuti come una vera e propria estensione di sé stessi. I genitori narcisistici si aspettano o che i figli siano come loro (nei casi più gravi non devono mai essere migliori di loro), oppure che debbano soddisfare tutte le mancanze che loro hanno avuto nella vita come se, raggiungendole i figli, anche loro le potessero avere. Per cui è tipico l'atteggiamento: "Mio figlio deve avere tutto quello che non ho avuto io e anche di più". Questo atteggiamento del genitore narcisista frustrato è estremamente frustrante per i figli perché, come fa ben notare McWilliams (1994, p. 199): «La comunicazione: "A differenza di me tu puoi avere tutto" è particolarmente distruttiva, in quanto nessuno può avere tutto e ogni generazione dovrà affrontare le proprie limitazioni». È molto importante capire che il fatto che l'autostima sia legata al raggiungimento di un risultato assolutamente irrealistico è un'eredità davvero inabilitante per i figli che, infatti, proprio a causa di ciò, altro non diventano che persone molto mediocri nella vita.

Sulle modalità relazionali del narcisismo torneremo ampiamente più avanti e qui non verranno ulteriormente sviluppate non essendovi, su quest'ultimo punto, nel pensiero di McWilliams, nulla di particolarmente originale rispetto a ciò che è stato evidenziato da altri autori.

Molto importanti invece sono le considerazioni che McWilliams fa in termini di *diagnosi differenziale* rispetto ad altri stili di personalità. Gli stili presi in considerazione sono: a) le reazioni narcisistiche; b) la personalità psicopatica; c) la personalità depressiva; d) la personalità ossessivo-compulsiva; ed e) la personalità isterica. Cercheremo di prenderle in considerazione una per una.

La reazione narcisistica: McWilliams insiste sul fatto che colpi inferti all'autostima possono spingere chiunque a comportarsi temporaneamente come se si avesse uno stile di personalità narcisista. Come abbiamo visto all'inizio di questo lavoro, il "narcisismo" è una condizione umana universale, per cui dinamiche di questo tipo possono benissimo essere attivate anche da fattori situazionali. Kohut e Wolf (1978) hanno parlato di un "disturbo narcisistico secondario" per quegli individui che si trovano di fronte a circostanze che mettono in crisi il loro precedente senso d'identità e minacciano l'autostima (McWilliams, 1994, p. 207). Questa distinzione è molto importante, perché il fatto di soffrire di problematiche narcisistiche non equivale ad avere una personalità orientata in un senso patologicamente narcisistico. Infatti: «Qualunque persona non narcisistica può apparire arrogante o svalutativa, oppure vuota e idealizzante, in condizioni che fanno vacillare il senso di identità e sicurezza» (McWilliams, 1994). In questi casi le persone possono reagire con atteggiamenti compensatori come vanteria, saccenteria, ipercritica o idealizzazione di un "maestro"[2]. La diagnosi differenziale, laddove sembra che vi siano fattori situazionali a determinare un modello relazionale narcisistico, è data dalla ricerca di modelli relazionali storici di questo tipo nella vita del paziente e dai sentimenti controtransferali dell'operatore durante l'intervista diagnostica. In realtà le "reazioni" narcisistiche al di fuori di contesti davvero umilianti sono molto più rare di quanto non voglia enfatizzare l'Autrice e, a parere di chi scrive, non riesco a capire come si possano usare modelli operativi relazionali patologici di carattere narcisistico se non si ha anche uno stile narcisistico ben strutturato nella propria personalità. Trovo che sia molto più verosimile considerare che situazioni che pongono davvero in difficoltà la propria autostima, slatentizzino una patologia narcisistica che fino a quel momento era in un qualche modo tenuta sotto controllo.

Personalità psicopatica: in questo tipo di personalità il controllo onnipotente e la mancanza di empatia sono pressoché assoluti. Tuttavia, come vedremo, secondo la concezione struttu-

[2] Al riguardo l'autrice cita i training di medicina e psicoterapia come tipiche situazioni che fanno sentire le persone come "bambini incompetenti" da cui l'insorgere di reazioni narcisistiche a scopo compensatorio. Non concordo affatto con tale impostazione, perché purtroppo la situazione è assolutamente opposta, ovvero, sono sempre di più le persone che si dedicano allo studio della medicina o della psicoterapia per soddisfare, ab origine, il loro gravissimo narcisismo patologico e nel momento in cui si trovano, inevitabilmente, a confrontarsi con persone (i docenti) che sono più preparate di loro vanno incontro a palesare le loro dinamiche narcisistiche presenti a prescindere dalla situazione in cui si trovano.

rale di questi disturbi (Kernberg), la sociopatia altro non è che il grado estremo del narcisismo patologico.

Personalità ossessivo-compulsiva: i pazienti orientati narcisisticamente hanno un estremo bisogno di perfezionismo e controllo con un'elevatissima ansia prestazionale. Quest'ultima, collegata al loro bisogno di essere ammirati, può essere davvero paralizzante al punto di non riuscire a portare a termine gli scopi che si sono prefissati: evitando la prova, evitano la sconfitta. Per tali motivi possono apparire proprio come gli ossessivi: indecisi, controllanti, ossessionati dalla perfezione. Tuttavia, i pazienti ossessivi pongono l'accento sui bisogni di controllo e sul senso di colpa per la rabbia e le fantasie aggressive che ritengono moralmente indegne. Invece, sebbene i pazienti narcisisti siano assolutamente e sempre pieni di rabbia, la sensazione che hanno e che producono è quella di essere *vuoti* anziché pieni di qualsiasi cosa. Inoltre, a parere di chi scrive, nel paziente narcisista il controllo e il perfezionismo non è mai rivolto alla cosa in sé, ma sempre all'effetto che questa cosa avrà sugli altri. Voglio intendere che un paziente ossessivo riesce ad astrarre se una sua decisione o un suo lavoro o una sua mansione sono riuscite bene o meno, a prescindere da ciò che gli altri penseranno del suo operato. Invece nel caso del narcisismo questo non è mai praticamente possibile: qualunque cosa facciano o decisione debbano prendere è finalizzata al farsi ammirare dagli altri, per cui il perfezionismo serve a ottenere tale ammirazione e il controllo a determinare che nessuno possa impedir loro di raggiungerla. Ciò non di meno, tratti ossessivo-compulsivi come narcisistici possono essere contemporaneamente presenti in entrambe le personalità.

Personalità isterica: in questi casi spesso le persone utilizzano difese narcisistiche con un comportamento marcatamente esibizionistico e un modello di relazione con il partner in cui all'idealizzazione segue rapidamente la svalutazione, ma le loro preoccupazioni per il Sé sono strettamente legate al loro genere sessuale (considerato consciamente o inconsciamente inferiore) e caratterizzate più dall'angoscia che dalla vergogna, oltre che ad avere un'emotività teatrale che produce un senso di "falso recitato" nel terapeuta anche di fronte a situazioni che sono oggettivamente dolorose. Ma soprattutto, i pazienti isterici, al di fuori di alcune aree altamente conflittuali, sono persone *capaci di affetto e di amore e tutt'altro che vuote* (Kernberg, 1984). La diagnosi differenziale è importante perché i pazienti isterici traggono benefici da una terapia psicoanalitica classica, mentre quelli con narcisismo patologico vanno incontro a peggioramento utilizzando il medesimo modello terapeutico.

Personalità depressiva: la diagnosi differenziale in questo caso è di importanza estrema perché molto spesso il paziente narcisista si presenta in terapia proprio per una crisi depressiva pur non essendo affatto un "depresso" nel senso che la psicodinamica dà a questo termine. In questi casi, il paziente con uno stile di personalità narcisistico può facilmente essere scambiato per un paziente depressivo, se ci si ferma nell'osservazione clinica unicamente al livello di una diagnosi categoriale sintomatologica. La diagnosi differenziale è data da due aspetti fondamentali: il primo è che la depressione narcisistica insorge a seguito di reali o presunti *fallimenti* di vita e il secondo che i pazienti narcisisticamente depressi sono persone soggettivamente *vuote*, mentre quelle cronicamente depresse sono soggettivamente *piene* di forti sensi di colpa morale e di interiorizzazioni critiche e rabbiose verso sé stessi. Il narcisista depresso si sente privo di un Sé sostanziale e frequentemente si definisce lui stesso come "vuoto"; mentre il depresso melanconico percepisce la realtà del proprio Sé, ma lo considera irrimediabilmente cattivo. Le personalità con una vera psicologia depressiva sono convinte di essere fondamentalmente cattive. Esse hanno tratto dalle loro esperienze di perdite personali non elaborate, la convinzione che sia stato qualcosa in loro ad allontanare l'oggetto. Hanno trasformato il *sentimento* di *essere rifiutate* nella *convinzione inconscia* di *meritare* quel rifiuto, di averlo provocato con le loro mancanze, e che in un futuro, per quanto si sforzino di apparire "buone", saranno inevitabili altri rifiuti se qualcuno arriverà a conoscerle intimamente e a scoprire la loro intrinseca malvagità.

Inoltre, a differenza dei pazienti narcisisti, *non hanno alcuna difficoltà ad amare*. L'esperienza interiore che provano nel riacutizzarsi o acutizzarsi della loro depressione *malinconica*, presenta sentimenti di colpa, iniquità e distruttività e vero e proprio odio verso sé stessi. Il paziente narcisista invece ha un Sé assolutamente incoerente e con un'identità debolissima che viene tenuta insieme proprio per mezzo di una grandiosità compensatoria; pazienti del tutto incapaci di amare l'altro se non per il "vantaggio" che può procurar loro, hanno una forma depressiva-svalutativa con un'esperienza interiore di vergogna, vuoto, mancanza di significato, noia e disperazione esistenziale. È come se la persona organizzata in senso narcisistico in presenza di un quadro clinico depressivo mancasse del senso di sé, mentre il depresso vero ha un senso di sé molto chiaro ma dolorosamente negativo. Il narcisista depresso tende ad avere transfert oggetto-Sé, mentre la persona depressa ha transfert oggettuali reali. Il controtransfert con pazienti del primo tipo è indistinto, irritante, affettivamente superficiale anche in presenza di un quadro clinico depressivo grave; con le persone del secondo tipo è più definito, partecipato e più intenso fino a giungere alle fantasie salvifiche.

4.2.2 Transfert e controtransfert

Ancora seguendo in parte le considerazioni di McWilliams prendiamo in osservazione le dinamiche del transfert e del controtransfert con i pazienti narcisistici, tenendo presente che specialmente il secondo presenta caratteristiche diagnostiche. Il *transfert* di questi pazienti è, come abbiamo già visto, caratterizzato dalla *proiezione di oggetti-sé sul terapeuta*. In altri termini, per il paziente, il terapeuta diviene un oggetto atto a modulare in senso positivo la propria autostima senza che in nessun modo vi sia un qualche interesse reale per la persona che il paziente si trova di fronte. Il clima che si crea nella stanza dell'analisi è completamente differente infatti rispetto a quello che si crea con qualsiasi altro tipo di paziente, e sarà sempre un clima con un certo qual senso di *costrizione*: come se o *si forzasse* la persona che si ha davanti a fare qualcosa, o *si venisse forzati* da quella persona a fare qualcosa (Britton). Ovvero, ciò che si avverte è come se si fosse lì "in prestito", costretti ad esserci come quando si va a una riunione di famiglia perché lo si deve fare. Anche con i pazienti più motivati si ha l'impressione che la persona che si è rivolta al terapeuta ci sia giunta per motivi molto differenti da quelli per cui normalmente qualcuno si rivolge a una psicoterapia.

Il transfert di questi pazienti è assolutamente egosintonico e inaccessibile all'interpretazione usuale; ciò sarà possibile unicamente a seguito di specifiche tecniche che devono seguire la chiara accettazione della diagnosi e di uno specifico contratto terapeutico. Se ciò non viene fatto, nessun trattamento espressivo è possibile con questi tipi di pazienti, perché essi non sono minimamente interessati alla comprensione delle loro dinamiche rivolte verso il terapeuta, verso il quale peraltro hanno sempre reazioni molto forti: possono *idealizzarlo* o *svalutarlo* con notevole intensità. Tuttavia, il loro idealizzare o svalutare, sebbene così intenso, non viene mai vissuto come una proiezione e quindi non sono interessati a comprenderne la dinamica. Essi sono assolutamente convinti che il terapeuta sia oggettivamente fantastico nel caso di un'idealizzazione, oppure oggettivamente scadente nel caso della svalutazione. Se il terapeuta cercherà di mostrare al paziente che viene criticato, egli penserà che si sta difendendo, se invece gli mostrerà che viene sopravvalutato, verrà ulteriormente idealizzato come persona ammirevolmente umile. Questi pazienti non vogliono affatto collaborare ad esplorare il loro transfert e qualsiasi commento sui sentimenti che il paziente prova per il terapeuta viene considerato irrilevante per i loro problemi, irritante, angosciante o noioso. Per questo motivo una terapia incentrata sul transfert con queste persone richiede che vengano fissate regole e contratto *prima* che essa possa iniziare.

In ogni caso quello che c'è da comprendere molto bene è che sia che vi sia un'idealizzazione, sia che vi sia una svalutazione, essa avviene perché la persona che questi pazienti si trovano davanti viene letteralmente *annullata*. Difatti la sensazione controtransferale *di essere stato cancellato e ignorato come persona reale è diagnostica di una dinamica narcisistica.* Collegati a questo fenomeno sono le reazioni controtransferali di noia, sonnolenza e una sensazione vaga che nel trattamento non accada nulla: ci si domanda cosa il paziente venga a fare ogni settimana in seduta, in cui racconta cosa ha fatto durante la settimana o i suoi sintomi, critica come il terapeuta è vestito, rifiuta ogni suo intervento e se ne va via con la netta impressione che del suo mondo interiore non abbia compreso alcunché. La sensazione di cancellazione, proprio come se non si fosse neppure presenti nella stanza, si ha sia nel caso della svalutazione come dell'idealizzazione, anche se nel primo caso spesso la pazienza e la tolleranza del terapeuta vengono messe a dura prova, specie se esso è giovane e inesperto. Talora la sonnolenza raggiunge quasi l'addormentamento con questi pazienti ed è una sensazione davvero molto spiacevole con il rischio che il terapeuta possa davvero cedere al sonno. Anche questo è segno tipico del proprio sentirsi annullati, esattamente come accade nel momento in cui, dopo esserci coricati, lasciamo la nostra coscienza di veglia per scivolare nello stato di sonno.

È fondamentale avere ben presente che il paziente *non* proietta sul terapeuta una figura del proprio passato e già nota come un genitore, ma unicamente una parte grandiosa o svalutata del proprio Sé: per cui le interpretazioni analitiche sul passato del paziente non solo sono inutili, ma anche dannose. Il paziente non può acquisire alcuna consapevolezza delle sue dinamiche partendo dal suo passato; solo lavorando sul suo presente della relazione con il terapeuta potrà, nel tempo, acquisire comprensione dei suoi modelli relazionali disfunzionali. Essere usati come oggetto-Sé in funzione del mantenimento della propria autostima da parte del paziente è un fenomeno *disumanizzante* che non sempre è tollerato dal terapeuta. Tuttavia, solo se la capacità di tollerare tale frustrazione del terapeuta è superiore a quella del paziente, sarà possibile creare interventi terapeutici efficaci in una situazione dove l'empatia è per definizione fuori dalla stanza di analisi; e il terapeuta dovrà anche imparare a tenere molte cose per sé senza comunicarle a questi pazienti come farebbe invece con altri e deve, per quanto faticoso sia, concentrarsi e riportare sempre l'attenzione del soggetto sulla relazione con lui. Ciò è inevitabilmente foriero di critica e svalutazione che si verifica *inevitabilmente e indipendentemente* da ciò che il terapeuta ha fatto o non ha fatto. Come scrive McWilliams: «La tendenza a sentirsi sminuiti come terapeuti è un rispecchiamento praticamente inevitabile delle preoccupazioni centrali del paziente circa il proprio valore ed è un sollievo sostituire con una nuova formulazione clinica le fastidiose ruminazioni sui nostri possibili errori» (McWilliams, 1994, p. 202).

In ogni caso per poter riuscire a sopportare questa difficile relazione terapeutica è molto utile tenere presente che nonostante il nostro sentimento controtransferale di non contare nulla per il paziente, in realtà il narcisista patologico ha bisogno del terapeuta *più* delle persone che non hanno deficit significativi nella sfera dell'autostima. In realtà anche il paziente più grandioso, arrogante e apparentemente inaccessibile tradisce una profonda dipendenza dal terapeuta perché la sua svalutazione mostra il senso di possibile frammentazione dell'io che si cela dietro di essa (McWilliams, 1994). Lo stesso modello avviene al di fuori della relazione terapeutica, da un lato egli si mostra grandiosamente autosufficiente, ma dall'altro è terribilmente dipendente dagli altri senza il cui specchio non potrebbe in alcun modo sopravvivere.

4.2.3 Le differenze fra Kohut e Kernberg

Credo si possa serenamente asserire che i principali e più conosciuti teorici psicodinamici del disturbo narcisistico siano Kohut e Kernberg. Due Autori che hanno trattato l'argomento da punti di vista differenti e fra loro in contrasto. Premettendo che chi scrive non condivide né tantomeno aderisce anche solo parzialmente, alla visione di Kohut sul narcisismo e non ha alcuna esperienza di una terapia basata su tale teoria, si cercherà, in ogni caso, di esporre i principali concetti e le differenze fra i due autori per approfondire poi, unicamente, gli aspetti legati alla visione strutturale di Kernberg[3].

Kohut (1971) con la sua *psicologia del Sé*, nel suo contributo sui vari aspetti clinici del narcisismo primario (*narcisismo sano*[4]), inizialmente postula l'esistenza di *due linee di sviluppo della libido*, rispettivamente oggettuale e narcisistica, non più strettamente collegate fra loro come vasi comunicanti (come sosteneva Freud nel suo lavoro del 1914), ma *indipendenti* l'una dall'altra. Successivamente, però Kohut (1984) modifica le sue concezioni allontanandosi dall'impostazione freudiana, e sostiene l'esistenza di *una sola libido*, quella "narcisistica" che, grazie ai rapporti *empatici* con le figure genitoriali – definiti "oggetto-Sé"[5] –, trasformerebbe il Sé da forme meno arcaiche a forme sempre più mature durante lo sviluppo psicologico dell'individuo.

Questo Autore si discosta enormemente dai presupposti freudiani, in quanto considera lo *sviluppo del Sé* come *dipendente dall'ambiente* che può favorirne la maturazione o bloccarne la crescita, e soprattutto, lo considera come se fosse una vera e propria *entità autonoma* priva di conflitto in sé stessa e direttamente in rapporto con l'ambiente. In altri termini, il Sé non viene concepito, come nella psicologia dell'Io di Hartmann (1951), come una funzione dell'Io, ovvero come una sua *rappresentazione*, ma come un'*istanza psichica autonoma* dall'Io, istanza che subisce un processo di sviluppo e crescita proprio e che *influenza* l'Io.

Nella psicoanalisi classica (da Freud in avanti) il Sé ha il ruolo di rappresentazione dell'Io (che comprende in pratica le rappresentazioni di Io, Es e Super-io), nella teoria di Kohut invece esso è una vera e propria *struttura psichica autonoma*. Difatti,

[3] Che a mio modesto parere è l'unica teoria psicodinamica che possegga una reale logica di carattere scientifico.

[4] Che abbiamo visto nella prima parte di questo lavoro parlando di Freud.

[5] Che abbiamo già visto nel paragrafo 4.2.2.

Kohut: «giunge a descrivere il sé come una struttura superordinata con una propria linea di sviluppo che incorpora i desideri istintuali e le difese», a differenza del pensiero originario freudiano in questo autore «il sé è un agente attivo dotato di numerose funzioni nonché un "locus di relazioni"». «Kohut precisa che nel termine sono compresi due fondamentali significati: il sé come struttura specifica dell'apparato mentale e il sé come centro dell'universo psicologico dell'individuo»[6] (Lis, Mazzeschi, Zennaro, 2003, p. 217).

Di conseguenza per Kohut le pulsioni non hanno un'esistenza autonoma, ma le loro manifestazioni (aggressività, sessualità, complesso di Edipo, e così via fino a comprendere lo stesso conflitto intrapsichico) sono già di per sé "prodotti di disintegrazione" dell'unica libido narcisistica, disintegrazione che si verifica nel momento in cui il *soggetto (il Sé)* entra in un rapporto *non empatico e/o frustrante* con le figure parentali: gli *oggetti-Sé*. Ciò determina l'arresto dello sviluppo del Sé in uno stato di *Sé grandioso arcaico*, definito anche come *falso Sé*.

A differenza quindi della psicologia dell'Io (e della psicoanalisi in genere) che enfatizza l'importanza del conflitto intrapsichico, la Psicologia del Sé di Heinz Kohut (1971, 1977, 1984) ritiene che lo sviluppo del narcisismo patologico si basi sull'esistenza di un *deficit*. Secondo Kohut molti individui affetti da narcisismo patologico, nel corso dello sviluppo non hanno avuto un sufficiente contatto empatico con la madre. Questa carenza di empatia li lascia con un deficit, con un senso interno di mancanza che li spinge a cercare, negli altri, risposte in grado di compensare funzioni che non trovano in sé stessi. Tali funzioni vengono definite da Kohut: *funzioni oggetto-Sé*. In questo sistema lo sviluppo dipende da un processo in cui il Sé è reso progressivamente più coerente attraverso *le risposte* oggetto-Sé fornite dagli altri. Tali risposte sono cruciali per lo sviluppo del senso di Sé coerente del bambino. In mancanza di risposte po-

[6] Mi pare più che evidente come questa concezione del Sé di Kohut coincida pressoché totalmente con quella di Jung.

sitive di validazione e conferma da parte della madre o di altri caregiver, il Sé tende a frammentarsi dando origine a un quadro clinico di vulnerabilità narcisistica che si manifesta in modo *grandioso compensatorio*. In altri termini, per Kohut, il Sé grandioso del paziente narcisista serve a riempire il vuoto di un'identità fittizia e deficitaria in quanto il Sé è frammentato.

Kohut (1971) trae le sue conclusioni dall'osservazione clinica di questi pazienti nel corso della terapia, dove identifica due particolari tipi di transfert che chiamò transfert *speculare* e transfert *idealizzante*. Nel transfert speculare il paziente esprimerebbe il bisogno di essere *ammirato e "rispecchiato"* dall'analista, mentre nel transfert idealizzante esprimerebbe il bisogno complementare di *ammirare e idealizzare* il terapeuta stesso. Egli sostiene che il compito dell'analista è quello di *accettare queste necessità* del paziente in quanto tali e di *corrispondere empaticamente* ad esse per permettere al Sé di svilupparsi. I due tipi di transfert derivano dallo scarso atteggiamento empatico dei genitori che ha provocato l'arresto dello sviluppo del Sé in questo stadio grandioso arcaico che si riattiva nella relazione terapeutica. È solo permettendo al paziente di *ripercorrere queste tappe evolutive* attraverso un rapporto empatico con l'analista, il quale *ammira il paziente e consente a sua volta che il paziente lo ammiri*, che il paziente narcisista riesce gradualmente a mitigare o modificare il suo falso Sé grandioso attraverso quelle che Kohut chiama *internalizzazioni trasmutanti*. Ovvero il terapeuta deve fungere da figura genitoriale empatica che fornisce al falso Sé frammentato del paziente risposte empatiche genitoriali rassicuranti di funzioni oggetto-Sé che ne consentiranno un armonioso sviluppo integrato.

Infine, per questo Autore i pazienti con disturbo narcisistico di personalità si differenziano dai pazienti psicotici e da quelli con disturbo borderline perché hanno raggiunto una coesione del Sé sufficiente a proteggerli dal rischio di una disintegrazione irreversibile, per cui per Kohut, in assoluto contrasto con Kernberg, i narcisisti *non* sono strutture borderline di personalità.

Kernberg (1975, 1984) ritiene, anche lui, che il narcisismo patologico sia un disturbo dell'autostima connesso alla presenza e persistenza di un Sé grandioso, ma considera questo Sé grandioso non come un deficit di sviluppo del Sé normale, ma un vero stato patologico persistente e definitivo che definisce: "Sé grandioso stabile". In altri termini questo Autore, a differenza di Kohut, non considera il Sé di un paziente narcisista come "arcaico", ma come un tipo di Sé patologico adulto che si è sviluppato definitivamente seguendo, appunto, una modalità grandiosa. Ne deriva che nel corso della terapia, per Kernberg, questo Sé grandioso non deve essere favorito o lasciato crescere, ma deve essere interpretato come *difesa caratteriale narcisistica*. Per Kernberg in caso di disturbo narcisistico il paziente ha come scopo inconscio (o parzialmente inconscio) quello di *far fallire la terapia* e ciò deve essere posto in luce nella relazione terapeutica molto presto per evitarne il fallimento. Sicuramente molti pazienti narcisisti si percepiscono come li descrive Kohut, ma il loro modo di percepirsi non corrisponde a ciò che essi realmente sono; e una terapia basata sulla reciproca ammirazione fra paziente e terapeuta diverrebbe solo una sorta di collusione con la tematica patologica centrale di questo disturbo che andrebbe solo a rafforzare la difesa posta in essere dal paziente per evitare di vedere le dinamiche disfunzionali del proprio mondo interiore.

McWilliams (1994) per spiegare le differenze fra questi due autori cerca di fare una metafora vegetale in cui Kohut e Kernberg vengono descritti come due "giardinieri" che devono risolvere il problema di un paziente "pianta". In questo modo si potrebbe dire che Kohut considera il paziente narcisista come una pianta che non si è ancora sviluppata, mentre Kernberg lo vede come una pianta che si è sviluppata in modo anomalo con la presenza di escrescenze innaturali. Da ciò ne consegue che per Kohut il modo di curare questi pazienti consiste nel dargli sole e nutrimento per consentire alla pianta di crescere, mentre Kernberg ritiene che questa pianta già cresciuta in modo patologico vada "raddrizzata" nella giusta posizione e soprattutto "potata" delle sue escrescenze innaturali. Per cui è chiaro come seguendo l'una o l'altra teoria ne discenda un modo completamente differente non solo di vedere, ma anche di trattare, questo stile di personalità quando esso è patologico. Tuttavia, il fenomeno psicopatologico del narcisismo, come abbiamo visto in precedenza, è un fenomeno tutt'altro che univoco ed estremamente variegato sia come forma sia come gravità. Ciò ha fatto sì che, come rileva il PDM-2, la maggioranza dei clinici utilizzi metodi di trattamento *integrati* fra le due teorie per trattare il disturbo narcisistico di personalità (Lingiardi, McWilliams, 2018).

Sempre secondo McWilliams, le differenze fra i due autori si sarebbero formate soprattutto perché Kohut avrebbe visto pazienti meno gravi (ambulatoriali) rispetto a quelli visti da Kernberg (psichiatrici). Questa posizione di McWilliams è condivisa anche da altri Autori, primo fra tutti Gabbard, che hanno ritenuto che le differenze nascessero essenzialmente dal "modo di vedere" questi pazienti da parte di Kohut e Kernberg derivante da differenti esperienze cliniche con pazienti di diversa gravità. Kohut avrebbe formato le sue concezioni osservando prevalentemente pazienti ambulatoriali affetti da disturbo narcisistico *ipervigile*, mentre Kernberg avrebbe prevalentemente avuto a che fare con pazienti psichiatrici ospedalizzati affetti da narcisismo grandioso *inconsapevole* (Gabbard, 2015). In realtà questa spiegazione lascia molto il tempo che trova perché non corrisponde affatto alle descrizioni delle situazioni cliniche che Kernberg fa dei pazienti nei suoi scritti. Per cui, molto più semplicemente, si tratta di due concezioni teoriche che basandosi su due idee alquanto diverse di cosa sia la personalità umana non possono proprio conciliarsi fra loro e volerlo fare è come voler mescolare l'olio con l'acqua.

Oltre a questa fondamentale differenza fra i due Autori sul Sé arcaico o maturo vi è poi un altro punto di contrasto. Infatti, a differenza di Kohut che considera il Sé come un'istanza psichica sopra ordinata autonoma, Kernberg considera il Sé come una "rappresentazione del Sé" ovvero come una *funzione dell'Io*. Per Kernberg il paziente destinato a sviluppare un disturbo narcisistico di personalità non riesce, nell'età infantile, a integrare realisticamente le immagini buone e cattive del Sé e dell'oggetto in rappresentazioni coerenti e stabili, ma piuttosto mette insieme solo rappresentazioni positive e idealizzate (sia del Sé sia dell'oggetto) formando un Sé grandioso patologico stabile, ovvero *un'idea irrealistica e idealizzata di sé stesso* che però è *intrinsecamente fragile* e che obbliga il paziente a ricorrere incessantemente a *rinforzi esterni* per mantenere l'autostima e lo espone a *continue disillusioni*. Pertanto la struttura di personalità di questi pazienti è assolutamente *scissa* e quindi *borderline*, solo che per Kernberg, a differenza del disturbo borderline classico ove il paziente scisso *polarizza* oscillando da un'immagine grandiosa a una svalutante di sé stesso, nel disturbo narcisistico il paziente, pur essendo scisso, non oscilla e rimane stabilmente polarizzato solo dal lato grandioso.

Tuttavia, vorrei rilevare come dal punto di vista della pratica la differenza fra il Sé grandioso come entità autonoma o come idea rappresentativa dell'Io è veramente solo quel che si suole dire "un'inutile questione di lana caprina". Difatti anche in Kernberg alla fine questa "rappresentazione grandiosa del Sé" è un qualcosa che condiziona l'Io del paziente a comportamenti patologici che gli rendono la vita estremamente difficile, per cui, ciò che la psicoanalisi chiama "il Sé", che sia o meno originario in quanto tale, nel mondo psichico interno del paziente in pratica si comporta, esattamente come in Kohut, proprio come se fosse un'entità autonoma. E dunque, rispetto alla pratica clinica, discutere se questo Sé patologico è o meno un'entità autonoma è alla fin fine come discutere se è nato prima l'uovo o la gallina. Invece, di importanza fondamentale per la tecnica psicoterapeutica, è stabilire se il narcisismo patologico è un deficit di sviluppo psicologico che deve essere portato a compimento (Kohut), oppure uno sviluppo già avvenuto in senso patologico che va corretto (Kernberg). Per quel che può valere il parere di chi scrive, ritengo che sia molto difficile accettare le posizioni di Kohut da un punto di vista scientifico: esse potrebbero essere vere se le cosiddette "istanze psichiche" fossero una sorta di organi solidi reali che come tali possano andare incontro a un deficit del loro sviluppo. Ora poiché è difficile poter dimostrare che il Sé esiste e gira per conto suo per strada senza la necessità del cervello che lo produce e che non sia un mero processo psichico del sistema nervoso centrale al quale, per convenzione, si è dato il nome di "Sé", riesce complicato, almeno per me, riuscire a comprendere come può essere possibile che vi sia un deficit del Sé senza che vi sia anche un organico deficit dell'organo cervello con conseguente ritardo mentale. I pazienti affetti da un narcisismo patologico molto spesso sono persone molto intelligenti e abili e davvero mi pare che voler intendere un'istanza psichica come qualcosa di "solido" e autonomo sia più un'idea metafisica che psicopatologica (fra l'altro è anche in contrasto con la metafisica stessa perché confonde la psiche, che è solo la mente, con lo Spirito che è invece l'anima).

Inoltre, rispetto alla terapia proposta da Kohut, faccio davvero fatica a concepire qualcosa di più patologicamente narcisistico di un terapeuta che si pone di fronte al suo paziente sentendosi grandiosamente una sorta di meraviglioso genitore che attraverso una reciproca ammirazione potrà educare il proprio "figlio" ad essere migliore.

In ogni caso, a prescindere da queste mie considerazioni e tornando alla psicodinamica del disturbo narcisistico secondo Kernberg, sempre in contrasto con Kohut, va rilevato che, secondo questo Autore, il ruolo genitoriale semplicemente *favorisce* (ma non determina come vorrebbe Kohut) la formazione di questo Sé grandioso stabile: è l'atteggiamento di genitori *freddi e distaccati*, ma che nel contempo sono oggetto di *esagerate ammirazioni e aspettative* da parte del bambino a favorire questo processo di sviluppo patologico. Invece la vera possibile *causa* principale della formazione di questo Sé grandioso stabile, per Kernberg, sarebbe la presenza nell'individuo di *un'eccessiva pulsione aggressiva costituzionalmente determinata* (che spiegherebbe l'atteggiamento agonistico competitivo sovraordinato che questi pazienti pongono in ogni relazione[7]), la quale impedireb-

[7] Che abbiamo visto nei capitoli precedenti.

be alle rappresentazioni positive degli oggetti di integrarsi con quelle negative, portando così alla formazione di *immagini scisse* degli oggetti significativi, eccessivamente *idealizzate e grandiose* o eccessivamente *negative e svalutate*. Pertanto per Kernberg, come abbiamo già asserito, l'organizzazione strutturale intrapsichica di personalità del paziente affetto da narcisismo patologico è un'*organizzazione borderline di personalità polarizzata stabilmente dal lato grandioso.*

Come abbiamo visto nei precedenti capitoli nessuna di queste due teorie (Kohut e Kernberg) sul ruolo genitoriale ha una qualsivoglia conferma scientifica che le possa validare. Difatti si è visto come il ruolo genitoriale tanto enfatizzato da Kohut non abbia trovato alcuna conferma dagli studi scientifici sperimentali, e lo stesso vale per la presenza di fattori genetico/costituzionali (l'eccessiva aggressività) sostenuti invece da Kernberg.

5
Il modello psicodinamico strutturale

Avevamo un sacco di cose in comune. Io amavo lui e lui amava sé stesso.

Shelley Winters

5.1. IL MODELLO STRUTTURALE PSICODINAMICO DELLA PERSONALITÀ COME CONTESTO DELLA PSICOPATOLOGIA

In uno stupendo articolo dal titolo "Ritorno al futuro", Westen, Gabbard e Blagov (riportato in Dazzi, Lingiardi, Gazzillo, 2009) mostrano come attualmente la ricerca scientifica in psicopatologia/psichiatria assegni un ruolo assolutamente centrale alla *struttura di personalità* nella valutazione e comprensione dei fenomeni psicopatologici in toto e non solo degli specifici disturbi di personalità.

Come sottolineano gli autori sopracitati, negli anni Ottanta si verificò una vera e propria svolta epocale nell'ambito della psicopatologia/psichiatria (Westen, Gabbard, Blagov, in Dazzi et al., 2009). Difatti, il DSM-III (APA, 1980) può essere considerato, rispetto alle sue precedenti edizioni, una sorta di spartiacque che chiude un'epoca e sancisce un modo diverso di concepire la psicopatologia. Questa edizione del DSM ha standardizzato e reso operazionalizzabile la diagnosi psichiatrica, spingendo per la prima volta i ricercatori a generare dati replicabili su una vasta gamma di disturbi. In altri termini, la diagnosi, anche in psicopatologia, come in medicina somatica, diveniva una diagnosi *categoriale sintomatica*, divisa, allora, per Assi ove venivano raggruppati i vari disturbi psichici. Tuttavia, fin da subito ciò che emerse da questo nuovo modo di classificare le malattie mentali fu che la *co-morbilità* tra i disturbi di ASSE I e quelli di ASSE II e tra i due ASSI *era la norma piuttosto che l'eccezione*. Da ciò ne è derivata quella che è stata giustamente definita la "Fabbrica delle co-morbilità" (Westen, Gabbard, Blagov, in Dazzi et al., 2009) con migliaia di articoli che cercavano di spiegare le specifiche parentele tra uno specifico disturbo e i suoi cugini, anche quando il legame di "parentela" era tutt'altro che evidente. Questo problema della co-morbilità fra i disturbi psichiatrici è stato e continua ad essere una difficoltà diagnostica tutt'altro che risolta. Nonostante le varie task force di esperti poste in campo nel corso degli anni per massimizzare le distinzioni fra le diagnosi, e anche l'attuale sforzo del DSM-5 con l'abolizione degli Assi e il criterio dimensionale, la co-morbilità continua ad essere la «perfida figliastra della tassonomia psichiatrica» (Westen, Gabbard, Blagov, in Dazzi et al., 2009). Questo al punto che si è giunti ad affermare che la «possibilità della comorbilità intesa come possibilità di soddisfare i criteri per più diagnosi sia contemporaneamente (current comorbidity) che in tempi diversi (lifetime comorbidity) è un evento assolutamente regolare in psicopatologia e non rappresenta in alcun modo un'eccezione poiché nel 90% dei casi osserviamo quadri clinici misti: meno del 10% dei pazienti psichiatrici può essere inquadrato in una sola categoria diagnostica» (Faravelli, 2010).

Negli ultimi anni è divenuto più che chiaro come non sia possibile liberare la nosologia psicopatologica dalla co-morbilità poiché sostanzialmente *tutte le sindromi condividono fattori comuni a quadri psicopatologici di differente gravità* e questi fattori comprendono ciò che tradizionalmente consideriamo come gli *aspetti della personalità*, ovvero: *modi stabili di pensare, sentire, regolare le emozioni, gestire gli impulsi e agire* che si manifestano *nel corso del tempo* e *in contesti diversi* (Westen, Gabbard, Blagov, in Dazzi et al., 2009). Già gli studi di Watson e Clark (1984, 1992), Brown, Chorpita e Barlow (1999) e Krueger e collaboratori (2002) suggerivano la presenza di un *fattore esternalizzante ad ampio spettro* comune *a molti disturbi del DSM*. Questo fattore è dato, appunto, dalla *struttura di personalità* che caratterizza i soggetti che presentano i vari disturbi elencati dalle varie edizioni del DSM. Vale a dire che, oltre agli specifici disturbi di personalità, è oggi ormai più che evidente che tutti i disturbi psichiatrici si estrinsecano poggiando su di un contesto specifico unico che è dato proprio dalla *struttura di personalità* del soggetto che è portatore di quel disturbo. Ovvero, possiamo oggi dire che in psicopatologia i sintomi che osserviamo siano un'emanazione della struttura di personalità sottostante ad essi. Da ciò ne deriva che: «Se vogliamo comprendere i sintomi, dobbiamo conoscere qualcosa della persona che li ospita» (Westen, Gabbard, Blagov, in Dazzi et al., 2009, p. 87). Il che, detto in altri termini, significa che oggi non si può fare nessuna accurata diagnosi in psicopatologia/psichiatria se non si comprende in ogni caso la struttura di personalità del paziente sottoposto al procedimento diagnostico.

Come evidenziano gli Autori più volte sopracitati (Westen, Gabbard, Blagov, in Dazzi et al., 2009) questa presa di coscienza, che rappresenta non solo l'attuale base di ricerca in psicopatologia ma anche il suo futuro, è in realtà un ben preciso ritorno al passato, perché ci riporta alle *Nuove conferenze* di Sigmund Freud del 1932. È infatti proprio Freud che, in quel lavoro, introduce il concetto di *struttura di personalità* (facendo un parallelismo con la struttura dei cristalli) inteso come quel "terreno" sul quale e dal quale originano i sintomi. Egli, infatti, sin da allora (dopo che aveva in un primo tempo considerato i sintomi come qualcosa di indipendente dalla personalità) giunse alla conclusione che essi fossero emanazioni o espressioni della stessa. Per cui, Freud aveva fin dal 1932 maturato la convinzione che non era possibile comprendere i sintomi psicopatologici se li si considerava come separati da ciò che viene definito carattere o struttura di personalità.

Tale atteggiamento diagnostico è assolutamente confermato dalla psicopatologia moderna: «Certamente la valutazione del funzionamento di personalità e dei tratti patologici è utile in ogni diagnosi di disturbo mentale» (Bressi, in Bressi, Invernizzi, 2017, p. 466).

Questa nuova situazione fa sì che, allo stato attuale, le diagnosi in psicopatologia non siano più unicamente categoriali (date dai sintomi), ma siano anche e soprattutto *funzionali-dimensionali* (per aree funzionali della personalità) e questo ha l'importantissimo vantaggio di consentire un utile e comprensivo dialogo fra operatori della salute mentale che hanno impostazioni teoriche di base fra loro assolutamente differenti. Difatti quando si usa il termine "struttura" di personalità nell'ambito della psicopatologia non si usa in alcun modo un termine univoco, ma una definizione molto differente a seconda del *modello teorico della mente* che si ha come riferimento. Possiamo dire che i tre modelli della personalità, e di conseguenza della mente, che hanno maggiore credito scientifico allo stato attuale sono: quello *psichiatrico nomotetico* basato su *schemi cognitivi* che in pratica corrisponde a quello cognitivo o cognitivo-comportamentale; quello delle *neuroscienze cognitive* basato sulle *reti neurali associative*; e, infine, quello *strutturale ideografico* che si basa su *modelli operativi interni* che in pratica corrisponde al modello psicodinamico. Questi tre modelli sono molto differenti fra loro dal punto di vista teorico, ma non lo sono dal punto di vista pratico se la valutazione diagnostica si basa sulle dimensioni funzionali (o "domini funzionali") della personalità. Attraverso queste dimensioni il dialogo fra questi modelli diviene possibile con tutto vantaggio per il paziente che potrà essere trattato in modo migliore in tutti quei casi, tutt'altro che rari in psichiatria, in cui si rende necessario un lavoro di équipe senza che necessariamente tutti i membri di quella équipe debbano condividere lo stesso modello teorico di base.

Non è questa la sede per approfondire questi argomenti, qui basti tenere presente come lo studio e la comprensione della struttura di personalità di un paziente non riguardino solo il clinico che si occupa di disturbi di personalità e di come quest'ultimi, a loro volta, siano di grande influenza rispetto a tutte le forme di disagio psichico.

Tornando al nostro ambito, ovvero a quello psicodinamico, come abbiamo detto, in buona sostanza la struttura di personalità è data da un insieme di modelli operativi interni che sono alla base sia della percezione sia del comportamento dell'individuo nell'ambito delle sue relazioni con le persone e con le situazioni del mondo esterno. Ritornando alla concezione di Freud del 1932 possiamo dire che la struttura di personalità di un soggetto può essere organizzata in senso *nevrotico*, *borderline* e *psicotico*. Nella visione di Freud queste organizzazioni sono stabili e possono rimanere compensate (ovvero senza la manifestazione di sintomi); oppure possono scompensarsi per il subentrare di cause esterne che determinano una sorta di "stimolo" superiore alla soglia di sopportazione del paziente che porterà alla formazione di sintomi. Come già accennato Freud faceva riferimento ai reticoli del cristallo che se colpiti da un oggetto contundente con una forza superiore a quella che sono in grado di reggere si romperanno secondo "linee di frattura" specifiche che sono preordinate all'evento di urto. Per cui le "linee di frattura" del cristallo sono i sintomi del disturbo psichico, le prime sono predeterminate dalla forma dell'organizzazione dei reticoli del cristallo, i secondi dall'organizzazione della struttura di personalità del paziente. Per cui in caso di "frattura-scompenso" di una personalità nevrotica si produrranno sintomi nevrotici, di personalità psicotica si genereranno sintomi psicotici, nel caso, infine, di una personalità borderline si genererà una situazione al limite fra le due. Va evidenziato come per Freud la terapia dovesse mirare solo a riportare al compenso del paziente e nulla di più, non essendo assolutamente possibile modificare la struttura di base del paziente che una volta formatasi nell'individuo adulto era assolutamente immodificabile.

A ogni organizzazione di personalità corrisponde anche uno specifico principale meccanismo di difesa dell'Io da cui ne discendono ovviamente altri che vanno a formare come una sorta di corollario difensivo di quella specifica organizzazione: la *rimozione* per la struttura nevrotica, la *scissione* per la struttura borderline e il *diniego* per la struttura psicotica. A queste strutture corrisponde anche la presenza o meno dell'*identità dell'Io*: nella struttura nevrotica l'identità dell'Io è conservata, in quella borderline assistiamo alla diffusione dell'identità del soggetto e infine nella struttura psicotica si verifica una vera e propria frammentazione dell'Io (figura 5.1).

Difatti si potrebbe dire che in psicodinamica senso di identità dell'Io fa rima con normalità della personalità. Tale concezione non riguarda più unicamente il modello o i modelli della mente di origine dalla psicoanalisi, ma è accettata anche dai modelli nomotetici di tipo cognitivo, dove i disturbi di personalità vengono definiti, oggi, praticamente come in psicodinamica: «Persistente difficoltà a formarsi *un'identità stabile e positiva* e a intrattenere con gli altri *relazioni profonde e costruttive*» (Kring et al., 2019).

Figura 5.1
Struttura di personalità in psicodinamica.

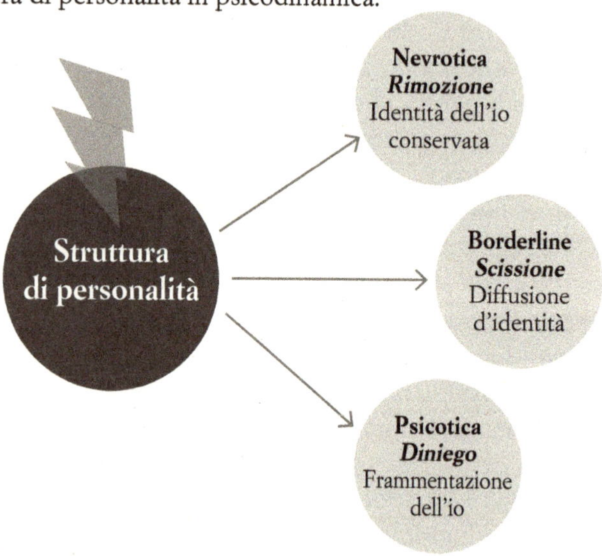

Per il PDM-2 ogni stile di personalità, come abbiamo già osservato, può appartenere a tutt'e tre le organizzazioni, ovvero possiamo avere uno stile narcisistico che può essere nevrotico, borderline e psicotico e anche normale. La gravità appunto non è data tanto dai sintomi o dai comportamenti o dagli schemi cognitivi, quanto dalle aree funzionali o meno della personalità. Naturalmente è chiaro che i casi di narcisismo patologico di cui ci stiamo occupando sono molto più frequentemente nell'area borderline che in quella nevrotica, quando non sconfinano in quella francamente psicotica. Ma a prescindere da ciò, quello che mi preme fare osservare è che il concetto di struttura di personalità è oggi un concetto dinamico e non statico come la vedeva Freud per cui essa non è un qualcosa che una volta raggiunto è immodificabile, ma una cosa che può assolutamente cambiare sia nel senso di un suo miglioramento, quanto in quello di un suo peggioramento. Per cui si deve sempre vedere la struttura di personalità del paziente come un processo in cambiamento, altrimenti non si riuscirà mai a coglierne la possibilità terapeutica.

Questa non certo esaustiva trattazione di cosa sia una struttura di personalità è indispensabile per poter comprendere ciò che segue rispetto al disturbo narcisistico secondo la visione di Kernberg.

5.2 L'ORGANIZZAZIONE STRUTTURALE DI PERSONALITÀ SECONDO KERNBERG

L'approccio "strutturale" alla personalità elaborato da Otto Kernberg tra la fine degli anni Settanta e l'inizio degli anni Ottanta è dato da un modello integrato in cui confluiscono la psicoanalisi freudiana e kleiniana, la psicologia dell'Io, la teoria delle relazioni oggettuali, le ricerche sull'infanzia e la biologia delle emozioni (Kernberg, 1975, 1981, 1984). Nella definizione più attuale di tale modello in senso "Strutturale" possiamo dire che: «La personalità rappresenta l'integrazione di *pattern di comportamento* che hanno le loro radici nel temperamento, nelle abilità cognitive, nel carattere e nel sistema di valori interiorizzati» (Kernberg, Caligor, 2005). Come si può osservare nella figura 5.2, questi pattern di comportamento, abbreviati PC, sono i "mattoni" che vanno a costituire la struttura della personalità (Kernberg, Caligor, 2005).

Figura 5.2
Organizzazione strutturale della personalità.

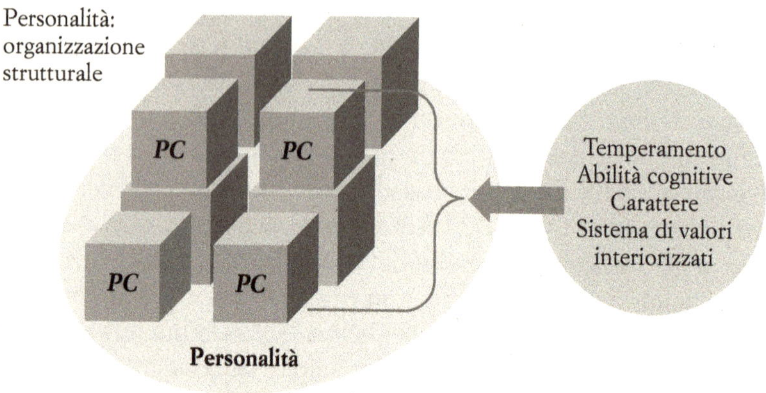

Ovvero, come abbiamo mostrato nel paragrafo precedente, essendo la teoria strutturale di Kernberg una teoria psicodinamica, il modello della mente a cui fa riferimento è quello dei *modelli operativi interni* da cui dipendono non solo i comportamenti dell'individuo, ma anche la percezione delle persone e delle situazioni. Anche per Kernberg, come per Freud, è la struttura della personalità ciò che media fra i fattori etiologici e le manifestazioni cliniche dei vari disturbi, e anche questa teoria, come le precedenti, prevede in pratica tre organizzazioni patologiche di personalità: *nevrotica, borderline* e *psicotica*. Tre sono i criteri che consentono di identificarle: 1) la diffusione *vs* l'integrazione di identità; 2) la prevalenza di meccanismi di difesa primitivi *vs* maturi; e 3) la tenuta dell'esame di realtà. Vi sono poi altri tre criteri aggiuntivi, utili soprattutto per l'identificazione delle strutture borderline e l'elaborazione di prognosi affidabili del trattamento. Essi sono: a) il livello di integrazione del Super-io (Io morale); b) la presenza di manifestazioni di aggressività primitiva; e c) la presenza di manifestazioni aspecifiche di forza *vs* debolezza dell'Io soprattutto date dalla tolleranza dell'angoscia, dal controllo degli impulsi e delle capacità di sublimazione.

Per poter comprendere il concetto di diffusione vs integrazione di identità è necessario innanzitutto specificare cosa si intende per "identità normale" secondo la teoria strutturale. Identità: «Concezione integrata di sé e degli altri significativi che si manifesta come: senso interno coerente di sé con un modello di comportamento che riflette tale coerenza» (Kernberg, Caligor et al., 2016). In altri termini l'individuo percepisce sé stesso e gli altri significativi in modo coerente e si comporta di conseguenza, ovvero pensa, sente, parla e agisce nello stesso modo verso gli altri e sé stesso. In pratica l'identità normale corrisponde all'*integrazione* d'identità, ovvero all'integrazione delle rappresentazioni "buone" o "cattive" del sé e degli oggetti (persone significative) e degli affetti ad esse legati. Invece, in presenza di una "scissione" dell'identità le rappresentazioni "buone" o "cattive" del sé e degli oggetti sono *polarizzate*: tutto buono o tutto cattivo e allo stesso modo gli affetti legati ad esse (solo amore o solo odio). La sindrome di *diffusione d'identità* è caratterizzata dalla presenza di rappresentazioni del sé e degli oggetti che sono bidimensionali, povere, rapidamente mutevoli, scisse, e da affetti e impulsi violenti, labili, non modulati e ugualmente estremi.

La sindrome di diffusione d'identità si associa a un senso di vuoto interiore e a un senso di discontinuità dell'esperienza di sé, a una forte aggressività e, non lo si sottolineerà mai abbastanza, alla rappresentazione di immagini di sé e degli altri e di comportamenti contraddittori e non integrabili in modo affettivamente significativo. Va ben compreso che questi pazienti sono costituiti da aree di consapevolezza che sono indipendenti emozionalmente fra loro, ovvero, sono consapevoli che le loro percezioni, pensieri e sentimenti circa sé stessi o gli altri qualche volta sono completamente opposti a quelli esperiti in altre occasioni, ma questo riconoscimento non ha rilevanza emozionale e quindi non può influenzare il loro corrente stato mentale. Da ciò ne deriva che le relazioni con gli altri sono superficiali, instabili, caotiche e prive di una reale empatia. Un clinico che ascolta questi pazienti prova di frequente un senso di confusione: ha difficoltà a farsi un'idea adeguatamente complessa e articolata del paziente e delle persone per lui importanti. Nei casi più gravi, la rappresentazione di sé e degli altri può essere molto indifferenziata.

Al contrario un'*identità integrata* possiede una rappresentazione di sé e degli altri chiaramente differenziata e tridimensionale dove si può trovare un'ampia gamma d'affetti ben modulati. In questo caso la capacità di mantenere relazioni intime stabili, profonde e coerenti, associata a una sufficiente comprensione delle proprie esperienze affettive, è più che evidente. Nell'identità integrata il soggetto non ha discontinuità temporali e il passato è adeguatamente differenziato e ricordato rispetto al presente, e il clinico, grazie a tutto ciò, può farsi un'immagine chiara e tridimensionale del paziente, della sua storia e delle persone per lui significative.

I *meccanismi di difesa primitiva* sono quelli che si organizzano intorno alla *scissione* delle rappresentazioni del sé e degli altri in "tutto buono" e "tutto cattivo" e sono dati da *identificazione proiettiva, diniego/negazione, idealizzazione-svalutazione, onnipotenza* e molto spesso un ricorso massiccio all'*acting out* (Lingiardi, Madeddu, 2002). Le difese primitive sono proprio ciò che impedisce la formazione di sé e degli altri integrati in modo adeguatamente differenziato, complesso e sfumato, nel tentativo di evitare conflitti associati alla percezione della propria ambivalenza, della propria dipendenza, della possibilità di perdere gli altri significativi e dei sensi di colpa che a ciò si associano. In altri termini queste difese arcaiche vengono poste in essere per evitare di divenire consapevoli della propria imperfezione e dei propri limiti umani, ovvero servono a mantenere una percezione di sé stessi orientata narcisisticamente in senso patologico. Questi meccanismi quindi *distorcono* la realtà fino a farla sparire completamente (psicosi) a favore di un'altra realtà fatta a proprio uso e consumo per evitare di vedere la verità su sé stessi.

Invece, i *meccanismi di difesa maturi* tendono a non distorcere la realtà cercando di allontanare dalla consapevolezza desideri, rappresentazioni e affetti dolorosi/proibiti. Essi sono delle "soluzioni di compromesso" fra le pulsioni dell'Es e le resistenze del Super-io (direbbe Freud) date dalla *rimozione, lo spostamento, la formazione reattiva, l'intellettualizzazione, la razionalizzazione, l'isolamento dell'affetto* e *l'annullamento retroattivo.*

«Per "esame di realtà", infine, si intende la capacità di differenziare sé stessi e la propria vita interiore da quella delle altre persone e di differenziare e mettere in relazione ciò che si pensa, percepisce e crede da ciò che consensualmente viene definito reale. Un aspetto importante dell'esame di realtà è la capacità di valutare realisticamente i propri sentimenti, comportamenti e pensieri nel quadro delle norme sociali condivise, capacità che in sede clinica si manifesta nella possibilità di comprendere con chiarezza il punto di vista del clinico o del valutatore rispetto ai propri comportamenti, pensieri, motivazioni e affetti e, ovviamente, all'assenza di sintomi di allucinazioni, deliri e disorganizzazione del comportamento e del pensiero» (Dazzi, Lingiardi, Gazzillo, 2009, pp. 136-137).

Sulla base di questi tre criteri (integrazione *vs* diffusione d'identità, meccanismi di difesa maturi o primitivi ed esame di realtà) viene diagnosticato secondo Kernberg il livello di organizzazione di personalità.

L'*organizzazione nevrotica* presenta un'identità integrata, si organizza attorno a meccanismi di difesa maturi (di cui il principale è la rimozione) e mantiene un esame di realtà integro.

L'*organizzazione borderline*, che può essere di alto livello (più vicina all'organizzazione nevrotica) o di basso livello (più vicina all'organizzazione psicotica), presenta invece una diffusione di identità e si organizza attorno a meccanismi di difesa più primitivi come la scissione e l'identificazione proiettiva, ma a differenza dell'organizzazione psicotica resta sostanzialmente inalterata la differenziazione tra le rappresentazioni di sé stessi e degli altri. I meccanismi di difesa immaturi, come già asserito, con una rappresentazione di sé stessi e degli altri come "tutti buoni" o "tutti cattivi" servono sostanzialmente per allontanare la paura di perdere le relazioni positive e lenire i sensi di colpa associati. Tuttavia, va precisato che le personalità orientate narcisisticamente, nella visione di Kernberg, presentano comunque un'organizzazione *borderline* anche se presentano un "Sé grandioso patologico" che organizza e apparentemente mostra un'immagine coerente di sé in cui convergono le immagini idealizzate del sé e dell'oggetto. Scopo di una terapia ben condotta è, per l'appunto, quello di "smontare" questa sorta di "sovrastruttura" patologica portando alla luce la diffusione di identità sottostante. Altro aspetto importante dell'organizzazione borderline di personalità è che presenta *un esame di realtà sostanzialmente intatto*, tranne che in situazioni particolarmente stressanti.

L'*organizzazione psicotica* presenta una grave sindrome di diffusione di identità con perdita della differenziazione della rappresentazione fra sé e gli altri, ricorso massiccio a meccanismi di difesa arcaici e perdita dell'esame di realtà o, se in un qualche modo è mantenuto, esso è molto fragile.

Le varie manifestazioni cliniche delle differenti organizzazioni si possono orientare in un senso più *introvertito* o *estrovertito*.

Per una sintesi delle varie caratteristiche delle organizzazioni di personalità secondo Kernberg, vedi la tabella 5.1 (Dazzi, Lingiardi, Gazzillo, 2009, p. 138, modificata, a sua volta derivata da Kernberg, 1984).

La visione strutturale della personalità umana implica anche il concetto di "normalità" di essa secondo i criteri funzionali di *Identità, senso di realtà, difese, aggressività, valori morali interiorizzati*, e *relazioni oggettuali* riportati nella tabella 5.2 (Kernberg, 2004, p. 22).

Questa classificazione strutturale che definisce l'organizzazione borderline di personalità basata sulla presenza dei tre cri-

Tabella 5.1
Le organizzazioni di personalità secondo Kernberg

Criteri strutturali	Nevrotica	Borderline	Psicotica
Integrazione dell'identità	Le rappresentazioni di sé e dell'oggetto sono nettamente delimitate		
		Dispersione dell'identità: gli aspetti contradditori di sé e degli altri sono scarsamente integrati e tenuti separati	
	Identità integrata: le immagini contradditorie di sé e degli altri sono integrate in concezioni complessive		Le rappresentazioni del sé e dell'oggetto sono scarsamente delimitate oppure è presente un'identità delirante
Operazioni difensive	Rimozioni e difese di alto livello	Perlopiù scissione e difese di basso livello	
	Le difese proteggono il paziente dal conflitto intrapsichico. L'interpretazione migliora il funzionamento		Le difese proteggono dalla disintegrazione e dalla fusione del sé con l'oggetto. L'interpretazione provoca regressione
Esame di realtà	È mantenuta la capacità di esaminare la realtà: differenziazione del sé dal non-sé, delle origini intrapsichiche da quelle esterne di percezioni e stimoli		
		Si verificano alterazioni nei rapporti con la realtà e nei sentimenti di realtà	
	Esiste la capacità di valutare il sé e gli altri realisticamente e in profondità		La capacità di esaminare la realtà è persa

Fonte: Kernberg, 1984, p. 33.

Tabella 5.2 – Criteri funzionali secondo Kernberg

	Organizzazione borderline	Organizzazione nevrotica	Organizzazzione normale
Identità	Senso incoerente di sé e degli altri; scarso investimento nel lavoro e nel tempo libero	Senso coerente di sé e degli altri; investimento nel lavoro e nel tempo libero	Senso coerente di sé e degli altri; investimento nel lavoro e nel tempo libero
Senso di realtà	Capacità variabile di aderire a criteri sociali della realtà; manca delle forme più fini di tatto in contesti sociali	Percezione accurata di sé contrapposto al non-sé, interno contrapposto a esterno; capacità di aderire ai criteri sociali della realtà	Percezione accurata di sé contrapposto al non-sé, interno contrapposto a esterno; capacità di aderire ai criteri sociali della realtà
Difese	Ricorso a difese primitive: scissione, identificazione primitiva, ideal/sval	Ricorso a difese più mature: rigide	Ricorso a difese di alto livello: *flessibilità*
Aggressività	Autodiretta, in alcuni casi più gravi etero-diretta; nei casi ancora più gravi vero e proprio odio (prognosi negativa)	Aggressività inibita; scoppi di rabbia seguiti da senso di colpa	Rabbia *modulata*; assertività appropriata
Valori interiorizzati	Sistema di valori contraddittorio; incapacità di essere all'altezza del proprio sistema di valori, significativa assenza di certi valori: comportamento antisociale (prognosi negativa); Super-io primitivo e deficitario; sempre tematiche narcisistiche	Sentimenti di colpa eccessivi; una certa mancanza di flessibilità nel rapporto con sé stessi; Super-io ipertrofico	Stabile, indipendente, individualizzato. Morale "serena"
Relazioni oggettuali	Relazioni interpersonali problematiche; assenza di relazioni sessuali o relazioni sessuali caotiche (anche in alternanza); modelli operativi interni delle relazioni confusi; interferenza grave nelle relazioni amorose. Mancanza di intensità (distacco) nelle relazioni anche caotiche (prognosi negativa)	Qualche grado di inibizione sessuale o difficoltà nell'integrare sesso e amore; relazioni profonde con gli altri con conflitti specifici con alcune specifiche persone	Relazioni durature e profonde con gli altri; intimità sessuale combinata a tenerezza; modelli operativi interni coerenti

teri già citati – ovvero 1) *scissione* come meccanismo di difesa principale; 2) *diffusione d'identità*; 3) *mantenimento dell'esame di realtà* – se confrontata con i disturbi di personalità descritti dal DSM, fa sì che essa includa nell'organizzazione borderline praticamente la maggioranza dei disturbi: Schizoide, Schizotipico, Paranoide, Istrionico, Borderline, Narcisistico, Antisociale e Dipendente rientrano, *tutti*, secondo la visione di Kernberg in un'organizzazione strutturale borderline di personalità. Ad essi egli aggiunge, la *sindrome da narcisismo maligno* e l'*ipomania*. Avendo questi disturbi nel loro insieme tutti la medesima organizzazione di personalità, richiedono un trattamento simile che è alquanto differente da quello che comunemente si pone in essere per i pazienti con organizzazione nevrotica di personalità.

Difatti, secondo Kernberg il trattamento dei pazienti deve adattarsi alla loro organizzazione di personalità. I pazienti *nevrotici* possono essere trattati con i metodi della psicoanalisi classica, mentre quelli con organizzazione *borderline* richiedono metodi terapeutici differenti e specifici, basati su un rapporto vis-à-vis e tecniche espressive basate su chiarificazioni, confrontazioni e interpretazioni, indirizzate soprattutto al rapporto relazionale diretto con il terapeuta. La posizione di Kernberg è ampiamente confermata dal PDM-2 ove viene chiaramente evidenziato come trattare questi pazienti con metodi classici significa determinarne un notevole peggioramento. Come si vedrà successivamente è di fondamentale importanza lavorare con il paziente secondo un processo che inizialmente deve fissarsi sul presente (il "qui e ora") dei suoi problemi relazionali e solo dopo che ciò è stato elaborato sarà possibile prendere in considerazione la storia passata del paziente (il "là e allora"). Ovvero, in pratica si può dire che rispetto al classico trattamento psicoanalitico che parte dal passato della storia del paziente per elaborarne il presente, con un'organizzazione borderline esso si svolge esattamente al contrario: dal presente al passato.

Tuttavia, va precisato che la suddivisione in sindromi dei disturbi della personalità fatta da Kernberg e collaboratori è alquanto più complessa e numerosa rispetto al DSM e ciò non facilita di sicuro la diffusione di tale teoria presso i clinici. In estrema sintesi cercheremo qui di riassumerla.

La valutazione strutturale della personalità permette di differenziare alcune sindromi collocabili lungo il continuum dell'*isteria*, del *masochismo* e del *narcisismo/antisocialità*. In particolare, la differenza fra disturbo *isterico* (struttura *nevrotica*) e *istrionico* (struttura *borderline alta*), fra disturbo *masochistico-depressivo* (struttura *nevrotica*) e *sadomasochistico* (struttura *borderline alta*), tra disturbo *narcisistico* (struttura *borderline alta*) e *sindrome da narcisismo maligno* (struttura borderline *bassa*) e disturbo *antisociale* (struttura borderline *bassa*); consente una progressiva distinzione delle varie sindromi di personalità secondo una scala di gravità legata alla struttura e ai domini funzionali della personalità che ad essa si associano.

Lo schema che segue (preso da Kernberg, 2004, p. 17), dove NPO sta per Organizzazione Nevrotica di Personalità, BPO per Organizzazione Borderline di Personalità e PPO per Organizzazione Psicotica di Personalità, mostra tutta la complessità e il numero davvero variegato di sindromi di personalità isolate da Kernberg rispetto a quelle descritte nel DSM.

Le frecce presenti nello schema stanno a indicare i rapporti esistenti fra le varie sindromi di personalità e, a mio avviso (specie per i giovani colleghi che non conoscono neppure il significato clinico del termine "isteria"[1]), non semplifica affatto, né tanto meno chiarisce l'annosa questione della nosografia dei disturbi di personalità. Questa classificazione, va precisato, sebbene goda di un'ampia considerazione internazionale da parte dei Clinici, non è universalmente accettata e anche nel PDM-2, sebbene la terminologia utilizzata da quest'ultimo sia molto simile a quella presente in questo schema, le differenze, talora sostanziali, rimangono comunque: come il fatto che a ogni stile di personalità corrisponda un continuum che va da sano a psicotico,

[1] L'Isteria non fa più parte della classificazione psichiatrica moderna.

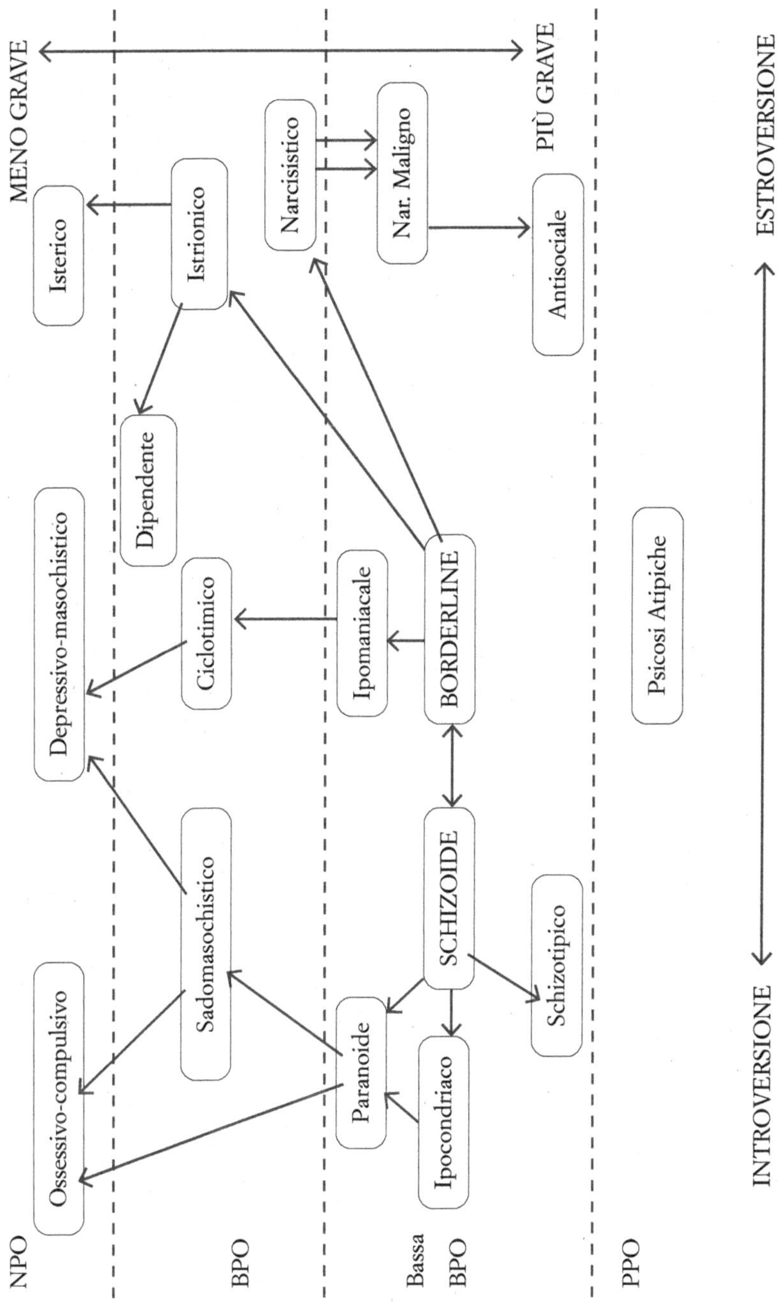
MENO GRAVE
PIÙ GRAVE
NPO
BPO
Bassa BPO
PPO
Isterico
Istrionico
Narcisistico
Nar. Maligno
Antisociale
Dipendente
Depressivo-masochistico
Ciclotimico
Ipomaniacale
BORDERLINE
Psicosi Atipiche
Sadomasochistico
SCHIZOIDE
Schizotipico
Ossessivo-compulsivo
Paranoide
Ipocondriaco
INTROVERSIONE
ESTROVERSIONE

mentre in questa classificazione le sindromi/stili corrispondono a personalità più o meno malate.

Non è questa la sede per approfondire le varie visioni generali dei disturbi di personalità, essendo una monografia specifica, se ci si è dilungati in senso generale sulla teoria di Kernberg lo si è fatto unicamente nella speranza che ciò possa servire a comprendere meglio la sua visione specifica sul narcisismo patologico. In ogni caso quello che conta è la distinzione fra alta e bassa Organizzazione Borderline di Personalità, poiché ciò ne definisce la gravità e di conseguenza la prognosi. I disturbi narcisistici, come si vedrà nel paragrafo successivo fanno parte di entrambe le dimensioni funzionali.

5.3 ASPETTI CATEGORIALI DEL DISTURBO NARCISISTICO DI PERSONALITÀ SECONDO KERNBERG

La teoria strutturale di Kernberg, come il PDM-2, suddivide i vari disturbi di personalità secondo differenti aree dimensionali di organizzazione di personalità: nevrotica, borderline e psicotica (psicosi atipiche); e fin dal 2004 prevede diversi disturbi clinici legati al narcisismo patologico e al disturbo narcisistico di personalità. Kernberg ha individuato tre tipi di narcisismo patologico. (1) Un narcisismo, molto comune, ad alto funzionamento con una sintomatologia tutto sommato lieve, di carattere prevalentemente nevrotico, dato da una regressione a modalità infantili di regolazione dell'autostima e in cui il principale problema è dato dal fatto che *l'ideale dell'Io è controllato da aspirazioni, valori e proibizioni infantili*. (2) Un secondo tipo di patologia narcisistica, più grave, ma meno frequente, che corrisponde a quella descritta da Freud (1914) con il termine di "scelta oggettuale narcisistica". In questa situazione *il sé del paziente è identificato con un oggetto*, mentre la *rappresentazione del sé è proiettata su quell'oggetto*, creando una situazione libidica in cui le funzioni del sé e dell'oggetto divengono intercambiabili. Questa condizione, come abbiamo già accennato, è quella che può essere riscontrata nelle persone che amano nel modo in cui vorrebbero essere amate. (3) Infine, vi è un terzo e più grave tipo che è *il disturbo di personalità narcisistico vero e proprio* che più che giustamente Kernberg definisce: «una delle sindromi psichiatriche più difficili da affrontare» (Kernberg, 2004, p. 55).

Rispetto alle caratteristiche *cliniche* del *DNP propriamente detto*, Kernberg fissa alcuni punti salienti che in gran parte (ma non in tutto) sono stati raccolti anche nel DNP come descritto dal DSM-5.

I tratti caratteriali patologici essenziali attorno a cui ruota il DNP sono tre:

1. un amore patologico di sé stessi;
2. un amore oggettuale patologico;
3. un Super-io patologico.

L'amore di sé patologico si esprime in un'autoreferenzialità e in un'autocentratura eccessiva, associata alla manifestazione di una certa grandiosità che si riflette in tendenze esibizionistiche, in un senso di superiorità e avventatezza e in ambizioni che sono eccessive rispetto a ciò che si potrebbe realmente raggiungere rispetto alle possibilità del soggetto. Secondo Kernberg la grandiosità sarebbe evidenziata nel soggetto dalla frequente presenza di valori "infantili" (che a mio modestissimo avviso sarebbe più opportuno definire "adolescenziali"), quali: capacità di attrarre con il proprio corpo, potere, ricchezza, modo di vestirsi, modi di fare e simili. I soggetti più intelligenti possono usare queste loro capacità come base per nutrire grandi pretese intellettuali (Kernberg, 2004). Vi sono poi altre manifestazioni di questo amore patologico di sé che sono date da *una dipendenza eccessiva dall'ammirazione altrui senza che ad essa si accompagni alcun senso di gratitudine*: essere ammirati viene dato per scontato e non produce alcun senso di gratitudine nel soggetto. Hanno un'emotività estremamente superficiale soprattutto in relazione con le altre persone e «ciò che temono di più è essere nella “media” o “mediocri”» (Kernberg, 2004, p. 56). Sebbene i sentimenti di grandiosità di questi pazienti si alternino con quelli di insicurezza e inferiorità dando l'impressione che si sentano o superiori o privi di valore, sempre secondo Kernberg, di tutti questi indicatori la *grandiosità* è quello che più caratterizza l'amore di sé patologico.

L'*amore oggettuale patologico* si manifesta attraverso un'intensa e talora soverchiante *invidia* sia cosciente sia inconscia che viene razionalizzata attraverso la *svalutazione* delle altre persone con lo scopo, appunto, di non sentire questo molto intenso e penoso sentimento d'invidia. Consciamente l'amore oggettuale patologico si manifesta o come mancanza d'interesse per le altre persone, le loro attività e il loro lavoro, o come vero e proprio disprezzo per tutto ciò che gli altri fanno, hanno e sono. Inconsciamente invece assume la forma di una manovra di *sfruttamento* che consiste «nell'incorporare ciò che viene dagli altri e al tempo stesso nello svalutare ciò che viene incorporato» (Kernberg, 2004). Spesso ciò si associa a una forte *avidità* che arriva fino al desiderio di rubare e di appropriarsi di ciò che gli altri posseggono. Frequentemente è presente la sensazione di *avere diritto a tutto* la quale, associata a ciò che abbiamo appena descritto, rende queste persone molto spesso estremamente arroganti in modo davvero pervasivo.

Un'altra caratteristica fondamentale dell'amore oggettuale patologico è l'*incapacità*, da parte di queste persone, di *dipendere dagli altri*. Sembra che una temporanea idealizzazione degli altri possa trasformarsi in breve tempo in una svalutazione: la sensazione che si prova di fronte a queste persone è che essi facciano inconsciamente un'esperienza degli altri che li circondano, dapprima come idoli, e poi alquanto rapidamente come nemici o stupidi. Chiaramente per loro è impossibile empatizzare o attaccarsi realmente alle altre persone.

Nel disturbo narcisistico si osservano *sempre* diversi gradi di *compromissione del Super-io* con predominanza dei suoi precursori arcaici di carattere *persecutorio* che vengono proiettati all'esterno sulle altre persone al fine di evitare l'angoscia determinata da un senso di vergogna (più che di colpa) eccessivo che deriva dal non sentirsi, nei fatti, all'altezza della propria rappresentazione grandiosa di sé. La conseguenza è una certa tendenza al *comportamento antisociale* che si esprime nella *mancanza di empatia* verso gli altri, insieme a sentimenti di *disprezzo e invidia.* Quest'ultima può, molto frequentemente, venire proiettata inconsciamente ed esprimersi in modo assolutamente invertito attraverso la convinzione cosciente di essere oggetto dell'invidia altrui.

La presenza di un Super-io patologico è meno importante per fare diagnosi, ma è di fondamentale importanza rispetto alla prognosi di questi pazienti: *in tutti i casi in cui le funzioni del Super-io sono gravemente compromesse la prognosi è assolutamente negativa.* La loro disordinata dipendenza dall'ammirazione esterna riflette appunto, una compromissione del Super-io data da una sua immaturità. Difatti queste persone sono del tutto incapaci di fare esperienza di forme differenziate di autocritica e di depressione lieve (come il semplice rimorso, la tristezza e l'autoriflessione critica); mentre invece, provano delle gravissime oscillazioni dell'umore nel momento in cui i loro progetti falliscono e l'ammirazione viene a mancare, o ancora, delle critiche mandano in frantumi la loro grandiosità. L'autostima di queste persone non è affatto regolata dalla colpa, ma dalla *vergogna* e mostrano uno scarso interesse per i valori etici e intellettuali. Nei casi più gravi di compromissione del Super-io può insorgere quella che Kernberg chiama "Sindrome da narcisismo maligno", un disturbo molto grave al limite con quello antisociale che verrà descritto successivamente.

Oltre a tutto ciò che è stato descritto sin qui va precisato che i pazienti con DNP propriamente detto avvertono praticamente sempre *sentimenti di vuoto* o *si sentono soli* e li elicitano di frequente durante le sedute analitiche. Di solito *non riescono ad apprendere dalle altre persone*[2], *hanno un'intensa fame di stimoli*

[2] Del resto come potrebbero? Per imparare qualcosa da qualcuno si deve accettare l'idea di saperne meno di lui; cosa questa che per chi è affetto da DNP è pressoché impossibile.

(che serve loro a riempire il senso di vuoto) e *sentono che la vita è priva di significato*. Cosa, quest'ultima, che corrisponde molto spesso alla verità perché la vita di un paziente con DNP è una vita senza alcun vero scopo e significato, come lo è l'esistenza di tutti coloro che anziché andare verso gli altri, desiderano esserne al di sopra. Infine, va aggiunto che nella maggior parte dei casi queste persone si irritano tutte le volte che i loro bisogni di ammirazione e successo non sono gratificati.

Rispetto al loro *funzionamento*, ovviamente, esso dipende dalla gravità della loro patologia e per Kernberg esso va da personalità quasi "normali" a personalità che funzionano in modo manifestamente borderline per i quali è necessario elaborare una diagnosi differenziale con una patologia psicotica. I pazienti che funzionano a livelli più elevati (cioè con patologia meno grave) non mostrano particolari sintomi, sono socialmente tutto sommato ben adattati e hanno poca consapevolezza della propria patologia psicologica, fatta eccezione per un senso cronico di vuoto e noia e per un bisogno eccessivo di approvazione e successo. Molto raramente chiedono un trattamento, ma tendono a sviluppare complicazioni secondarie della loro patologia narcisistica che possono portarli in terapia. A livello medio di funzionamento abbiamo il DNP propriamente detto con il quadro clinico appena descritto. Al livello più basso del funzionamento (ossia nelle patologie più gravi) nonostante il sé grandioso svolga un ruolo difensivo nelle relazioni sociali, avremo degli individui che mostreranno chiaramente caratteristiche borderline, ovvero: *mancanza di controllo degli impulsi, mancanza di tolleranza dell'angoscia, deficit gravi della capacità di sublimazione dell'aggressività* e *una disposizione a reazioni di rabbia esplosive o croniche* e a *gravi distorsioni paranoidi*.

Quando la patologia narcisistica si associa a *livelli eccessivi di aggressività*, può esprimersi commista a *brutalità, sadismo e odio*. In questi casi è necessario porre particolare attenzione alla diagnosi differenziale del DNP con il Disturbo antisociale di personalità e con la sindrome da narcisismo maligno, che tuttavia ne sono la forma più grave.

Il *Disturbo antisociale di personalità* è caratterizzato dalla praticamente totale assenza di relazioni oggettuali che non siano finalizzate allo sfruttamento dell'altro e di qualsiasi dimensione morale nel funzionamento di personalità dell'individuo. Questo è l'elemento chiave che differenzia il disturbo antisociale dalle forme gravi di narcisismo patologico. Nel disturbo antisociale di personalità la compromissione del Super-io è ancora più grave che nel DNP ma questi pazienti, tuttavia, si presentano *anche* con i sintomi del DNP sopra descritti. Per questi motivi ogni volta che ci si trova di fronte a un DNP è necessario indagare accuratamente la presenza di potenziali comportamenti antisociali e valutare anche l'entità di essi.

Henderson e Gillespie (1969) distinguono due forme di personalità antisociale: a) il "passivo-sfruttatore-parassitario" caratterizzato da comportamenti quali il mentire, rubare, contraffare, truffare e prostituirsi; e b) il "tipo aggressivo-sadico-paranoide" che compie, invece, comportamenti quali l'aggressione, la rapina a mano armata e l'omicidio. Il comportamento antisociale che è solo passivo-aggressivo di un DNP propriamente detto si distingue dal disturbo antisociale di personalità vero e proprio *per la capacità di provare veri sensi di colpa e rimorsi.* Nel disturbo antisociale vero, invece, sebbene queste persone si dichiarino dispiaciute non modificano mai il loro comportamento verso le persone che hanno attaccato o sfruttato, né dimostrano una preoccupazione spontanea per questa loro incapacità di cambiare. Durante il colloquio clinico in genere diventa evidente che queste persone sono del tutto incapaci di immaginare una qualità etica nelle altre persone. In pratica il loro modo di ragionare si traduce in "io ti fregherò prima che tu freghi me" e questo è l'unico modo che hanno di concepire la relazione sociale. Un'altra caratteristica tipica del disturbo antisociale di personalità è che questi pazienti *non hanno il senso del passare del tempo, non riescono a programmare il futuro né a paragonare l'esperienza e il comportamento del presente con quelli ideali cui si aspira*; riescono a pianificare *solo per alleviare le difficoltà del presente* e a ridurre la propria tensione realizzando *immediatamente* gli obiettivi che desiderano raggiungere. La loro incapacità di apprendere dall'esperienza è una manifestazione della loro incapacità di concepire la loro vita al di là del momento immediato. Paulina Kernberg (1981) ha definito queste persone "uomini olografici" per descrivere quei pazienti che durante il colloquio clinico: «danno una immagine vaga e inconsistente di loro stessi che sembra stranamente priva di relazioni con la loro realtà attuale e con il loro passato reale. Questa immagine muta da un momento all'altro alla luce delle diverse angolature da cui si indaga lasciando il diagnosta con un senso disturbante di irrealtà» (Kernberg, 2004, p. 63). Anche questi aspetti non sono presenti nel DNP propriamente detto.

Quindi riassumendo, secondo Kernberg, nel disturbo *antisociale* le funzioni del Super-io sono *gravemente deteriorate* o *del tutto assenti* con conseguente:

- indifferenza e violazione dei diritti altrui;
- incapacità totale di coinvolgimento relazionale autentico che non sia basato unicamente sullo sfruttamento;
- mancanza di preoccupazione e senso di colpa;
- assenza di qualsiasi valore morale o etico.

Da questa situazione, ovviamente, risulta un paziente che si trova ad essere a bassissimo funzionamento dove la sua tematica narcisistica si trova ad essere a un grado di estrema gravità.

Sempre rispetto a questa compromissione del Super-io, qualora di fronte a un DNP si sia potuto escludere un disturbo antisociale di personalità, il passo successivo consiste nella necessità di escludere anche una sindrome da narcisismo maligno.

La *sindrome da narcisismo maligno* è data da: un misto di *tipico DNP, comportamento antisociale, sadismo egosintonico o aggressività caratteriale*[3] e *orientamento paranoide*. Tuttavia questi pazienti, a differenza del disturbo antisociale di personalità, hanno ancora una certa lealtà e preoccupazione per gli altri e senso di colpa.

[3] L'aggressività nel narcisismo è sempre egosintonica ma nel narcisismo maligno e nell'antisociale essa lo è in modo assoluto.

Riescono a concepire le altre persone come dotate di preoccupazioni e convinzioni e possono avere un atteggiamento realistico verso il proprio passato e la pianificazione del proprio futuro.

L'orientamento paranoide di questi pazienti – che è la proiezione di precursori superegoici non integrati – è assolutamente evidente nel loro vissuto delle altre persone come idoli, nemici o persone eccessivamente stupide. Molto importante è il loro sadismo egosintonico che di frequente si manifesta nelle, altrettanto egosintoniche, tendenze suicidarie croniche. Queste tendenze possono apparire durante una sindrome depressiva, una crisi emotiva, ma anche all'improvviso e sono sostenute dalla fantasia (conscia o inconscia) che l'uccidersi corrisponda alla capacità di prendere il dominio della propria vita e così trionfare sulla morte e sul dolore. Suicidarsi per queste persone significa esercitare un controllo sadico sugli altri (a cui con la propria morte si fa pagare il fio di essere o fare ciò che si desidera), oppure vuole dire liberarsi, uscendo, da un mondo che non riescono a controllare nel modo con cui vorrebbero, o ancora, entrambe le cose.

Il sadismo egosintonico può assumere anche la forma di una "ideologia" conscia di autoaffermazione assertiva che consente di razionalizzare il comportamento antisociale, come nel caso, per esempio, di un leader di bande sadiche o di gruppi terroristici. Questa situazione è in grado di mantenere contemporaneamente la presenza, da un lato di un comportamento gravemente antisociale, dall'altro della capacità di essere assolutamente leali verso i propri compagni (Kernberg, 2004).

Quindi, secondo la visione di Kernberg, il narcisismo maligno si pone in una posizione intermedia rispetto al disturbo antisociale di personalità, in cui si può dire che la compromissione del Super-io non è ancora completa.

Pertanto in sintesi possiamo dire che nella visione di Kernberg il DNP si manifesta in tre forme di gravità crescente che sono: 1) il DNP propriamente detto; 2) la sindrome da narcisismo maligno; e 3) il disturbo antisociale di personalità. Dal punto di vista categoriale tutti e tre i quadri clinici presentano i sintomi del DNP, ma ciò che varia in senso ingravescente è la compromissione delle funzioni del Super-io, ovvero dell'Io Morale dell'individuo, per cui, resta del tutto valida la visione di Freud del 1914 secondo il quale il narcisismo è, in buona sostanza, un'incapacità che l'individuo ha di avere un amore sano e maturo verso gli altri e sé stesso.

5.4 IL DISTURBO NARCISISTICO COME MANIFESTAZIONE DELL'ORGANIZZAZIONE BORDERLINE DI PERSONALITÀ SECONDO MADEDDU/KERNBERG: LO "SPETTRO NARCISISTICO"

Scrive Kernberg nel 2004 nel già più volte citato *Narcisismo, aggressività e autodistruttività*: «Data l'alta prevalenza della patologia narcisistica, i progressi nella conoscenza clinica e psicopatologica di queste condizioni rappresentano un contributo importante alla comprensione *dell'intero campo dei disturbi della personalità*» (Kernberg, 2004, p. 66, corsivo aggiunto).

Dal 2004 a oggi infatti si è sviluppata un'ampia area di ricerca e di confronto sul narcisismo patologico che ha notevolmente ampliato il range dei disturbi di personalità che in un qualche modo possono essere fatti risalire ai concetti dinamici legati a questo tipo di orientamento di personalità.

Nell'ambito di questo modello strutturale della mente, *nel senso della loro organizzazione di personalità e della gravità clinica,* attualmente vengono identificati in senso psicopatologico dinamico vari disturbi oltre a quello narcisistico propriamente detto, disturbi che sono stati collocati all'interno di quella che viene definita "area narcisistica" (Madeddu, 2019) che forse sarebbe meglio chiamare "spettro" narcisistico. Tale area, che farebbe capo a un atteggiamento che può essere definito "paranoide", comprenderebbe: il disturbo *narcisistico propriamente detto*, il disturbo *borderline*, il disturbo di *narcisismo maligno*, il disturbo *antisociale*, il disturbo *dissociativo*, il disturbo *masochistico-depressivo,* il disturbo *paranoide* e il disturbo *schizotipico.*

Tutti questi disturbi sono considerati, dal punto di vista strutturale, come sostenuti da una *organizzazione intrapsichica borderline* (scissa) *di personalità* anche se, nella sua formulazione originaria il disturbo masochistico-depressivo era considerato come organizzato in senso nevrotico[4]. Sempre in quest'area rientrerebbero anche gli *aspetti ipocondriaci* più o meno gravi che possono essere presenti in tutti i disturbi di personalità appena elencati.

Il *Disturbo Narcisistico propriamente detto* è di particolare interesse in quanto, a differenza degli altri disturbi inclusi nell'area borderline di personalità che prevedono tutti la *diffusione di identità* ne è invece *privo*[5]. Per essere più precisi, il Disturbo Narcisistico può manifestarla solo se cade in scompenso, ma comunque la manifesta sempre in forma leggermente differente rispetto al tipico disturbo borderline di personalità (DSM-5) con caratteristiche cliniche in cui prevale un aspetto depressivo di "svuotamento" associato a vera e propria angoscia e sempre a manifestazioni di aggressività.

Tabella 5.3

Perdita di integrazione del concetto di sé e degli altri significativi che nel paziente si manifesta attraverso l'esperienza soggettiva di:

- Un cronico senso di vuoto;
- Una contraddittoria percezione di sé stessi;
- Un comportamento incoerente;
- Una percezione degli altri contraddittoria e impoverita;
- Un'incapacità a comunicare su sé stessi e sulle proprie interazioni significative con un interlocutore, il quale sperimenta una difficoltà a entrare in contatto con la descrizione che essi fanno di loro stessi e degli altri significativi, ovvero avverte un senso di "confusione".

[4] Madeddu (2019) invece, attualmente e per ottimi motivi, inserisce tale disturbo nell'organizzazione borderline.

[5] Ciò verrà approfondito nel paragrafo successivo.

Come si vedrà meglio nel paragrafo successivo, la struttura borderline di organizzazione di personalità del DNP (ovvero la difesa della *scissione* che è alla base di tale organizzazione), si manifesta attraverso una quasi assoluta *mancanza di integrazione della rappresentazione dell'altro* – gli altri, appunto, sono *scissi* in "inferiori" o "ammiratori" – e si associa a un *Sé grandioso assolutamente patologico*, ma *assolutamente stabile e integrato*. Si tratta tuttavia di una rappresentazione di sé stessi che è data da una *costruzione difensiva* che nel trattamento psicoanalitico si dissolve, lasciando il posto alla tipica struttura di identità diffusa del paziente borderline con anche tutti i tipici relativi agiti che vanno dal semplice drop out fino ad azioni auto ed etero distruttive passando per precisi attacchi, talora non solo verbali, nei confronti del terapeuta. In questi casi, come già asserito, la componente depressiva e ansiosa appare clinicamente la più rilevante. Anche l'uso di alcol e sostanze in questa situazione di scompenso è assolutamente frequente per non dire nella norma.

Per Kernberg, anche *i disturbi dissociativi fanno parte dell'area narcisistica* anziché isterica come per altri Autori psicodinamici. Ritengo che si possa asserire che lo scopo della dissociazione – fino a giungere alla personalità multipla – potrebbe essere proprio quello di commettere azioni o provare pensieri e sentimenti riprovevoli senza dover provare senso di colpa: è come se in questo caso il precursore persecutorio del Super-io, anziché all'esterno venisse proiettato su un'altra personalità interna che, in tal modo, diviene lei la responsabile di tutto ciò che potrebbe generare angoscia dovuta a senso di colpa di provare sentimenti socialmente "riprovevoli". Non è raro, infatti, osservare come personalità gravemente narcisistiche siano impegnate "nel sociale" al fine di avere un'immagine pubblica che rispecchia oggi una sorta di "buonismo", molto apprezzato negli strati più elevati della società. Quegli strati sociali da cui, più di ogni altro, la persona orientata in senso narcisistico patologico agogna ammirazione e approvazione. In questo modo la dissociazione consente a una personalità del soggetto di compiere azioni filan-

tropiche verso individui bisognosi, mentre una seconda personalità può sfogare tutta la sua aggressività/rabbia repressa verso altri soggetti: come certi genitori che sono ultra impegnati nel sociale verso estranei da un lato, mentre dall'altro sono dei veri e propri sadici nei confronti dei propri figli.

Nel disturbo *masochistico-depressivo*, meno grave dei due precedenti, ci troviamo di fronte a un individuo autofrustrante che si infligge autocritiche e autopunizioni incentrate sulla preoccupazione principale di soffrire a causa di *perdere le relazioni e/o l'autostima*; e produce due forme cliniche di *depressione sintomatica*: a) *introiettiva* caratterizzata da *senso di colpa, tendenza all'autocritica* e *perfezionismo*; e b) *anaclitica* caratterizzata da *vergogna, alta reattività alla perdita e al rifiuto* con sentimenti specifici di *inadeguatezza*. In questa condizione ci troviamo di fronte a una "perversione" morale (anziché sessuale come nel masochismo come parafilia) dove la grandiosità si manifesta nel *bisogno di degradarsi perversamente in modo autoaggressivo*: l'eccezionalità di sé stessi viene data, paradossalmente, dalla sofferenza di sopportare in ogni modo le angherie dell'altro rendendosi in questo modo pressoché "santi" in una forma di amore malato che però consente la propria esaltazione in una forma che Jung ha definito come «essere Dio nella sofferenza» (1928[6]). Questo spiega come siano frequenti le unioni fra donne/uomini affetti da questa forma di masochismo e uomini/donne affetti da narcisismo grave: entrambi soddisfano la loro grandiosità attraverso questa perversa forma di relazione di coppia. Un bell'esempio cinematografico di questa situazione, anch'essa difficile da trattare, è data dalla figura del professore universitario masochista che si degrada distruggendo la sua vita e la sua carriera per seguire una relazione perversa con una ballerina narcisista maligna nel famoso film di Josef von Sternberg: *L'angelo azzurro* con Marlene Dietrich (1930). Alcuni di questi pazienti invece, sono non solo masochisti ma *sadico/masochistici*. In questi casi il disturbo è organizzato intorno al tema del *dominare*: la loro preoccupazione/tensione

[6] *L'Io e l'Inconscio.*

principale è centrata sul *patire umiliazioni-infliggere umiliazioni*[7]. I sadomasochistici (Kernberg, 1988) sono individui ad alto funzionamento che oscillano fra queste due componenti sadiche e/o masochistiche. Sono emotivamente più vivi e molto più capaci di quelli con una struttura primariamente narcisistica, sadica o antisociale, ma, in ogni caso, le loro relazioni sono eccessivamente intense e turbolente. Sono individui che possono lasciarsi dominare fino all'estremo (come i depressivo/masochistici), ma anche, all'opposto, attaccare violentemente la persona alla quale erano precedentemente sottomessi. La persona che "si lamenta ma rifiuta l'aiuto" è una tipica versione di questi soggetti.

Anche se Madeddu non li cita, a mio avviso, rientrano in quest'area anche il *disturbo ipomaniacale* (area borderline a basso funzionamento) e il *disturbo ciclotimico* (area borderline ad alto funzionamento) dati da individui che sono caratterizzati da *potenti dinamiche depressive oscurate dal diniego*[8] che produce uno stato relativamente stabile di: a) *umore elevato*; b) *mancanza di senso di colpa*; e c) *una stima irrazionalmente elevata di sé*. Tutti aspetti che per l'appunto sono di carattere evidentemente narcisistico. La loro preoccupazione principale è quella di *ignorare il dolore/soccombere al dolore*.

Infine, rispetto all'*assetto ipocondriaco* esso viene considerato come una manifestazione narcisistica data da *un investimento libidico di aspetti negativi del Sé su parti corporee*. Si tratta di preoccupazioni narcisistiche primitive che si manifestano attraverso una strategia *passivo/aggressiva* per mezzo di continue lamentazioni sul piano fisico.

Il disturbo antisociale, insieme allo *schizotipico*, sono i disturbi di personalità più gravi e difficili da trattare. Nel caso dell'antisociale perché la grandiosità narcisistica è sostenuta unicamente da una relazione aggressiva di sfruttamento dell'altro che rende estremamente difficile qualsiasi relazione terapeutica. Nel caso, invece, del *disturbo schizotipico*, la gravità e la difficoltà di terapia è soste-

[7] Dunque una tipica tematica del narcisismo patologico.
[8] La difesa maniacale per eccellenza secondo Klein.

nuta dal *pensiero magico primitivo* che caratterizza questi pazienti. In questa sindrome la rappresentazione grandiosa di sé è sostenuta dal fatto di sentirsi *il centro di un mondo magico che a sua volta magicamente si può influenzare per mezzo di "poteri" spirituali di varia natura*. In questo caso il paziente cercherà attraverso la terapia, appunto, una soluzione magica dei suoi problemi: cosa che nessuna psicoterapia può fornire e il terapeuta che cercherà di riportarlo alla realtà delle cose e delle sue potenzialità verrà visto come un pericoloso nemico svalutante che minaccia il mantenimento del suo ideale grandioso di sé come un essere mitologico di carattere semidivino. Come abbiamo visto nella prima parte di questo lavoro, già Freud (1914) aveva visto nel pensicro magico delle popolazioni primitive una caratteristica del narcisismo patologico e non è certo facile fare una terapia con un paziente che ha una struttura mentale con un modo di pensare e di sentire che è poco più di quella di un pitecantropo. Se a ciò ci si aggiunge che il disturbo schizotipico di personalità confina con la schizofrenia, nella quale non infrequentemente esita[9], ben chiaramente si comprende come una psicoterapia abbia delle enormi difficoltà a potersi svolgere. In questi casi è, difatti, sempre necessario fare una valutazione se non sia necessario adottare in associazione anche una terapia farmacologica con neurolettici tipici o atipici.

In ogni caso, nella visione di Kernberg, secondo Madeddu, tutti i disturbi che abbiamo elencato, compreso il borderline, rientrano in una *grande area di funzionamento paranoide* (nel senso di *proiettiva*): ovvero, sono considerati una serie di disturbi che variano per gravità, che sono *tutti* sostenuti dalla *paura dell'altro per timori paranoidi (persecutori)*. Tuttavia, va precisato che nel *disturbo paranoide* di personalità *vero* (come rilevato da McWilliams e praticamente da tutti gli Autori e terapeuti che si occupano di disturbi di personalità), i pazienti paranoidi sono *tutt'altro che privi di empatia* e dotati di *un'elevata e sincera affettività verso gli altri*.

[9] Nel disturbo schizotipico di personalità è sempre necessario fare diagnosi differenziale con la schizofrenia.

Riassumendo quindi rispetto all'aumento di dimensionalità (gravità) e all'organizzazione strutturale dei disturbi elencati nell'area narcisistica secondo un aumento progressivo della loro gravità abbiamo:

1. *Narcisismo con struttura nevrotica ad alto funzionamento*: problemi nelle relazioni intime significative e nel lavoro solo sul lungo periodo;
2. *DNP propriamente detto con funzionamento di media gravità*;
3. *Narcisismo con struttura borderline (con possibile diffusione depressiva d'identità)*: tipica sindrome narcisistica con assenza di empatia;
4. *Disturbo masochistico-depressivo (con sottotipo sadico/masochistico)*: relazioni perverse;
5. *Dissociazione con personalità multiple*: caratteristiche amnesie e agiti che si ripercuotono sull'altro significativo;
6. *Disturbo borderline con diffusione d'identità*: ovvero la tipica sindrome borderline;
7. *Disturbo paranoide*: sospettosità, l'altro è visto come qualcuno con intenti malevoli;
8. *Sindrome da narcisismo maligno*: brutalità e sadismo;
9. *Disturbo antisociale*: sfruttamento grave dell'altro, reati;
10. *Disturbo schizotipico di personalità*: pensiero magico, ideazioni sull'altro con fantasie irrealistiche.

Figura 5.3
Psicodinamica strutturale (Kernberg/Madeddu).

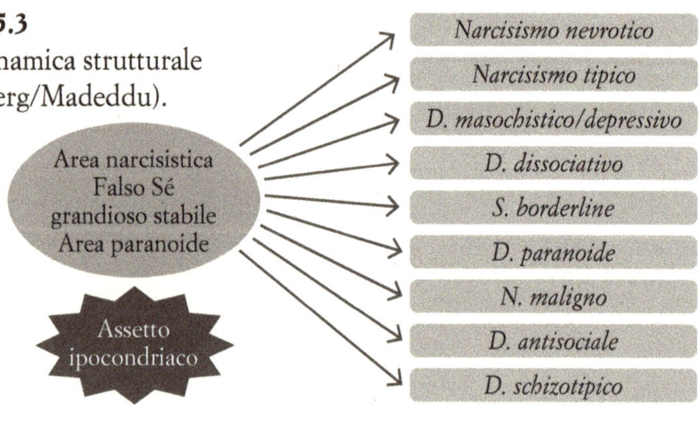

Questa classificazione non può essere ulteriormente approfondita per motivi di spazio, tuttavia basti qui considerare come i disturbi di personalità, a seconda dell'ottica di riferimento con cui vengono osservati possono assumere aspetti nosografici molto differenti e, soprattutto, come alla fine il problema principale della maggior parte dei disturbi di personalità altro non è che un nucleo di *narcisismo patologico*.

5.5 APPROFONDIMENTO DEGLI ASPETTI PSICODINAMICI DEL DNP SECONDO L'OTTICA STRUTTURALE

Cerchiamo ora di approfondire gli aspetti psicodinamici del disturbo narcisistico nella sua forma tipica e delle sue forme più gravi secondo la teoria strutturale di Kernberg che abbiamo già visto in senso generale.

Come abbiamo già detto, per Kernberg il nucleo del narcisismo patologico è dato da *un Sé grandioso stabile che deriva da una deviazione patologica del normale percorso di sviluppo psicologico* che è dato dal *sottrarsi al bisogno dipendente dell'altro*. Ciò che si verifica nel DNP in sintesi è *un diniego del bisogno di dipendenza con rifugio nell'onnipotenza*: «*I don't need anyone; I have/am everything that I need (Io non ho bisogno di nessuno; Io ho/sono tutto ciò di cui ho bisogno)*». Anche nel caso di un disturbo narcisistico nevrotico ad alto funzionamento è presente comunque un diniego della dipendenza come centro della relazione. In tutti i casi di DNP se una relazione si approfondisce essa procura ansia a questi pazienti, e ciò ha come conseguenza che queste persone tendono ad avere rapporti umani che sono sempre "sfuggenti".

In questa situazione l'organizzazione della personalità va incontro a *una particolare forma di scissione* che, a differenza della sindrome borderline tipica, non presenta una scissione dell'oggetto significativo che oscilla fra il positivo e il negativo, ma del *Sé*. Nel Sé grandioso stabile narcisistico non vi sono dei rapporti di rappresentazione polarizzata fra le diadi oggettuali significative, ma prevalentemente un rapporto di scissione fra *due Sé*: uno *più realistico* e uno *assolutamente aggressivo*[10] *e irrealistico* nella sua *onnipotenza grandiosa*. In accordo con Kohut quindi abbiamo una *scissione del Sé* con formazione di un *Falso Sé Grandioso stabile*, ossia, *non polarizzato*[11].

In altri termini, per Kernberg, il Narcisista Grandioso è *un borderline che si è stabilizzato*, le oscillazioni d'umore *sono solo interne*: all'esterno non si vedono.

Le oscillazioni del paziente borderline sono soprattutto legate, come è noto, all'*abbandono*, ovvero alla disponibilità o meno dell'Oggetto significativo: "c'è o non c'è"; invece quelle del paziente con DNP si muovono lungo l'asse del *valore di sé*: "valgo o non valgo – in questo caso, vi è una rappresentazione del Sé e dell'oggetto sempre legato al sé, con *opposte* rappresentazioni *stabili* di ipervalutazione di sé e svalutazioni dell'oggetto/sé. Quello che accade nel mondo interno di questi pazienti è che il narcisista patologico si *identifica* con *pezzi ideali* del sé e dell'Oggetto ed *espelle* tutto ciò che è svalutato del sé *proiettandolo* sull'Oggetto; in questo modo tutte le parti svalutate restano alla periferia e l'individuo può *non esserne mai consapevole*. Ciò esclude la possibilità di relazione a livelli profondi: le relazioni vengono regolarmente smantellate con una cronica svalutazione dell'altro in modo da non sentirne mai il bisogno di dipendenza.

La grandiosità (Falso Sé Grandioso) dà una strutturazione di personalità *rigida, inaccessibile al transfert*, che serve proprio a *difendersi dalla dipendenza*. Tale posizione di grandiosità è sostenuta dalle *difese maniacali* (Klein) di: *diniego, grandiosità, arroganza, autosufficienza* che si manifestano per mezzo dell'*idealizzazione/svalutazione*, che sono tutte figlie del bisogno di negare la dipendenza dall'altro.

[10] Che giustamente l'amico Sergio Dazzi del PDlab (TFP, Kernberg) di Parma definisce simpaticamente come: "più incazzato".

[11] Quindi, come abbiamo già detto, la vera differenza fra Kernberg e Kohut è data dal fatto che per il primo il Sé è una rappresentazione dell'Io, mentre per il secondo è un'entità psichica autonoma. Una differenza che dal punto di vista clinico a mio avviso è trascurabile.

Tuttavia, questa condizione di onnipotenza nasconde una *notevole fragilità dell'autostima* e serve a proteggerla. La situazione di perfezione è un'immensa difesa protettiva verso gli eventi frustranti della vita[12]. Il Sé grandioso è come un bunker che esclude gli aspetti invalidanti della realtà, perché se la realtà esterna entra attraverso le mura del bunker, il Sé si sgonfia/svuota con insorgenza di una depressione che costituisce lo *scompenso narcisistico* (Dazzi et al., 2019). In questo caso più che una caduta del tono dell'umore in senso depressivo, osserviamo nel paziente uno "svuotamento" che viene proprio definito come un "sentirsi vuoti", ma che sarebbe più esatto definire come un "sentirsi sgonfi". Per cui, il Sé Grandioso è *versus* la diffusione di identità che si manifesta se la grandiosità cede. In altri termini, il Narcisista di Kernberg, in stato "normale", oscilla molto poco all'interno della sua grandiosità, è assolutamente cristallizzato attorno al suo nucleo grandioso poiché, se invece oscilla, cade in uno scompenso narcisistico grave come la depressione maggiore, l'alcolismo e così via. Vi sono solo delle "gradazioni" di oscillazione e si osservano anche delle situazioni narcisistiche in cui la grandiosità è meno pervasiva del solito, e nella valutazione del paziente è importante comprendere se e quanto sia stata lesa l'identificazione con la grandiosità, poiché in presenza di scompenso è importante trattare sempre prima questo che le tematiche narcisistiche del paziente.

Come abbiamo visto, il fattore etiologico fondamentale per la formazione di questo Falso Sé grandioso è per Kernberg dato da un'eccessiva quota di *aggressività* costituzionalmente determinata. Ciò deriva dalle concezioni di Klein che pone al centro l'aggressività, ovvero la *pulsione di morte*, nella struttura emotiva di queste personalità. Ossia, il narcisismo patologico è *una manifestazione della pulsione di morte*: un qualcosa di molto simile alla "Volontà di Potenza" di *Nietzsche* che assume le false sembianze

[12] Come abbiamo visto il narcisista patologico ha un'assoluta *incapacità a sopportare e a utilizzare l'invalidazione*: sbagliare non serve ad apprendere e correggere, ma è un evento intollerabile.

di un "più che vita", ma che in realtà è solo un'esaltazione della morte[13]. In tal modo potere e piacere sono sempre secondari alla relazione, ovvero seguono l'Oggetto significativo ma non lo precedono: il narcisista è unicamente *reattivo* nella relazione, non è mai pro-attivo, e manifesta sempre aspetti comportamentali di pervasività del tema aggressivo diretti sull'oggetto. In altri termini per il narcisista *è molto più importante vincere che avere una relazione vera.*

Dal punto di vista della rappresentazione interiore, la diade oggettuale che si è formata, è quella di *aggressore sadico (padre/madre severo) – bambino vittima abusata* con un conseguente modello operazionale di relazione con gli altri in modo stabile e pervasivo. Generalmente, in tutte le situazioni significative, questi pazienti cercano l'identificazione con il primo aspetto della rappresentazione perché per loro *non esiste* alcun altro tipo di modalità relazionale per cui: "Se non sono l'adulto abusante sarò inevitabilmente il bambino vittima senza via di scampo" e ciò impone al soggetto di essere aggressivo per evitare di trovarsi nell'inevitabile posizione di vittima. Ciò raggiunge il suo massimo grado nella sindrome del narcisismo maligno e, soprattutto, nel disturbo antisociale di personalità nel quale le relazioni umane vengono concepite unicamente rispetto al proprio potere.

Questo atteggiamento aggressivo è ben evidente nel rapporto con il paziente narcisista con il quale la discussione va praticamente sempre sul piano *intellettualizzato*, al punto di sembrare un *ossessivo*, e sono *sempre* continuamente *svalutanti* e continuamente *controllati e controllanti*[14]. Questo è il motivo per cui con un paziente con una tipica sindrome borderline per il terapeuta è necessario *resistere alla tempesta emotiva e al ricatto*, mentre con un narcisista patologico bisogna che l'analista sia in grado di *preservare la capacità di ragionare*. In ogni caso, comunque, anche l'aggressività serve a sostenere la scissione della

[13] In realtà ciò ricorda anche molto da vicino le concezioni del "complesso di inferiorità" di Adler e del "complesso di potenza" di Jung.

[14] Si tratta di un vero e proprio *odio controllante*.

posizione schizo-paranoide per evitare di passare a uno stato di bisogno dell'altro. Vi è un *vero terrore* di passare a uno stato di bisogno/dipendenza dall'oggetto significativo poiché ciò corrisponde alla posizione depressiva che il paziente con DNP non riesce in alcun modo a tollerare.

Come abbiamo già visto, il *bisogno di essere ammirati* per il narcisista è molto intenso ed essenziale e condiziona tutta la sua esistenza, si può dire che "vive per essere ammirato". Per cui si trova in una situazione paradossale rispetto al suo bisogno di autosufficienza: vive per essere ammirato dagli altri ma si nega di averne bisogno. L'ammirazione gli serve per sentirsi indipendente, ma invece, proprio per questo motivo non può fare a meno degli altri. In realtà egli ha una rappresentazione, per cui, per non ammetterselo, si rifugia identificandosi nella grandiosità onnipotente svalutando l'altro dicendosi: "Quello che tu hai non è significativo per me e io non ne ho alcun bisogno". In questo modo resta in una posizione di mezzo: da un lato gli servono gli altri per essere ammirato, ma dall'altro li respinge non potendosi in alcun modo affidare a nessuno poiché, se si fida, deve ammettere che gli altri hanno cose buone che lui non ha e di conseguenza li svaluta. In questo modo non può più esistere alcun oggetto significativo in grado di arricchire e determinare un cambiamento della propria struttura psichica.

Tutto questo si manifesta attraverso l'aggressività del narcisista verso l'Oggetto, aggressività che si associa, come abbiamo visto, a vari gradi di compromissione del Super-io che determinano anche la gravità del disturbo. È molto importante comprendere che secondo la visione di Kernberg, rispetto all'aggressività del paziente con DNP non si tratta di semplice "rabbia" ma di vero e proprio odio come «derivato complesso e strutturato dell'affetto rabbia» che esprime «un desiderio di distruggere un oggetto cattivo, di farlo soffrire o di controllarlo». A differenza della rabbia, che per quanto sia distruttiva, è acuta e transitoria, l'odio del narcisista patologico è «caratterialmente ancorato o strutturato» e in modo pervasivo caratterizza tutte le sue relazioni con gli altri e con l'ambiente (Kernberg, 2004, pp. 37-38).

I criteri di Kernberg utilizzati per inquadrare le manifestazioni dell'odio verso l'oggetto del disturbo narcisistico sono in pratica gli stessi del DSM: 1) *invidia*; 2) *aggressione*; 3) *svuotamento*; 4) *inutilità dell'oggetto*, tutte sostenute sempre da un *assoluto senso di diritto*. Le relazioni con l'altro sono date da un *semplice sfruttamento*: le altre persone sono come se avessero dentro del cibo potenziale che lui deve (perché ne ha il diritto) estrarre (come se "strizzasse un limone e poi sgocciolasse ciò che resta"), oppure come se fossero già svuotate e quindi prive di qualsivoglia valore. Per Kernberg al narcisista patologico dell'Oggetto in quanto tale non gli interessa proprio nulla di nulla. Questa aggressività spietata interna è una specifica difesa *non* contro il dolore/sofferenza interna (come alcuni Autori "ottimisti" vorrebbero), ma contro il sentire l'*avidità* (sempre presente) e, soprattutto, contro l'*invidia* verso l'Oggetto che lui crede che possa avere qualcosa più di lui. L'invidia, infatti, mette a nudo la nostra debolezza in modo lacerante, mostra la nostra mancanza e ci fa dire che ciò che di bello e di buono c'è nel mondo non sarà mai nostro[15]. L'Oggetto significativo per il narcisista è sempre qualcosa di cui essere invidiosi/dipendenti ma ciò raramente viene provato e viene proiettato sull'altro che viene visto come qualcuno che ammira, ovvero è dipendente da lui, oppure che lo invidia per le sue fantastiche doti. L'altro sentimento che si associa all'invidia nel narcisista è la *vergogna*: per Kernberg come timore di essere visti in preda all'invidia, per altri Autori che venga vista la sua debolezza. Va detto che le due cose non si escludono affatto, ma ciò che è certo è che nel narcisista patologico è la vergogna e non la colpa ciò che regola l'autostima.

In pratica all'aumento dell'aggressività, che è *sempre egosintonica*, corrisponde una riduzione delle funzioni del Super-io con conseguente aumento della gravità del disturbo narcisisti-

[15] Questo spiega perché per l'invidioso l'unica forma di "giustizia" possibile sia quella nella quale nessuno ha qualcosa in più di lui.

co come abbiamo già visto. Più aumentano i temi di aggressività verso l'Oggetto, più questi tendono ad essere razionalizzati nel senso di diritto nel provarli e nel metterli in atto. Se ci troviamo in una situazione di *alto livello di funzionamento* narcisistico si osserveranno soprattutto *relazioni difficoltose*: "Non vado avanti con questa persona, ne cerco un'altra". In questo caso non si osserva un'aggressività manifesta ma solo un atteggiamento svalutante. Aumentando la gravità, osserviamo una situazione che può essere sintetizzata con: "Ci sto bene con questa persona perché in fondo è un onore stare con me". In casi ancora più gravi l'atteggiamento può essere così sintetizzato: "Posso sfruttare in vario modo questa persona perché comunque deve essere contenta di stare con me". Aumentando l'aggressività il comportamento aggressivo diventa sempre più *esplicito e razionalizzato* fino a giungere all'*agito antisociale*. Pertanto si va dall'alto livello di funzionamento dove vi sono piccole azioni lesive verso l'altro fino agli aspetti antisociali; e in fondo il disturbo antisociale costituisce una sorta di *apoteosi del non aver bisogno dell'altro*.

5.6 IL NARCISISTA GRANDIOSO VULNERABILE

In ultimo rimane da approfondire la psicodinamica della cosiddetta "vulnerabilità" narcisistica definita anche come "narcisismo ipervigile" o "narcisismo incoerente" (Gabbard, 2015). Tale manifestazione del narcisismo patologico viene spesso considerata come un'altra forma di narcisismo rispetto a quelle sopra descritte dal Kernberg. Ciò è vero solo da un punto di vista sintomatologico categoriale, ma non lo è affatto dal punto di vista sia della dinamica interiore sia del tipo di struttura di personalità. Sugli aspetti sintomatologici non ci dilungheremo affatto poiché li abbiamo ampiamente visti nei paragrafi precedenti, qui basti solo ricordare che questi pazienti appaiono fragili, schivi, tutt'altro che grandiosi e in grado di andare in pezzi a seguito anche di minime critiche ricevute dagli altri. Tuttavia, appunto, solo *appaiono* non grandiosi, ma nel loro intimo lo sono assolutamente. Anche in questo caso è presente un Sé grandioso stabile solo che per il paziente è un ideale da raggiungere, un qualcosa che vorrebbero essere ma non riescono ad essere. Tuttavia, la frase della dinamica strutturale: «Gratta il vulnerabile e troverai il grandioso» (Maded-du, 2020) si applica perfettamente a questi individui.

Non ci si deve lasciare ingannare da un'apparente fragilità e apparente "polarizzazione", in realtà quello che si osserva è solo un aumento dell'ansia in tutte quelle situazioni in cui non si sentono all'altezza della possibilità di mostrare la loro grandiosità. Anche in questo caso, odio, invidia, vergogna, e mancanza di empatia sono ciò attorno a cui ruota il loro mondo interiore, solo che sono ipocritamente mascherati da una falsa gentilezza, una fasulla generosità e una altrettanto artefatta compassione per il prossimo che serve loro solo a mostrarsi grandiosamente "buoni" per l'appunto. L'unica differenza rispetto al narcisismo grandioso tipico è che queste persone sono semplicemente più vili e tengono maggiormente nascosto a loro stessi il loro desiderio profondo di essere meravigliosi ed eccezionali. Per questo motivo credo che sarebbe più corretto definirli *grandiosi vulnerabili* o *DNP atipico* per non ingenerare confusione rispetto alle forme classiche di DNP, trattandosi semplicemente di una forma solo più mascherata e ipocrita di DNP.

Difatti, applicando a questi pazienti gli stessi metodi di interpretazione del transfert che si utilizzano nel DNP si ottiene lo svelamento del Sé grandioso stabile come resistenza distruttiva della relazione. Pertanto a parere di chi scrive (anche se ovviamente si tratta solo di una mera opinione) non vi è alcuna necessità di usare tecniche terapeutiche speciali per questi clienti, né tanto meno vi è la necessità di dilungarsi troppo sulle loro dinamiche: quando il narcisismo è patologico alla base di esso vi è un Sé che si è sviluppato in senso grandioso disfunzionale sempre e comunque, a prescindere dalle caratteristiche sintomatologiche (le sue manifestazioni esterne) che viene ad assumere. Se il sé del paziente non è grandioso, non vi è un disturbo narcisistico: tutto ciò è molto semplice, e non vi è alcuna necessità di aggiungere altro.

Bibliografia

Adler, G. (1986). Psychotherapy of the narcissistic personality disorder patient: Two contrasting approaches. *American Journal of Psychiatry*, *143*, 430-436.

Allen, J.G. (2003). Mentalizing. *Bulletin of the Menninger Clinic*, *67*, 91-112.

American Psychiatric Association (2013). *Manuale diagnostico statistico dei disturbi mentali* (DSM-5) (tr. it.). Milano: Raffaello Cortina Editore.

Azima, F.J.K. (1983). Group psychotherapy with personality disorder. In H.I. Kaplan, B.J. Sadock (a cura di). *Comprehensive group psychotherapy*, 2nd ed. Baltimore: Williams & Wilkins.

Bara, B.G. (2005-2007). *Nuovo manuale di psicoterapia cognitiva*, 3 voll. Torino: Bollati Boringhieri.

Bateman, A., Fonagy, P. (2019). *Mentalizzazione e disturbi di personalità* (tr. it.). Milano: Raffello Cortina Editore.

Beandshaft, B., Stolorow, R. (1984). The borderline concept: Pathological character or iatrogenic myth? In J. Lichtenberg, M. Bornstein, D. Silver (a cura di). *Empathy II*. Hillsdale: Analytic Press.

Beck, A.T., Freeman, A. (1990). *Cognitive therapy of personality disorder*. New York: Guilford.

Bressi, C. Invernizzi, G. (2017). *Psichiatria e psicologia clinica*. Milano: McGraw Hill.

Campbell, W.K., Bosson, J.K., Goheen, T.W. et al. (2007). Do narcissists dislike themselves "deep down inside"? *Psycholgical Science*, *18 (3)*, 227-229.

Campbell, W.K., Miller, J.D. (2011) (a cura di). *The handbook of narcissism and narcissistic personality disorder: Theoretical approaches, empirical findings, and treatments*. Hoboken: Wiley.

Clarkin, J.F., Yeomans, F.E., Kernberg, O.F. (2006). *Psychotherapy for borderline personality focusing on object relationships*. Washington: American Psychiatric Publishing.

Cohen, D.W. (2002). Transference and countertransference states in the analysis of pathological narcissism. *Psychoanalytic Review*, *89*, 631-651.

Conrad, K. (1958). *Die beginnende Schizophrenie. Versuch einer Gestaltanalyse des Wahns*. Stuttgart: Thieme.

Cooper, A.M. (1998). Nuovi sviluppi nella diagnosi clinica del disturbo narcisistico di personalità. In E.F. Ronningstam (a cura di). *I disturbi del narcisismo* (tr. it.). Milano: Raffaello Cortina Editore.

Cooper, A.M., Michels, R. (1988). Book review of Diagnostic and Statistical Manual of Mental Disorders (DSM-III-R by the American Psychiatric Association). *American Journal of Psychiatry, 145*, 1300-1301.

Curtis, H.C. (1985). Clinical perspective on self psychology. *Psychoanalytic Quarterly, 54*, 339-378.

Dickinson, K.A., Pincus, A.L. (2003). Interpersonal analysis of grandiose and vulnerable narcissism. *Journal of Personality Disorders, 17*, 188-207.

Dimaggio, G., Semerari, A. (2003). *I disturbi di personalità. Modelli e trattamento.* Roma-Bari: Laterza.

Dazzi S. (2019), Materiale didattico interno Corso di Didactic Training Graduate-Transference Focused Psichotherapy (TFP) del PDlab-ISTFP (International Society of Transference-Focused Psychotherapy) New York-Milano Parma, sessione 2018-1019.

Dazzi, N., Lingiardi, V., Gazzillo, F. (2009) (a cura di). *La diagnosi in psicologia clinica.* Milano: Raffaello Cortina Editore.

De Panfilis, C., Clarkin, J.F., et al. (2019). Rejection sensitivity and self-regulation of daily interpersonal events. *Journal of Contemporary Psychotherapy, 49*, 223-233.

Fabj L.V., Dazzi, S. (2018), Atti del Convegno: Jung e Kernberg a confronto: l'importanza della interpretazione del transfert nella psicoterapia psicodinamica moderna. *Il Minotauro Problemi e ricerche di psicologia del profondo*, Anno XLV, n 2, pp. 7-28, Paolo Emilio Persiani Editore, Dicembre 2018, Bologna.

Faravelli, C. (2010). *Psicofarmacologia per psicologi.* Bologna: Il Mulino.

Finnel, J.S. (1985). Narcissistic problems in analysts. *International Journal of Psychoanalysis, 66*, 433-445.

Fossati, A., Borroni, S. (2018). *Narcisismo patologico.* Milano: Raffaello Cortina.

Freud, S. (1910). Osservazioni psicoanalitiche su un caso di paranoia (dementia paranoides) descritto autobiograficamente (Caso clinico del presidente Schreber). In *Opere*, vol. 6 (tr. it.). Torino: Bollati Boringhieri.

Freud, S. (1914). Introduzione al narcisismo. In *Opere*, vol. 6 (tr. it.). Torino: Bollati Boringhieri.

Freud, S. (1921). Al di là del principio di piacere. In *Opere*, vol. 9 (tr. it.). Torino: Bollati Boringhieri.

Freud, S. (1931). Tipi libidici. In *Opere*, vol. 6 (tr. it.). Torino: Bollati Boringhieri.

Gabbard, G.O (1983), Further contributions to the understanding of stage fright: Narcissistic issues. *Journal of the American Psychoanalytic Association, 31 (2)*, 423-441.

Gabbard, G.O. (1989a). Further contributions to the understanding of stage fright: Narcissistic issues. *Journal of the American Psychoanalytic Association*, *31*, 423-441.

Gabbard, G.O. (1989b). Two subtypes of narcissistic personality disorder. *Bulletin of the Menninger Clinic*, *53*, 527-532.

Gabbard, G.O. (1998). Transfert e controtransfert nel trattamento dei pazienti narcisistici. In E.F. Ronningstam (a cura di). *I disturbi del narcisismo* (tr. it.). Milano: Raffaello Cortina Editore.

Gabbard, G.O. (2000). On gratitude and gratification. *Journal of the American Psychoanalytic Association*, *48*, 697-716.

Gabbard, G.O. (2013). Countertransference issues in the treatment of pathological narcissism. In J.S. Ogrodniczuk (a cura di). *Understanding and treating pathological narcissism*. Washington: American Psychological Association.

Gabbard, G.O. (2020). *Trattamento dei disturbi psichiatrici* (tr. it.). Milano: Raffaello Cortina Editore.

Gabbard, G.O., Crisp, H. (2019). *Il disagio del narcisismo* (tr. it.). Milano: Raffaello Cortina Editore.

Gabbard, G.O., Twemlow, S.W. (1994). The role of mother-son incest in the pathogenesis of narcissistic personality disorder. *Journal of the American Psychoanalytic Association*, *42*, 159-177.

Glassman, M. (1988). Kernberg and Kohut: A test of competing psychoanalytic models of narcissism. *Journal of the American Psychoanalytic Association*, *36*, 597-625.

Groopman, L., Cooper, A.M. (2001). Narcissistic personality disorder. In G.O. Gabbard (a cura di). *Treatments of psychiatric disorders*, 3a ed., vol. 2. Washington: American Psychiatric Publishing.

Hartmann, H. (1978), *Psicologia dell'io e problema dell'adattamento*. Torino: Boringhieri.

Heiserman, A., Cook, H. (1998). Narcissism, affect and gender: an empirical examination of Kernberg's and Kohut's theories of narcissism. *Psychoanalytic Psychology*, *15*, 74-92.

Henderson, D.K, Gillespie, R.D. (1969), *Textbook of psychiatry*. Oxford: Oxford University Press.

Hibbard, S. (1992). Narcissism, shame, masochism, and object relations: an exploratory correlational study. *Psychoanalytic Psychology*, *9*, 301-305.

Horney, K. (1939). *Nuove vie della psicoanalisi* (tr. it.). Milano: il Saggiatore.

Horton, R.S. (2011). Parenting are a cause of narcissism: empirical support for psychodynamic and social learning theories. In W. K. Campbell, J.D. Miller (a cura di). *The handbook of narcissism and narcissistic personality disorder: Theoretical approaches empyrical findings, and treatments*. Hoboken: Wiley.

Horwitz, L. (1977). Group psychotherapy of the borderline patients. In P.L.

Hartocollis (a cura di). *Borderline personality disorders: The concept, the syndrome, the patient.* New York: Interational University Press.

Invernizzi, G. (2000). *Manuale Psichiatria Psicologia Clinica.* Milano: McGraw-Hill.

Jones, E. (1913). *Essay in Applied Psychoanalysis.* London: The Hogart Press.

Josephs, L. (1995). *Balancing Empathy and Interpretation: Relational Character Analysis.* Northvale: Jason Aronson.

Jung, C.G. (1928). *L'io e l'inconscio.* Torino: Bollati Boringhieri.

Kernberg, O.F. (1970). Il trattamento della personalità narcisistica. In *Sindromi marginali e narcisismo patologico* (tr. it.). Torino: Boringhieri.

Kernberg, O.F. (1974a). Contrasting viewpoints regarding the nature of psychoanalytic treatment of narcissistic personalities: A preliminary communications. *Journal of the American Psychoanalytic Association*, *22*, 255-267.

Kernberg, O.F. (1974b). Problemi clinici della personalità narcisistica. In *Sindromi marginali e narcisismo patologico* (tr. it.). Torino: Boringhieri.

Kernberg, O.F. (1975). *Sindromi marginali e narcisismo patologico.* Torino: Boringhieri.

Kernberg, O.F. (1981). Structural interviewing. *Psychiatric Clinics of North America*, *4*, 169-195.

Kernberg, O.F. (1984). *Disturbi gravi della personalità* (tr. it.). Torino: Boringhieri.

Kernberg, O.F. (1988). Clinical dimensions of masochism. *Journal of the American Psychoanalytic Association*, *36*, 1005-1029.

Kernberg, O.F. (1998). Narcisismo patologico e disturbo narcisistico di personalità: background teorico e classificazione diagnostica. In E.F. Ronningstam (a cura di). *I disturbi del narcisismo* (tr. it.). Milano: Raffaello Cortina Editore.

Kernberg, O.F. (2004). *Narcisismo, aggressività e autodistruttività* (tr. it.). Milano: Raffaello Cortina Editore.

Kernberg, O.F. (2009). Narcissistic personality disorder. In L.F. Clarkin, P. Fonagy, *Clinical handbook.* Washington: American Psychiatric Publishing.

Kernberg, O.F., Caligor, E. (2005). A psychoanalytic theory of personality disorders. In M.F. Lenzenweger, J.F. Clarkin (a cura di). *Major theories of personality disorder.* New York: Guilford Press.

Kernberg, O.F., Clarkin, J., Yeomans, F.E. (2017). *La terapia focalizzata sul transfert per il disturbo borderline di personalità.* Roma: Giovanni Fioriti.

Klonsky, E.D., Jane, J.S., Turcheiner, E., et al. (2002). Gender role and personality disorders. *Journal of Personality Disorders*, *16*, 464-476.

Kohut, H. (1971). *Narcisismo ed analisi del Sé* (tr. it.). Torino: Boringhieri.

Kohut, H. (1977). *La guarigione del Sé* (tr. it.). Torino: Boringhieri.

Kohut, H. (1984). *La cura psicoanalitica* (tr. it.). Torino: Boringhieri.

Kohut, H., Wolf, E. (1978), The disorders of the self and their treatment: an outline. *The International Journal of Psychoanalysis.*

Kring, A.M., Johnson, S.L., Davison, G.C., Neale, J.M. (2020). *Psicologia clinica* (tr. it.). Bologna: Zanichelli.

Lansky, M.R. (1982). Masks of the narcissistically vulnerable marriage. *International Journal of Family Psychiatry*, *3*, 439-449.

Lasch, C. (1979). *La cultura del narcisismo* (tr. it.). Milano: Bompiani.

Lewis, H.B. (1987) (a cura di). *The role of shame and symptom formation*. Hillsdale: Lawrence Erlbaum.

Lingiardi, V., Madeddu, F. (2002). *I meccanismi di difesa*. Milano: Raffaello Cortina Editore.

Lingiardi, V., McWilliams, N. (2018). *Manuale Diagnostico Psicodinamico (PDM-2)* (tr. it.). Milano: Raffaello Cortina Editore.

Lis, A., Mazzeschi, C., Zennaro, A. (2003). *La psicoanalisi.* Roma: Carrocci.

Luborsky, L., Luborsky, E. (2008). *La psicoterapia psicodinamica* (tr. it.). Bologna: il Mulino.

Madeddu, F. (2020). *I mille volti di Narciso*. Milano: Raffaello Cortina Editore.

McWilliams, N. (1994). *La diagnosi psicoanalitica* (tr. it.). Roma: Astrolabio.

McWilliams, N. (2002). *Il caso clinico* (tr. it.). Milano: Raffaello Cortina Editore.

McWilliams, N. (2011). *Psychoanaliytic diagnosis* (2nd ed.). New York: Guilford Press.

Menninger, K. (1976). *Teoria della tecnica psicoanalitica* (tr. it.). Torino: Bollati Boringhieri.

Miller, J.P. (1985). How Kohut actually worked. *Progress in Self Psychology*, *1*, 13-30.

Mitchell, S.A. (1988). *Gli orientamenti relazionali in psicoanalisi: per un modello integrato* (tr. it.). Torino: Bollati Boringhieri.

Modell, A.H. (1976). The "holding environment" and the therapeutic action of psychoanalysis. *Journal of American Psychoanalytic Association*, *24*, 285-307.

Morf, C.C., Rhodewalt, F. (2001). Unraveling the paradoxes of narcissism: A dynamic self-regulatory processing model. *Psychological Inquiry*, *12*, 177-196.

Neumann, E. (1948), *Psicologia del profondo e nuova etica* (tr. it.). Bergamo: Moretti & Vitali.

Ogrodniczuk, J.S. (2013) (a cura di). *Understanding and treating pathological narcissism*. Washington: American Psychological Association.

Ornstein, P.H. (1974a). A discussion of the paper by Otto F. Kernberg on "further contributions to the treatment of narcissistic personalities". *International Journal of Psychoanalysis*, *55*, 241-247.

Ornstein, P.H. (1974b). On narcissism: Beyond the introduction, highlight of Heinz Kohut's contributions to psychoanalytic treatment of narcissistic personality disorders. *Annual of psychoanalysis*, *2*, 127-149.

Ornstein, P.H. (1998). Psicoanalisi dei pazienti con un disturbo primario del

Sé: una prospettiva basata sulla psicologia del Sé. In E.F. Ronningstam (a cura di). *I disturbi del narcisismo* (tr. it.). Milano: Raffaello Cortina Editore.

Paulhus, D. L. (1998). Interpersonal and intrapsychic adaptiveness of trait self-enhancement: a mixed blessing? *Journal of Personality and social Psychology*, *74*, 1197-1208.

Piper, W.E., Ogrodniczuk, J.S. (2005). Group treatment for personality disorders. In L.G. Oldham, A. Skodol, O. Bender (a cura di). *The American Psychiatric Publishing textbook of personality disorders*. Washington: American Psychiatric Publishing.

Reich, A. (1960). Pathological forms of self-esteem regulation. *The Psychoanalytic Study of the Child*, *15*, 215-232.

Reich, W. (1949). *Analisi del carattere* (tr. it.). Milano: SugarCo.

Ritter, K., Dziobek, I., Praibler, S., et al. (2011). Lack of empathy in patients with narcissistic personality disorder. *Psychiatry Research*, *187*, 241-247.

Ronningstam, E. (2011). Psychoanalytic theories on narcissism and narcissistic personality. In W.K. Campbell, J.D. Miller (a cura di). *The handbook of narcissism and narcissistic personality disorder: Theoretical approaches, empirical findings, and treatments*. Hoboken: Wiley.

Ronningstam, E. (2014). Treatment of narcissistic personality disorder. In G.O. Gabbard (a cura di). *Gabbard's treatments of psychiatric disorders*. Washington: American Psychiatric Publishing.

Ronningstam, E., Gunderson, J., Lyons, M. (1995). Changes in pathological narcissism. *American Journal of Psychiatry*, *152*, 253-257.

Rose, P. (2002). The happy and unhappy faces of narcissism. *Personality and Individual Differences*, *33*, 379-391.

Rosenfeld, H. (1987). *Impasse and interpretation: Therapeutic and anti-therapeutic factors in the psychoanalytic treatment of psychotic, borderline, and neurotic patients*. London: Tavistock.

Roth, B.E. (1998). Pazienti narcisistici nella psicoterapia di gruppo: contenere gli affetti nelle prime fasi di sviluppo. In E.F. Ronningstam (a cura di). *I disturbi del narcisismo* (tr. it.). Milano: Raffaello Cortina Editore.

Rothstein, A. (1980). *The narcissistic pursuit of perfection*. New York: International Universities Press.

Russ, E., Shedler, J., Bradley, R., et al. (2008). Refining the construct of narcissistic personality disorder: Diagnostic criteria and subtypes. *American Journal of Psychiatry*, *165*, 1473-1481.

Schwartz-Salant, N. (1996). *Narcisismo e trasformazione del carattere* (tr. it.). Milano: Vivarium Editore.

Stein, J. (2013). The new greatest generation. *Time*, maggio 20, 26-34.

Stein, M.H. (1979). Book review of "The restoration of the Self" by Heinz Kohut. *Journal of American Psychoanalytic Association*, 27, 665-680.

Steiner, J. (2006). Seeing and being seen: Narcissistic pride and narcissistic humiliation. *International Journal of Psychoanalysis, 87*, 939-951.

Stinson, F.S., Dawson, D.A., Goldstein, R.B., et al. (2008). Prevalence, correlates, disability and comorbidity of DSM-IV narcissistic personality disorder: results from the Wave 2 National Epidemiological Survey on Alcohol and Related Conditions. *Journal of Clinical Psychiatry, 69*, 1033-1045.

Stolorow, R.D. (1975). The narcissistic function of masochism (and sadism). *The International Journal of Psychoanalysis, 56 (4)*, 441-448.

Twenge, J.M., Campbell, W.K. (2009). *L'epidemia di narcisismo* (tr. it.). Milano: Excelsior 1881.

Vernon, P.A., Villani, V.C., Vickers, L.C., et al. (2008). A behavioral genetic investigation of the Dark Triad and the Big 5. *Journal of Personality and Individual Differences, 44*, 445-452.

Wälder, R. (1925). The psychoses: Their mechanisms and accessibility to influence. *International Journal of Psycho-Analysis, 6*, 259-281.

Watson, D., Clark, L.A. (1984). Negative affectivity: The disposition to experience aversive emotional states. *Psychological Bulletin, 96 (3)*, 465-490.

Watson, D., Clark, L. A. (1992). Affects separable and inseparable: On the hierarchical arrangement of the negative affects. *Journal of Personality and Social Psychology, 62 (3)*, 489-505.

Watts, A.L., Lilienfeld, S.O., Smith, S.F. et al. (2013), The double-edged sword of grandiose narcissism: Implications for successful and unsuccessful leadership among U.S. presidents. *Psychological Science, 24 (12)*.

Wilson, M. (2003). The analyst's desire and the problem of narcissistic resistances. *Journal of American Psychoanalytic Association, 51*, 72-99.

Wink, P. (1991). Two faces of narcissism. *Journal of Personality and Social Psychology, 61*, 590-597.

Winnicott, D.W. (1965). *Sviluppo affettivo e ambiente* (tr. it.). Roma: Armando.

Wong., N. (1979). Clinical considerations in group treatment of narcissistic disorders. *International Journal of Group Psychotherapy, 29*, 325-345.

Wong, N. (1980). Combined group and individual treatment of borderline and narcissistic patients: Heterogeneous versus homogeneous groups. *International Journal of Group Psychtherapy, 30*, 389-404.

Yalom, I.D. (1985). *Teoria e pratica della psicoterapia di gruppo* (tr. it.). Torino: Boringhieri.

Parte II

Il trattamento del DNP e del narcisismo patologico

Non si vede bene che col cuore,
l'essenziale è invisibile agli occhi.
Antoine de Saint-Exupéry, *Il piccolo principe*

Introduzione

In questa seconda parte del presente lavoro, anche, ma non solo, per ovvie ragioni di spazio, non si pretende di essere totalmente esaustivi nella presentazione didattica del trattamento psicodinamico del DNP e del narcisismo patologico, non essendo questo testo una sorta di "manuale pratico" a uso dello psicoterapeuta che segua uno specifico metodo.

Difatti il mio lavoro ha l'ambizione di presentare in modo generale quelle che sono le teorie e i metodi più accreditati scientificamente e che seguano l'orientamento psicodinamico, non quella di sposare la validità di un metodo unico.

Per tale motivo, inevitabilmente, il trattamento non potrà essere esposto che in modo generale, cercando di insistere su ciò che è fondamentale sapere per poter iniziare una terapia con questo tipo di pazienti e portarla a termine senza incorrere nelle più frequenti complicazioni. Si è dato rilievo, soprattutto, a quei punti che sono comuni ai vari metodi che, possiamo anticipare, riguardano prevalentemente l'interpretazione del transfert e del controtransfert fra paziente e terapeuta finalizzato all'instaurarsi e al mantenersi di un'alleanza terapeutica. Difatti l'alleanza terapeutica con un paziente affetto da DNP è il punto cardine del lavoro, se si riesce a fare ciò si può dire che in fondo si è riusciti nella cosa più difficile che si possa fare con questo tipo di pazienti.

Si rimanda a testi specifici chi volesse approfondire tutte le fasi della psicoterapia o specifiche tecniche terapeutiche per il trattamento del DNP, senza dimenticarsi mai che in psicoterapia psicodinamica nessun "manuale", per quanto ben fatto, può sostituire l'esperienza diretta con i pazienti e il lavoro di supervisione con professionisti più competenti.

A
Trattamenti psicoterapeutici
Quale efficacia?

Gli approcci terapeutici riconosciuti come efficaci per il DNP attualmente sono davvero molteplici nonostante la differenza teorica dei paradigmi da cui discendono. È assolutamente certo e scientificamente provato che gli approcci *psicoanalitici/psicodinamici* sono riconosciuti come *altrettanto efficaci degli altri trattamenti*[1] (Ronningstam, 2020). Non vi è alcuna prova scientifica dell'esistenza di una qualche "superiorità", in termini di efficacia, dei metodi cognitivo-comportamentali (come lo Schema-focused terapy basato sugli schemi maladattivi, la terapia cognitivo-comportamentale classica di Beck e Freeman) o della Terapia metacognitiva interpersonale (basata sulla consapevolezza degli stati mentali) rispetto ai metodi psicodinamici. Sono considerati efficaci anche modelli di psicoterapia alquanto differenti dai due sopra esposti, quali: la *terapia comportamentale pura dialettica*, la *terapia basata sulla mentalizzazione* (di Bateman e Fonagy), la *psicoeducazione*, e la *terapia di gruppo* (Ronningstam, 2020). La cosa più importante da prendere in considerazione è che, al di là delle asserzioni dei vari Autori che in un qualche modo "vendono" il loro modello, è assolutamente chiaro come *non vi sia nessuna superiorità di un metodo su di un altro.*

Una situazione di questo tipo potrebbe lasciare perplessi. Difatti com'è possibile che metodi terapeutici estremamente

[1] Per inciso va rilevato come la letteratura scientifica psicoanalitica sia la più vasta e ricca esistente sul DNP.

differenti che si basano su modelli teorici alquanto diversi possano tutti risultare egualmente efficaci? La spiegazione di ciò probabilmente è da ricercarsi unicamente nel livello di gravità di DNP del paziente che viene sottoposto a trattamento. Purtroppo questo disturbo o è trattabile o non lo è affatto, ed è trattabile unicamente quando si verificano tre condizioni che devono essere concomitanti: 1) il paziente è in un qualche modo consapevole di avere un disturbo della sua capacità di regolare l'autostima; 2) accetta di avere bisogno di una terapia e quindi ha una buona compliance con il metodo proposto e accetta la diagnosi che gli viene data; 3) nell'organizzazione psichica del paziente è presente un Io morale (in termini dinamici Super-io) ancora sufficientemente funzionante, ovvero la persona è ancora in grado di comprendere che i suoi comportamenti relazionali sono dannosi e distruttivi per gli altri e per sé stesso. Se queste tre caratteristiche sono presenti, il paziente disturbato narcisisticamente potrà riuscire ad avere una relazione con il terapeuta che potrà consentire (anche se magari fra mille difficoltà) una "cura", a prescindere dal tipo di trattamento e dal modello di riferimento. Se invece queste tre caratteristiche non sono presenti, ovvero il DNP è tale che il paziente non è consapevole di avere un disturbo, non ritiene affatto di avere bisogno dell'aiuto di qualcuno e non sente che il suo modo d'essere sia dannoso, a prescindere dal tipo di terapia e dal modello di riferimento, *nessun trattamento è possibile*, per lo meno nel momento in cui si osserva uno stato clinico simile. Detto in altri termini, e ciò in fondo vale per qualsiasi disturbo psichico, se il paziente *non è disposto a mettersi in discussione* nessuna psicoterapia di nessun tipo potrà mai essere possibile. Va subito precisato che *non esiste disturbo psichiatrico che possa avere una maggiore difficoltà di trattamento del DNP*, per cui quando si parla di "efficacia" del trattamento di questi disturbi, non ci si deve fare mai particolari illusioni su quello che sarà il risultato finale di una terapia.

In psicodinamica l'atteggiamento interiore del terapeuta non deve essere mai quello di pensare di "guarire" il paziente che ha richiesto il suo aiuto, ma nel caso del DNP questo atteggiamento deve essere sempre tenuto presente al massimo grado, senza aspettarsi mai alcun risultato e soprattutto senza mai, come si suole dire, "cantar vittoria" prima del tempo, perché si rischiano gravi delusioni che possono davvero demotivare il terapeuta a 360 gradi nella sua professione. Il paziente con DNP grave, dotato di abilità intellettiva, può distruggere moralmente chiunque, psicoterapeuti compresi. È bene non dimenticarlo prima di accettare di cimentarsi in una terapia con clienti orientati narcisisticamente in modo patologico.

Ciò non deve togliere la speranza di poter trattare persone simili, ma molto semplicemente e pragmaticamente, di fronte a un DNP, si deve solo e sempre tenere, rispetto ai possibili risultati, quello che io definisco un "cauto pessimismo" anziché illudersi di ottenere non si sa quale straordinario cambiamento. Ciò implica che la valutazione clinico/diagnostica e l'accettazione da parte del paziente del contratto terapeutico, sono fondamentali *prima* di iniziare il trattamento vero e proprio: solo così sarà possibile sperare di riuscire a fare un buon lavoro con queste persone. Voglio con ciò dire che, nel trattamento del DNP, la corretta diagnosi da parte del terapeuta e l'accettazione di essa e del contratto terapeutico da parte del paziente, sono non solo parte integrante della terapia, ma la conditio sine qua non una terapia possa verificarsi, e alla fin fine, sono molto più importanti delle varie tecniche che si pongono in essere durante il trattamento. Valutare la presenza o meno delle tre caratteristiche sopra esposte vale, molto spesso, molto di più della conoscenza di uno o di un altro metodo terapeutico, perché – non me ne vogliano i vari Autori fanaticamente orientati sul loro sistema – è la *comprensione* del paziente che produce il cambiamento e non una specifica tecnica con cui si tratta quel paziente: «La mia profonda convinzione è che affinché una psicoterapia sia efficace, la capacità di capire le persone è più importante della sua conoscenza di specifiche tecniche terapeutiche» (Lingiardi, McWilliams, 2018). Concetto assolutamente condiviso dall'APA: «Ai fini di una psicoterapia che possa efficacemente cambiare aspetti fondamentali del funzionamento psicologico, *comprendere* un individuo nel suo complesso e secondo le sue traiettorie evolutive può essere più importante che classificare il sintomo di cui soffre o padroneggiare specifiche tecniche terapeutiche» (Stern et al., 2012; Norcross, 2011). Tale impostazione "spiega" molto bene perché metodi diversi di psicoterapia con modelli di riferimento altrettanto differenti possano essere parimenti efficaci: perché ciò che li unisce tutti è che vi è un uomo che deve riuscire a comprenderne un altro affinché la terapia sia efficace, e il metodo di tale comprensione diviene molto relativo rispetto a ciò.

Ovviamente, sebbene i metodi di trattamento che abbiamo descritto siano molteplici, per la natura dell'orientamento della presente opera ci occuperemo unicamente di quelli psicoanalitici/psicodinamici.

B
Il trattamento psicofarmacologico
Indicazioni ed efficacia

«Nessuna terapia farmacologica specifica ha dimostrato di essere efficace per il narcisismo patologico e per il DNP» (Ronningstam, 2020, p. 930).

L'uso degli psicofarmaci può essere utile per trattare i principali disturbi psichiatrici in co-morbilità, come la depressione maggiore, il disturbo bipolare o il disturbo d'ansia. È molto importante evidenziare che questi pazienti tendono ad essere particolarmente sensibili agli effetti collaterali, specie quelli che riguardano la sfera sessuale, intellettuale e l'estetica (in caso di aumento di peso), e ciò può molto facilmente contribuire a una mancata compliance o al rifiuto nei confronti di questo tipo di terapia.

«Voglio farcela da me e non diventare uno zombie» è la tipica asserzione di questi pazienti, che mostra la caratteristica convinzione che essi hanno (tipica della grandiosità del narcisismo patologico) che essere sani e perfetti significhi raggiungere uno stato di autosufficienza assoluta in cui non si deve in alcun modo dipendere da qualcuno o qualcosa di esterno. Tali pazienti, che vivono l'uso di farmaci come un evidente segno di debolezza e inferiorità, si sentono minacciati nel loro ideale grandioso di potenza dall'idea di doverli assumere, con conseguenti proiezioni paranoiche di veneficio sui farmaci che il medico propone loro.

La situazione paradossale che spesso si osserva è che le persone orientate narcisisticamente vedono gli psicofarmaci come "droghe" di cui temono la dipendenza o come sostanze tossiche e dannose per la loro salute, salvo poi usare alcol e qualsiasi tipo di sostanza psicotropa senza alcun problema di sorta specie se ciò consente loro di aumentare le performance lavorative o sociali. In ogni caso, ogni medico[1], nel momento in cui sente la frasi «Io non ho mai avuto bisogno di (ho usato) farmaci», o «Io sono contrario ai farmaci» può essere certo che si trova di fronte a un paziente disturbato in senso narcisistico di cui dovrà valutare la gravità e i tratti paranoidei e qualora si trovi di fronte qualcuno che rifiuta in modo totale e assoluto (senza alcun dubbio e alcuna possibilità di convincimento) cure farmacologiche, anche in situazioni di grave scompenso depressivo, potrà essere certo che si sta trovando di fronte a un'organizzazione psicotica di personalità. In questi casi si dovrà valutare molto accuratamente se e quando iniziare un trattamento psicoterapeutico che in ogni caso non potrà essere altro che supportivo e/o psicoeducazionale.

In ogni caso, a prescindere da tutto ciò, il fatto che vi sia l'assenza di un qualsiasi farmaco che abbia mostrato una qualche efficacia di miglioramento per il DNP e il narcisismo patologico in genere, ci dimostra chiaramente come esso sia una patologia assolutamente *psicogena, priva di qualsiasi componente organica cerebrale.* Dunque, come abbiamo visto fin dall'inizio di questo lavoro, è assolutamente sensato considerare il narcisismo patologico come *un modo di essere uomini*, anomalo quanto si vuole, ma pur sempre un atteggiamento connaturato alla psiche umana, più che una patologia psichiatrica a sé stante che risponda ai criteri classici della nosografia.

Dunque dai dati scientifici si evince che solo la psicoterapia è ciò che ha un'indicazione per il trattamento di questo disturbo e tuttavia essa non presenta certo un'indicazione e un'efficacia assolute e anche nel campo della psicoterapia, come abbiamo visto, gli approcci efficaci sono molteplici: non c'è, con buona pace dei vari Autori, il metodo unico e solo in grado di migliorare la condizione patologica del narcisismo.

Tutto ciò depone per il fatto che anche tutte le teorie che spiegano questo fenomeno patologico non sono affatto compiu-

[1] Sebbene ciò non possa essere assoluto.

te in sé stesse, ma che saranno necessari ancora molti studi per giungere a una reale conclusione di cosa porti il normale e fondamentale narcisismo di una persona a divenire un fenomeno che anziché regolare in modo adattativo l'autostima dell'individuo, crea un atteggiamento distruttivo sia delle relazioni umane sia di sé stessi. Finché si cercherà di voler vedere un Disturbo di Personalità come se fosse un virus patogeno che proviene dall'esterno e danneggia la personalità sana, ovvero finché si vorrà applicare ai Disturbi di Personalità unicamente un criterio clinico medico anziché uno fenomenologico e filosofico rivolto al modo d'essere e di significare dell'umano, temo che non si riuscirà mai a comprenderli sino in fondo. Per questo, come abbiamo già visto, non possiamo fare a meno di considerare il narcisismo da un punto di vista fenomenologico-esistenziale, perché non è di neuromediatori o di circuiti neurali che stiamo parlando ma di menti, e per quanto questo possa irritare il dogmatismo scientista, proprio il disturbo narcisistico, pur essendo un enorme problema sociale, è un fenomeno che per la sua volatile difficoltà di classificazione, più di qualsiasi altro disturbo, sta lì a testimoniare che: «la mente non è il cervello» (Gabbard, 2015), ma qualcosa di più e di "oltre" ed è proprio per questo che solo un'altra mente, e non una sostanza chimica, può veramente "curare" una mente sofferente a causa di un'alterazione funzionale della sua struttura.

C
Gli approcci psicoanalitici e psicodinamici
Obiettivi e strategie

Gli approcci psicoterapeutici a orientamento psicoanalitico e psicodinamico che vengono utilizzati nel trattamento del DNP sono sostanzialmente quattro: 1) Psicologia del Sé di Kohut; 2) Psicologia dell'Io e relazioni oggettuali di Kernberg; 3) Interpersonalismo di Fiscalini; e 4) Approccio psicodinamico: Psicoterapia focalizzata sul transfert.

Cerchiamo, schematicamente di vederne gli obiettivi e le strategie:

La *Psicologia del Sé di Kohut* (Kohut, 1968, 1971, 1972) persegue i seguenti obiettivi e strategie:

a. Incoraggia la grandiosità e l'idealizzazione nel transfert;
b. Si sforza di capire i fallimenti empatici nell'alleanza terapeutica;
c. Usa una strategia attiva, concentrandosi su "mirroring" (rispecchiamento), idealizzazione e gemellaggio.

La *Psicologia dell'Io e relazioni oggettuali di Kernberg* (Kernberg, 1967, 1975, 1984), segue i seguenti obiettivi e strategie:

a. Svela il transfert negativo e il Sé grandioso patologico, le difese di tipo grandioso (maniacali e paranoidi) e delle idealizzazioni/svalutazioni patologiche;

b. Si focalizza in modo particolare sul controtransfert per comprendere le rappresentazioni interiori scisse del paziente.

L'*interpersonalismo di Fiscalini* (Fiscalini, Grey, 1993; Fiscalini, 1994), segue i seguenti obiettivi e strategie:

a. Esplora l'evoluzione della matrice narcisista del transfert/controtransfert, così come le componenti narcisistiche sane della relazione terapeutica, usando un metodo d'indagine basato sulla co-partecipazione;
b. Reintegra i bisogni primari di mirroring e di approvazione idealizzata del paziente;
c. Si concentra sulla riparazione dei profondi sentimenti di inadeguatezza e di indegnità.

L'*approccio psicodinamico: Psicoterapia focalizzata sul transfert* (Kernberg et al., 2008; Stern et al., 2012), segue i seguenti obiettivi e strategie:

a. Si focalizza sull'integrazione mentale delle rappresentazioni estreme di sé e degli altri in diadi di relazione self-object (instabile, indifferenziato, non integrato, inflessibile), neutralizzando il Sé grandioso patologico per mezzo di un'interpretazione transferale focalizzata sul terapeuta: «Lei mi percepisce come...»;
b. Il terapeuta non è mai pro-attivo (se non in casi di estrema gravità), ma assolutamente neutro: "l'oggetto buono e quello cattivo sono assolutamente identici";
c. Aumenta la tolleranza verso i sentimenti negativi e migliora le capacità di lavoro e di relazioni interpersonali.

Come si può vedere tutte le attuali terapie psicoanalitiche/psicodinamiche si basano sull'esplorazione del transfert e controtransfert e in buona sostanza seguono i noti criteri che sono stati scientificamente validati del Triangolo di Menninger (Luborsky, Luborsky, 2008):

a. Interpretazione della relazione transferale e controtransferale con il terapeuta (primo lato del triangolo);
b. Interpretazione di relazioni simili del paziente nella sua vita attuale al di fuori del setting (secondo lato del triangolo);
c. Interpretazione delle medesime relazioni patologiche appartenenti alla vita passata del paziente (terzo e ultimo lato del triangolo).

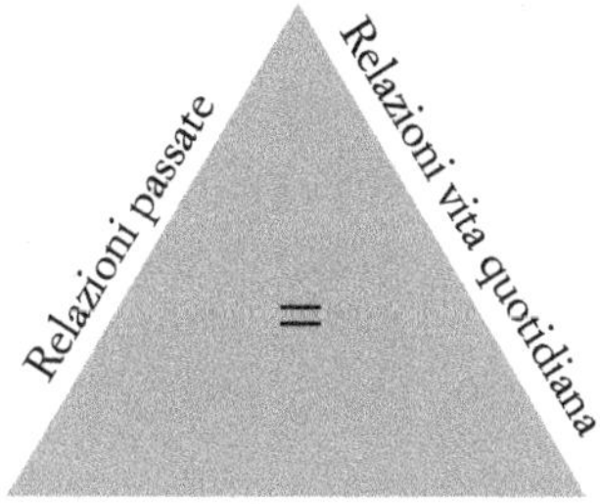

Naturalmente le tecniche di approccio a tale triangolo variano anche notevolmente a seconda del tipo di approccio usato, ma nella loro essenza hanno tutte questo triangolo come riferimento di base. Come si può osservare nella figura, la strategia relazionale psicodinamica moderna nella cura del DNP inizia sempre con l'esplorazione del transfert/controtransfert nel *presente*, ovvero nella modalità relazionale con il terapeuta stesso o, come viene definito nel sistema Kernberg, nel "qui e ora".

Per cui la terapia psicodinamica attuale con un paziente affetto da DNP (come del resto con tutti i pazienti affetti da un disturbo di personalità con organizzazione strutturale borderline), inizia *sempre* dal "qui e ora" del vissuto relazionale del paziente *verso il terapeuta e verso le persone significative della sua vita presente*[1], per focalizzarsi successivamente, *solo dopo* che tale vissuto è stato elaborato, sul "là e allora" del passato del paziente.

È proprio tale situazione di setting che rende difficile questo tipo di terapie, perché *il terapeuta con il suo vissuto è sempre inevitabilmente coinvolto in prima persona nel rapporto terapeutico*. Spe-

[1] Attuali o dell'immediato passato.

rare di evitare il confronto/scontro con questi pazienti, cercando una relazione impersonale che parli d'altro come per esempio i suoi sogni, è solo una pia illusione che si tradurrà inevitabilmente in risultati disastrosi per la terapia. Difatti il trattamento del DNP presenta diversi *rischi iatrogeni*. Prima di tutto quello di peggiorare il narcisismo del paziente o di ottenere un'interruzione della terapia con drop out improvviso; poi, possibili *acting in* e *acting out* anche molto distruttivi e spiacevoli per paziente e terapeuta. Queste situazioni si possono verificare soprattutto quando si cerca di trattare questi pazienti con i metodi della psicoanalisi classica, focalizzandosi, anziché sulla relazione presente, sul passato del paziente e su un'assolutamente inutile e dannosa interpretazione simbolica dei suoi sogni e dei suoi sintomi (Lingiardi, McWilliams, 2018; Kernberg, 1989; Madeddu, 2020).

Questo complesso rapporto transferale, per il terapeuta, che a causa del suo di narcisismo non riesce a sopportare la svalutazione del paziente narcisista, può essere estremamente difficile da sopportare con conseguente insorgenza di agiti controtransferali che portano all'interruzione della terapia, e anche se ciò dal terapeuta può essere vissuto con sollievo, non potrà certo dirsi di aver svolto con correttezza il suo compito. Una tipica risposta che viene data in questi casi di svalutazione e rifiuto continuo di ogni interpretazione è: «Il vero problema non è se io sono bravo oppure no, se quello che le dico è significativo o meno, ma se lei, fuori di qui, è in grado di avere delle relazioni che siano veramente arricchenti per lei e per gli altri». Ma per poter dare in modo empaticamente corretto questa risposta il terapeuta deve essere ben allenato a esercitare bene la sua neutralità analitica in modo che il paziente non lo senta coinvolto, ovvero "offeso", dai suoi continui "attacchi"[2]. Solo in questo modo il paziente potrà aumentare la sua capacità di mentalizzare, ovvero di comprendere meglio quali sono le emozioni in gioco nella relazione, sia propria sia dell'altro significativo. Per cui è bene che il terapeuta di fronte a un DNP valuti prima di tutto sé stesso anziché

[2] In psicoterapia non è importante solo "cosa" si dice al paziente, ma anche, e direi soprattutto, "come" lo si dice.

il paziente, per rendersi conto se è in grado di trattarlo oppure no ed eventualmente inviarlo ad altro Collega più preparato e portato per le metodiche psicodinamiche moderne.

Le tre illustrazioni che seguono mostrano un grafico (in fumetti) di queste situazioni appena descritte discorsivamente:

Rapporto transferale e controtransferale estremamente complesso

Agiti controtransferali che portano all'interruzione della terapia

Rapporto transferale e controtransferale estremamente complesso

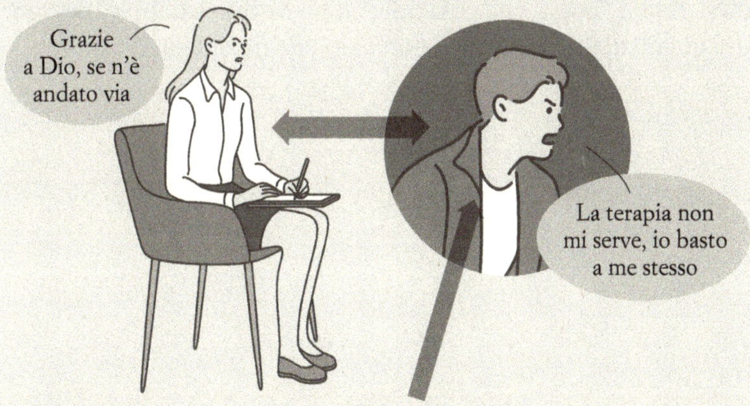

"Sollievo", ma scorretto comportamento professionale

Rapporto transferale e controtransferale estremamente complesso

Valutare prima sé stessi del paziente: se si è in grado di trattarlo, altrimenti inviare a collega più esperto

Nella valutazione quindi se trattare o meno un paziente affetto da DNP è bene tenere sempre a mente che purtroppo *non esistono altri metodi psicoanalitici/psicodinamici per il trattamento di questo disturbo essendo la psicoanalisi classica assolutamente inefficace e obsoleta per il trattamento del DNP*. Per cui se non ci si sente in grado di iniziare a lavorare con un cliente di questo tipo è professionalmente corretto fare un invio, anziché cimentarsi in una "cura" che come dice il proverbio sarebbe "peggiore del male" e, molto spesso, non solo per il paziente.

D

Concezioni generali di trattamento psicodinamico del DNP

La "sfida" del paziente narcisista

In questo tipo di pazienti, come già asserito, la risposta ai vari trattamenti psicoterapeutici non è certo univoca né tanto meno certa, tant'è che si può dire con Ronningstam che: «Il trattamento di pazienti affetti da DNP rappresenta una *sfida*, a causa delle *complesse interazioni* (paziente-terapeuta e viceversa), delle *fluttuazioni nel funzionamento* (del paziente) e delle *intense reazioni di controtransfert*» (Ronningstam, 2020, p. 930).

Pertanto, nel manuale del *Trattamento dei disturbi psichiatrici* del 2020, a cura di Gabbard, basato sul DSM-5 – da cui stiamo attingendo per le nostre considerazioni[1] – si raccomanda: «Un approccio terapeutico flessibile, integrato ed equilibrato, che ponga attenzione alle funzioni adattative e protettive degli stili caratteriali narcisistici, ma anche ai tratti maladattivi, difensivi e di self-enhancement ("miglioramento di sé")» (Ronningstam, 2020, pp. 930-931). Nello stesso testo si precisa che, allo stato attuale degli studi empirici sulle strategie evidence-based, risulta «utile applicare le varie modalità terapeutiche in modo flessibile e integrato» (Ronningstam, 2020). Per cui, mi pare più che evidente che, come ho già sostenuto, *non vi sia un solo modo di trattare il paziente affetto da DNP* e che le varie metodiche debbano essere integrate fra loro a seconda delle caratteristiche specifiche della situazione-paziente che ci troviamo ad affrontare. Tuttavia, non si può pensare che un singolo terapeuta possa essere esperto di ogni metodica, e quindi la valutazione diagnostica iniziale di questi pazienti riveste una particolare importanza.

[1] E. F. Ronningstam è colui che cura il capitolo sul DNP.

Nel nostro caso di orientamento psicodinamico, in genere viene detto (come sostiene Gabbard) che i pazienti con un *narcisismo inconsapevole (grandioso) potranno avere migliori risultati con il metodo Kernberg,* mentre quelli con *narcisismo ipervigile potranno essere meglio trattati con metodi che si ispirino alle concezioni di Kohut.* Tuttavia, se si tiene ben presente che: «... restano tuttora ancora da studiare il range e la complessità del funzionamento del soggetto narcisista e l'integrazione delle modalità e delle strategie di trattamento attuabili ed efficaci» (Ronningstam, 2020, p. 922) si può serenamente asserire che questa distinzione di orientamento terapeutico fra due tipi di narcisismo, non ha alcuna base scientifica a sostegno, soprattutto se si considera, come abbiamo visto precedentemente, che le dinamiche del mondo interiore del narcisismo grandioso e di quello ipervigile sono sostanzialmente identiche.

Il trattamento psicoanalitico/psicodinamico del narcisismo patologico è un processo sempre estremamente complesso che come abbiamo visto nell'introduzione a questa seconda parte verrà trattato in modo generale, focalizzando l'attenzione sui criteri di orientamento generale del trattamento che sono validi a prescindere dalla tecnica che verrà utilizzata. Verranno quindi presi in considerazione, in sequenza, alcuni punti fondamentali che servono di riferimento per qualsiasi forma di trattamento psicodinamico (e non solo).

E
Autoregolazione e fluttuazioni dell'autostima nel DNP e nel narcisismo patologico
Self-enhancement, self-agency e self-serving nella valutazione del trattamento

Come abbiamo visto dall'inizio, la corretta definizione di narcisismo patologico lo considera come un *disturbo dell'autoregolazione della propria autostima*. Questa visione del narcisismo ha reso possibile un *modello* di questo disturbo che comprende una gamma che va da un estremo *self-enhancement* fino a un altrettanto estremo *senso di inferiorità e di vulnerabilità*. Tale ottica ha aperto una nuova prospettiva di comprensione del *funzionamento* della personalità narcisistica. Un'ottica che deve tenere presente sempre il concetto di *self-agency (autoefficacia e autosufficienza)* associati a un'*empatia* che, tranne che nel caso estremo del narcisismo maligno, non presenta mai un'assoluta mancanza, ma aree di deficit e fluttuazione verso gli altri che sono comunque visti come *centrali*, e questo è ciò che consente di spiegare il *bisogno di controllo e la necessità di tenere una distanza interpersonale tipici del narcisismo patologico.*

Questi due aspetti, non sono solo utili per una migliore comprensione di queste personalità, ma servono anche a sviluppare interventi più appropriati nel caso di DNP.

È difatti molto più utile avere sempre ben presente questi due punti nella valutazione di questi pazienti, che perdere il nostro tempo sulla loro storia o su concetti classici della psicoanalisi ormai però storicizzati come la "scelta dell'oggetto" o il "complesso di Edipo". Lo stesso vale per i rapporti genitoriali passati. Molto più importante è concentrarsi, negli stadi precoci del trattamento, sul senso d'identità, sull'agire, sulla fragilità nell'autoregolazione, sulla reattività autoprotettiva e sul range di comportamenti e attitudini di self-enhancement e di self-serving (egoismo che mira al vantaggio personale) del paziente. Bisogna sempre tenere ben presente che il trattamento di un paziente narcisista comincia sempre dal "qui e ora", ed è un trattamento *funzionale*, rivolto cioè ai meccanismi adattativi e maladattivi della personalità. Non ha senso alcuno provare a iniziare questi tipi di terapia cercando di risolvere le eventuali rimozioni della vita passata del paziente come si potrebbe fare nella pratica terapeutica di una nevrosi classica, poiché ciò, come molto ben evidenziato dal PDM-2, è controproducente (Lingiardi, McWilliams, 2018) portando a un peggioramento della condizione psichica di questi clienti.

Il funzionamento attuale del paziente è quindi il *primo punto da prendere in considerazione per la valutazione del trattamento*. Come abbiamo visto nei paragrafi della prima parte, alcuni soggetti possono presentare un funzionamento stabile, un basso o bassissimo funzionamento oppure discontinuamente elevato e possono raggiungere successi dal punto di vista professionale o sociale o possono mostrare capacità eccezionali. Tuttavia, a prescindere dal livello di funzionamento rilevato, *l'area relazionale della persona orientata narcisisticamente avrà sempre dei deficit* che dovranno essere accuratamente indagati.

A seconda del funzionamento il focus del trattamento si dovrà incentrare sulle aree disfunzionali di questi pazienti, concordando con il cliente quali debbano essere gli obiettivi da raggiungere insieme.

La *prognosi* sarà influenzata dal *tipo* di narcisismo patologico che ci troviamo ad affrontare e dall'eventuale presenza di *co-mor-*

bilità con altri disturbi psichiatrici maggiori. Gli aspetti sociopatici (narcisismo maligno), e quelli schizotipici (pensiero magico), influenzano negativamente la prognosi ed escludono, a mio avviso, un trattamento psicodinamico tout court, ma consigliano prima trattamenti comportamentali o psicoeducazionali[2].

Ovviamente la prognosi è influenzata negativamente anche da co-morbilità con psicosi gravi con deliri di carattere megalomanico, dal disturbo bipolare che non risponda ai farmaci o nel caso, non raro, che il paziente rifiuti i farmaci: in questo ultimo caso il trattamento verterà su un supporto alla compliance farmacologica. Discorso a parte merita la co-morbilità con la Depressione Maggiore che deve essere differenziata dallo *scompenso narcisistico* che insorge a seguito di fallimenti di vita in cui incorre il paziente. In questi casi non è rara l'*intenzionalità suicidaria* che non va mai sottovalutata. Lo scompenso narcisistico deve essere trattato *sempre per primo*, e solo successivamente, se è il caso, si prenderanno in considerazione le tematiche narcisistiche del paziente.

[2] Del resto lo stesso Kernberg nei casi più gravi di narcisismo consiglia prima di un trattamento psicodinamico altre forme di terapia.

F

Inizio del trattamento e costruzione dell'alleanza

La correlazione fra motivazione, sintomi e circostanze di vita

La nota "analisi della domanda" che motiva la richiesta di terapia è di fondamentale importanza nel trattamento del narcisismo patologico, essa va di pari passo con la corretta comprensione dei *problemi, lamentele e sintomi* che il paziente presenta e con il suo *funzionamento personale e circostanze della vita quotidiana attuale*.

I pazienti con DNP e narcisismo patologico cercano le cure per varie ragioni e in differenti momenti o contesti di vita. In genere però le motivazioni a cercare il trattamento, i problemi, le lamentele e i sintomi, il funzionamento personale e le circostanze della vita si *associano* caratteristicamente fra loro come nella tabella a p. 177.

Come si può vedere, a un basso funzionamento e a situazioni di co-morbilità corrisponde anche un aumento della difficoltà di vita del paziente e a osservare questi dati sembra che il principale motivo per cui un paziente con DNP chiede una terapia (sia obbligato o meno a farlo) sia dato dal fallimento reale o solo percepito dei suoi progetti di vita. Un'accurata valutazione della domanda è d'importanza fondamentale per la possibilità o meno di una terapia psicodinamica, che in situazioni estreme sarà assolutamente impossibile. Tuttavia, non si deve credere che questa situazione "estrema" debba anche necessariamente essere straordinaria. Per spiegarmi meglio voglio fare alcuni esempi: a) paziente richiede una terapia perché desidera non di non essere eccessivamente ansioso, ma, cosa impossibile, di essere assolutamente imperturbabile a ogni circostanza negativa della vita; b) paziente richiede una terapia perché desidera sapere come fare a far sì che la moglie che lo ha lasciato per un altro lo ami ancora; c) paziente triste e depresso per varie perdite cerca la terapia per ottenere uno stato di felicità assoluta, non una semplice serenità; d) paziente cerca la terapia perché vuole imparare a comportarsi con la figlia psicotica che lo accusa in modo delirante di molestie sessuali affinché grazie al suo comportamento la figlia smetta di delirare e lo ami; e) paziente che chiede la terapia perché tramite essa vuole trovare l'uomo della sua vita; f) paziente disoccupato di cinquant'anni che non sa qual è il lavoro che gli piacerebbe davvero fare, che desidera fare una terapia per capire qual è il lavoro della sua vita e, poi, darsi da fare per trovare un posto. Questi sono solo alcuni esempi di richiesta di un impossibile raggiungimento della perfezione per mezzo della psicoterapia, richieste che apparentemente sembrano non straordinarie mentre invece lo sono eccome. Una psicoterapia psicodinamica ha un unico scopo che è la comprensione del mondo interiore del paziente, comprensione dalla quale possono discendere scelte e risultati di vita, e non il contrario. Questi esempi di richieste assurde che mi sono capitate nella mia pratica professionale, sono tutti esempi di pazienti che non è stato possibile convincere che la psicoterapia non aveva queste possibilità e a cui ho dovuto rifiutare il trattamento. Nell'epoca moderna il pensiero magico ha assunto mentite spoglie, in genere la forma dell'ottenimento di desideri più o meno comprensibili, una di queste è quella di aver sostituito il mago con il terapeuta e i riti magici con la psicoterapia.

In ogni caso la creazione di un'alleanza terapeutica nel DNP e nel narcisismo patologico è un *processo graduale* che presenta *inevitabili sfide e ostacoli* (Bender, 2005; Ronningstam, 2012; Safran, Muran, 2000).

Uno dei primi passi nella costituzione dell'alleanza terapeutica è quello di *specificare gli obiettivi mirati (i "goal") mutualmente accettati* e *individuare i target (bersagli come "potenzialità") da esplorare* nel contesto di *una cornice e un contratto terapeutico chiaramente definiti*. È infatti molto importante comprendere che *l'accettazione o meno del contratto terapeutico è l'indice di*

Motivi per cercare il trattamento	Problemi, lamentele e sintomi	Funzionamento personale e circostanze della vita quotidiana
Ultimatum o richiesta da parte dei familiari, datore di lavoro o tribunale	Negazione o mancanza di consapevolezza dei propri problemi e sofferenze; ingenuità senza pretese, scarico dei problemi o della colpa ad altri	Stabile autoesalatazione o costante funzionamento narcisistico; fluttuazioni delle performance occupazionali/professionali o nel funzionamento cooperativo o interpersonale/intimo
Insoddisfazione verso la vita; incapacità di raggiungere o perseguire obiettivi o risultati desiderati	Assenza di gravi problemi esterni; senso interiore di vuoto e inutilità, disforia, incapacità di stabilire o mantenere relazioni intime, isolamento sociale; incapacità di affrontare i limiti o di raggiungere obiettivi nella vita personale o professionale	Funzionamento elevato o stabile con modalità autoregolatrice a sostegno delle abilità interpersonali e/o occupazionali, delle aree di successo o apprezzamento; dubbi interni, autocritica, distacco e lontananza
Crisi acute; fallimenti o perdite lavorativi, finanziari o personali	Scopi di rabbia, disfunzioni sessuali, ansia situazionale, insicurezza, inferiorità, vergogna, paura	Improvviso o graduale sviluppo di circostanze di vita sfavorevoli
Intenzionalità suicidaria; ideazione suicidaria acuta grave; sopravvivenza a un tentato suicidio eseguito con effettiva volontà di morte	Disperazione interiore, paura, vergogna e umiliazione opprimenti; senso di indegnità, rabbia	Perdita di lavoro, crisi finanziarie, mancate promozioni, divorzio, perdita di importanti legami di sostegno o di supporto autoregolatorio; altre esperienze soggettive traumatiche o umilianti
Disturbi mentali maggiori; esordio acuto o graduale disturbo bipolare, abuso di sostanze, disturbo da stress post-traumatico o depressione maggiore	Depressione; ansia, rabbia o labilità emotiva, crescente dipendenza da alcol o droghe, improvvisi flashback o pensieri intrusivi	Elevazione dell'umore con autoesaltazione o uso di sostanze; ripetersi di traumi narcisistici; improvviso o graduale declino funzionale

trattabilità o meno, in senso psicodinamico, di un paziente affetto da narcisismo patologico (Kernberg et al., 2012, 2017). Inoltre, la *psicoeducazione* e il *chiarimento del funzionamento della personalità narcisistica* possono integrare efficacemente gli interventi terapeutici regolari. Per cui non si deve mai lesinare il proprio tempo a spiegare qual è la diagnosi e quali saranno le modalità di svolgimento dell'intervento terapeutico. Questo non è mai tempo perso, ma tempo guadagnato e parte integrante della terapia stessa.

In ogni caso l'alleanza deve essere mantenuta in modo flessibile ed equilibrato, e insieme all'identificazione dei tratti maladattivi è fondamentale anche identificare i punti di forza del paziente nonché le sue capacità, il desiderio di crescita personale, le fluttuazioni positive dell'autostima. Il terapeuta deve essere abile nel saper gestire aree in cui il paziente narcisista può essere carente, come la capacità di simbolizzare, il senso di cordoglio (Kernberg, 1993), e la capacità di tollerare la paura e il dolore psichico. Questi pazienti tendono a negare o rifiutare la consapevolezza di conflitti interiori più profondi, emozioni o circostanze esterne minacciose: ciò spiega la tipica autoaggressività che si manifesta in un'assoluta trascuratezza per la propria salute fisica. Questi tratti, associati a quella fluttuazione dell'empatia di cui abbiamo già parlato, si traducono in un'incostante collaborazione da parte del paziente in trattamento: a tratti apparirà un'alleanza e complicità terapeutica intensa, altre volte molto meno, altre ancora invece una vera e propria opposizione. È fondamentale che il terapeuta prenda coscienza che il mondo interiore di questi pazienti fa sì che essi tendano *sia ad allontanare, sia a voler proteggere le persone, terapeuta compreso.*

Il paziente con DNP e narcisismo patologico trattabili si pone *a metà strada* tra *un bisogno di rifiuto* da un lato e dall'altro *la sfida*, necessaria ma spaventosa, *di lasciarsi coinvolgere emotivamente nella terapia*. Questo è anche il *conflitto relazionale* che caratterizza la vita extra setting del paziente, ove l'altro da un lato è visto come minaccioso e dall'altro è "attraente": l'oggetto è scisso, difatti non va mai dimenticato che la struttura di personalità che sottende un DNP anche se clinicamente è stabile e non polarizzata è comunque un'organizzazione borderline. Per questo motivo è necessario che l'atteggiamento del terapeuta sia "flessibile", o meglio, come preferisco dire io "empaticamente intransigente". Ovvero: "empatico", in quanto il terapeuta deve sempre trasmettere un senso di accoglienza e comprensione di qualsiasi cosa emerga in seduta, comprese le offese chiare e dirette come quelle velate (che non devono essere mai sorvolate ma restituite e interpretate), ma, al tempo stesso, deve rimanere "intransigente" rispetto al contratto terapeutico pattuito e alle modalità secondo cui si svolge il trattamento.

Questo duplice atteggiamento da parte del clinico è di fondamentale importanza per poter svolgere con efficacia la psicoterapia con questo tipo di persone.

G
Il contratto terapeutico
Ruolo e valore prognostico

Rispetto a quanto detto, fissiamo alcuni punti cardine del contratto terapeutico. Una volta che la diagnosi è stata accettata e sono stati stabiliti gli obiettivi di lavoro, è di fondamentale importanza che il paziente accetti il contratto terapeutico che deve essere accuratamente spiegato dal terapeuta. Il contratto si suddivide in alcuni punti fondamentali dati da 1) la regola fondamentale; 2) l'accordo; 3) il pagamento e le regolarità delle sedute, che devono essere ottemperati dal paziente; e 4) i compiti del terapeuta (Kernberg et al., 2017). Cerchiamo di riassumere i vari punti sintetizzando schematicamente una sorta di dialogo immaginario portato avanti da un terapeuta per spiegare al suo paziente cosa sia il contratto terapeutico e in tal modo quali siano le modalità con cui si svolge la terapia psicodinamica.

1. *La regola fondamentale*: «Lei mi *deve* riferire tutto quello che le passa per la mente di emotivamente significativo rispetto ai problemi che l'hanno condotta qui, *senza valutare lei* se è importante oppure no, sconveniente o altro. Lei *deve* sentirsi libero di dire qualsiasi cosa che resterà chiuso per sempre in questa stanza. *Deve* cercare di osservare i suoi pensieri come se fosse davanti al finestrino di un treno e guarda il paesaggio che scorre all'esterno e riferirmelo. Allo stesso modo mi *deve* riferire tutto quello che prova nei miei confronti rispetto a quello che io le dirò, perché a volte posso sbagliare, a volte posso essere poco o molto irritante. Se prova rabbia nei miei confronti, essa è la benvenuta e non si deve preoccupare minimamente di esprimerla poiché essa è fondamentale perché,

insieme, possiamo arrivare a comprendere il suo mondo interiore. Solo questo è il nostro lavoro, ovvero, capire il suo mondo interno».

2. *Accordo*: «Lei parlerà e io la ascolterò. Ogni volta che mi sembrerà che lei abbia detto qualcosa di significativo la interromperò e le darò la mia interpretazione spiegandole perché sono giunto a queste conclusioni. A questo punto lei mi dirà se *è d'accordo o meno* con me, spiegandomi se non lo è perché non lo è. *Il fatto che ci troviamo d'accordo è fondamentale per la riuscita del trattamento poiché questo è un lavoro che si fa insieme*. In certe sedute potrà anche accadere che l'unica cosa sulla quale ci troviamo d'accordo è che non lo siamo, ma questo non inficia il nostro lavoro e non è detto che nel tempo su ciò che all'inizio ci sembrava non potesse esserci accordo non possa invece divenire condiviso».

3. *Sedute*: «Lei *deve* presentarsi regolarmente alle sedute, se non si presenta, salvo casi di forza maggiore improrogabili (come motivi di salute) dovrà comunque pagarmi la seduta». A seconda degli Autori, sul pagamento delle sedute mancate, ci sono punti di vista molto differenti. Quello che conta è che la mancata seduta sia ben rilevata come *violazione del contratto che va a inficiare il trattamento*.

4. *Compiti del terapeuta*: «Io, a mia volta, salvo cause di forza maggiore, sarò sempre presente alle sedute stabilite, se dovessi mancare, ovviamente, nel caso non potessi lei non mi dovrà nulla. Il mio unico compito è giungere alla comprensione del suo mondo interiore e non le darò alcun tipo di consiglio su cosa lei deve o non deve fare nella sua vita, tranne nel caso dell'uso di sostanze e/o abuso di alcol che inficiano per definizione il nostro lavoro. Nel corso delle sedute io dovrò essere a sua disposizione e dovrò avere la massima attenzione su quello che lei mi dice. Al di fuori del tempo della seduta lei non dovrà contattarmi per nessun motivo tranne

nel caso che abbia chiare intenzioni di far del male a sé stesso o ad altri».

Questi sono i punti chiave da fissare *prima* dell'inizio del trattamento e mai durante esso. Il punto 1 (la regola fondamentale) serve a rendere possibile l'esplorazione del mondo interno del paziente in modo che lui stesso possa osservarsi. Il punto 2 (l'accordo) consente la possibilità di un reale cambiamento durante le sedute senza che il paziente senta un'imposizione dall'alto per autorità, al fine di rendere più agevole la collaborazione da parte del paziente e favorire una comprensione condivisa delle aree disfunzionali nella prospettiva di un loro miglioramento. Il punto 3 (il mantenimento nel tempo, pagamento delle sedute) e il punto 4 (i compiti del terapeuta) hanno lo scopo da un lato di creare un contenimento e dall'altro di mostrare al cliente come si sia in due a lavorare sul suo mondo interiore, ovvero hanno lo scopo di responsabilizzare il soggetto.

Qualora il paziente non accetti il contratto terapeutico non sarà possibile iniziare alcun trattamento psicoterapeutico e di conseguenza la prognosi sarà di assoluta intrattabilità.

H
Ulteriori aspetti pratici inerenti all'innesco dell'alleanza terapeutica e al suo mantenimento

Sempre riguardo la costruzione dell'alleanza terapeutica nel narcisismo patologico o DNP si deve tenere presente che la capacità di sviluppare interazione e collaborazione con altri può essere inficiata dalla tendenza di queste persone a sviluppare *severa autocritica, senso di vergogna* e *violenti attacchi di rabbia* contro loro stessi, per *il timore di non essere all'altezza degli standard di superiorità e perfezionismo* tipici del loro ideale irraggiungibile dell'Io.

La distorsione cognitiva (il pensiero patologico) che sta dietro queste tendenze è in sostanza: "Se sarò perfetto starò bene". È una modalità che deve venire esplorata molto presto in terapia, con lo scopo di contenerla e stemperarla in modo flessibile e accogliente, tenendo presente che il paziente ne è solo in parte consapevole: lui crede sia possibile raggiungere la perfezione, non bisogna mai dimenticarlo.

In caso di transfert idealizzante verso il terapeuta può essere utile restituire la propria umanità imperfetta in vari modi: a) mantenendo la neutralità analitica, per esempio «Lei mi tratta come se fossi qualcuno che non commette mai errori e, invece, le garantisco che sbaglio come tutti»; o come farebbe Plaut mettendosi in gioco direttamente anche se non completamente: «Anche a me nella vita è accaduto di fare scelte sbagliate». Mai generalizzare con frasi tipo «Sono tante le persone che fanno errori» perché in questo caso il paziente si limiterà a disprezzare anche loro oltre che sé stesso. Come già detto, con queste persone si è coinvolti in prima persona e quindi ogni restituzione che riguardi la relazione va posta sempre sul terapeuta. Quindi meglio una frase del tipo: «Anche io faccio errori come tutti, la perfezione non è un attributo umano», talora, se la situazione lo permette io aggiungo «Solo Dio è perfetto e né io né lei gli assomigliamo nemmeno lontanamente». In particolare questa condizione può verificarsi con soggetti giovani, brillanti e dotati che nonostante le loro straordinarie capacità hanno una concomitante condizione di impairment (menomazione) e non riescono a tenersi un lavoro, o combattono con la loro immagine corporea, con disturbi alimentari o dipendenza da sostanze e si sentono colpevoli e confusi, vergognandosi di non essere in grado di fare di meglio nella vita. In questo caso le aree valide vanno sempre accolte e valorizzate e si deve cercare di mostrare al paziente come il suo sentirsi valorizzato dipenda dal giudizio altrui. Per esempio un mio giovane paziente imprenditore si sentiva molto depresso perché non aveva la laurea come invece tutti gli amici della compagna. La seduta si svolse praticamente tutta sul rinforzare il fatto che pur non avendo studiato aveva creato un'ottima azienda e che guadagnava molto di più dei laureati che frequentava. Verso la fine della seduta il paziente stava molto meglio e si sentiva galvanizzato. Gli ho chiesto: «Come si sente ora?», risposta: «Molto meglio dottore, mi ha dato la carica»; restituzione: «Ecco vede? Mi sta percependo come un buon padre che la gratifica per i suoi successi, le dice bravo anziché pretendere sempre di più da lei. Vede come la sua autostima dipende dal giudizio delle persone che ritiene significative? Dobbiamo lavorare affinché questo buon padre si sviluppi in sé stesso senza dover dipendere da ciò che gli altri pensano di lei. È questo il suo problema: dipendere dall'ammirazione altrui e questa è una strategia di vita disastrosa. È d'accordo con me?». Risposta: «Sì è vero sono d'accordo». «Perché è d'accordo con me?»; risposta: «Perché lo sento che è vero!». Ultima restituzione: «Ecco! È così che funziona la terapia, deve sentire insieme a me qual è il suo problema così potremo modificare il suo mondo interno».

In ultimo, ma non per ultimo, come già esposto nella parte dedicata alla psicodinamica, è importante porre particolare attenzione alla *coscienza morale* del paziente e ai suoi comportamenti antisociali, perché per alcuni pazienti la disonestà, le omissioni deliberate o episodi di comportamento fraudolento o illegale volti al vantaggio personale (self-enhancement) possono subire un'escalation durante le difficili fasi della costruzione di un'alleanza terapeutica. Un mio paziente con forti aspetti sociopatici non si presentava in seduta, ma mi pagava regolarmente dicendo al padre che si era invece presentato. In seguito a un colloquio telefonico con il padre gli spiegai la situazione. Il paziente era estremamente meravigliato di ciò visto che comunque avevo ricevuto il mio compenso: per il sociopatico non esiste altro che "o io fotto te o tu fotti me", non esiste la possibilità che un essere umano ne aiuti un altro. Spiegargli ciò può, almeno in parte, interrompere questo circolo vizioso, e quanto meno mostrargli che esistono altri tipi di interazione umana. Tuttavia, va precisato che tutti i casi in cui si rileva una grave disfunzione del Super-io o una sua vera e propria assenza posseggono una prognosi sfavorevole rispetto a qualsiasi trattamento psicodinamico.

I
Rischio di interruzione della terapia
La pericolosità del transfert idealizzante

La possibilità che un trattamento con un paziente narcisista si interrompa è tutt'altro che infrequente, e dipende da vissuti soggettivi che non vengono verbalizzati nonché da una serie molto varia di eventi di vita esterni alla terapia che non possono essere previsti. Molto importanti perché ciò non accada sono le fasi iniziali del trattamento intese come corretta diagnosi, restituzione della stessa, spiegazione del funzionamento disfunzionale di questo tipo di personalità e reale accettazione del contratto terapeutico sul quale si dovrà inevitabilmente tornare per un numero davvero elevato di volte.

Tuttavia, la cosa più importante da considerare è quella di non lasciarsi ingannare da progressi molto rapidi e dal credere che tutto vada bene solo perché i pazienti non sono aggressivi, ma anzi molto compiacenti verso il terapeuta. Si tratta unicamente di una manipolazione in gran parte inconscia da parte del paziente che sta idealizzando il terapeuta per non sentire il suo odio verso l'altro al fine di non provare consapevolmente vergogna e invidia e in tal modo non mettersi davvero in discussione. Si può praticamente dire che quando, in presenza di una diagnosi di DNP, sta andando tutto bene nel rapporto col terapeuta, la terapia non sta affatto funzionando. In questi casi, l'aggressività è solo tenuta fuori dal setting, come se l'oggetto-cattivo-terapeuta restasse fuori dalla stanza per sentire come perfetta la relazione e in tal modo sentirsi perfetto lui. Ciò deve essere restituito al paziente mostrando la propria prudente non accettazione di questo eccessivo "amore" nei nostri confronti: «Non è possibile, o quanto meno molto improbabile che io vada sempre bene, forse è possibile che lei voglia vedermi come perfetto per non sentire una più che giustificata rabbia verso qualcuno che le dice cose che in realtà sono spiacevoli». È fondamentale riportare dentro al setting l'aggressività che inevitabilmente è presente nella relazione transferale, perché se il paziente sente la sua rabbia, da un lato umanizza il rapporto perdendo uno stato di senso di perfezione che rende impossibile, in quanto non necessario, qualsiasi cambiamento, e dall'altro consente al paziente di provare liberamente rabbia in una condizione "protetta" in cui può sperimentare, senza conseguenze, quello che è il suo problema relazionale: una distruttività mascherata da idealizzazione verso le persone.

Questi sono i criteri generali del difficile trattamento con un paziente narcisista patologico che vanno tenuti sempre presenti per cercare di portare a buon esito la terapia.

Bibliografia

Alonso, A. (1992). The shattered mirror: Treatment of a group of narcissistic patients. *Group, 16 (4)*, 201-219.

American Psychiatric Association (2013). *Manuale diagnostico e statistico dei disturbi mentali (DSM-5)* (tr. it.). Milano: Raffaello Cortina Editore.

Bateman, A.W., Fonagy, P. (2004). Mentalization-based treatment of BPD. *Journal of Personality Disorders, 18 (1)*, 36-51.

Beck, A.T., Freeman, A. (1990). *Cognitive therapy for personality disorders.* New York: Guilford.

Belanger, J.J., Lafreniere, M.A., Vallerand, R.J., Kruglanski, A.W. (2012). Driven by fear: The effect of success and failure information on passionate individuals' performance. *Journal of Personality and Social Psychology, 104 (1)*, 180-195.

Bender, D.S. (2005). The therapeutic alliance in the treatment of personality disorders. *Journal of Psychiatric Practice, 11 (2)*, 73-87.

Bion, W.R. (1963). *Gli elementi della psicoanalisi* (tr. it.). Roma: Armando.

Bleiberg, E. (2006). Treating professionals in crises: A mentalization-based specialized inpatient program. In J.G. Allen, P. Fonagy (a cura di). *Handbook of mentalization-based treatment.* Chichester, UK: Wiley, pp. 233-247.

Diamond, D., Clarkin, J., Horz, S., et al. (2012). *Attachment and reflective function patients with co-morbid narcissistic and borderline personality disorder: Implications for treatment process and outcome.* Paper presented at the Second International Congress on Borderline Personality Disorder and Allied Disorders, Amsterdam, The Netherlands, September 29.

Dimaggio, G., Attinà, G. (2012). Metacognitive interpersonal therapy for narcissistic personality disorder and associated perfectionism. *Journal of Clinical Psychology, 68 (8)*, 922-934.

Etchegoyen, H.R. (1999). *Fundamentals of psychoanalytic technique.* London: Karnac Books.

Fiscalini, J. (1994). Narcissism and coparticipant inquiry-explorations in contemporary interpersonal psychoanalysis. *Contemporary Psychoanalysis, 30 (4)*, 747-776.

Fiscalini, J., Grey, A. (1993). *Narcissism and the Interpersonal Self.* New York: Columbia University Press.

Gabbard, G.O. (2015). *Psichiatria psicodinamica* (tr. it.). Milano: Raffaello Cortina Editore.

Gabbard G.O. (2020). *Trattamento dei disturbi psichiatrici* (tr. it.). Milano: Raffaello Cortina Editore.

Groopman, L.C., Cooper, A.M. (1995). Narcissistic personality disorder. In G.O. Gabbard (a cura di). *Treatments of psychiatric disorders*, 2nd ed., vol. 2. Washington: American Psyhiatric Press, pp. 2327-2343.

Grotjahn, M. (1984). The narcissistic person in analytic group therapy. *International Journal of Group Psychotherapy, 34 (2)*, 243-256.

Hewitt, P.L., Habke, A.M., Lee-Baggley, D.L., et al. (2008). The impact of perfectionistic self presentation on the cognitive, affective, and physiological experience of a clinical interview. *Psychiatry, 71 (2)*, 93-122.

Kernberg, O.F. (1967). Borderline personality organization. *Journal of American Psychoanalytical Association, 15 (3)*, 641-685.

Kernberg, O.F. (1975). *Sindromi marginali e narcisismo patologico* (tr. it.). Torino: Boringhieri.

Kernberg, O.F. (1984). *Disturbi gravi della personalità* (tr. it.). Torino: Boringhieri.

Kernberg, O.F. (1988). Clinical dimensions of masochism. *Journal of the American Psychoanalytic Association, 36*, 1005-1029.

Kernberg, O.F. (1992). *Aggressività. Disturbi della personalità e perversioni* (tr. it.). Milano: Raffaello Cortina Editore.

Kernberg, O.F. (1993). Nature and agents of structural intrapsychic change. In M.J. Horowitz, O.F. Kernberg, E.M. Weinshel (a cura di). *Psychic structure and psychic change: Essays in honor of Robert S. Wallerstein*. Madison, CT: International Universities Press, pp. 327-344.

Kernberg, O.F., Clarkin, J., Caligor, E. (2012). *Patologie della personalità di alto livello* (tr. it.). Milano: Raffaello Cortina Editore.

Kernberg, O.F., Clarkin, J., Yeomans, F.E. (2017). *La terapia focalizzata sul transfert per il disturbo borderline di personalità* (tr. it.). Roma: Giovanni Fioriti Editore.

Kernberg, O.F., Yeomans, F.E., Klarkin, J.F., Levy, K.N. (2008). Transference focused psychotherapy: Overview and update, *International Journal of Psychoanalysis, 89 (3)*, 601-620.

Kohut, H. (1968). The psychoanalytic treatment of narcissistic personality disorder: Outline of a systematic approach. *Psychoanalytical Study of the Child, 23*, 86-113.

Kohut, H. (1971). *Narcisismo ed analisi del Sé* (tr. it.). Torino: Boringhieri.

Kohut, H. (1972). Thoughts on narcissism and narcissistic rage. *Psychoanalytical Study of the Child, 27*, 360-400.

Linehan, M.M. (1993). *Trattamento cognitivo-comportamentale del disturbo borderline* (tr. it.). Milano: Raffaello Cortina Editore.

Lingiardi, V., McWilliams, N. (2018). *Manuale Diagnostico Psicodinamico (PDM-2)* (tr. it.). Milano: Raffaello Cortina Editore.

Luborsky, L., Luborsky, E. (2008). *La psicoterapia psicodinamica* (tr. it.). Bologna: il Mulino.

Madeddu, F. (2020). *I mille volti di Narciso.* Milano: Raffaello Cortina Editore.

Maldonado, J.L. (2006). Vicissitudes in adult life resulting from traumatic experiences in adolescence. *International Journal of Psychoanalysis, 87 (Pt 5)*, 1239-1257.

Maltsberger, J.T., Ronnningstam, E., Weinberg, I., et al. (2010). Suicide fantasy as a life-sustaining recourse. *Journal of the American Academy of Psychoanalysis & Dynamic Psychiatry, 38 (4)*, 611-623.

Marissen, M.A., Deen, M.L., Franken, I.H. (2012). Disturbed emotion recognition in patients with narcissistic personality disorder. *Psychiatry Research, 198 (2)*, 269-273.

Norcross, J.C. (2011) (a cura di). *Psychotherapy relationship that work* (2nd ed.). Oxford: Oxford University Press.

Ritter, K., Wdziobek, I., Preissler, S., et al. (2011). Lack of empathy in patients with narcissistic personality disorder. *Psychiatry Research, 187 (1-2)*, 241-247.

Ronningstam, E. (2005). *Identifying and understanding the narcissistic personality.* New York: Oxford University Press.

Ronningstam, E. (2007). Treatment of narcissistic personality disorder. In G.O. Gabbard (a cura di). *Treatment of psychiatric disorders,* 4th ed. Washington, DC: American Psychiatric Publishing, pp. 791-804.

Ronningstam, E. (2012). Alliance building and narcissistic personality disorder. *Journal of Clinical Psychology, 68 (8)*, 943-953.

Ronningstam, E. (2020). Introduction to the special issue on narcissistic personality disorder. *Journal of Personality Disorders, 34(Suppl)*, 1-5.

Ronningstam, E., Gunderson, J., Lyons, M. (1995). Changes in pathological narcissism. *American Journal of Psychiatry, 152 (2)*, 253-257.

Ronningstam, E., Weinberg, I., Maltsberger, J.T. (2008). Eleven deaths of Mr. K.: Contributing factors to suicide in narcissistic personalities. *Psychiatry, 71(2)*, 169-182.

Roth, B.E. (1998). Narcissistic patients in group therapy: containing affects in the early group. In E. Ronningstam, *Disorders of narcissism: Diagnostic, clinical, and empirical implications.* Washington, DC: American Psychiatric Press, pp. 221-238.

Safran, J.D., Muran, J.C. (2000). *Negotiating the therapeutic alliance: A relational treatment guide.* New York: Guilford.

Stern, B.L., Yeomans, F.E., Diamond, D., et al. (2012). Transference-focused psychotherapy (TFP) for narcissistic personality disorder. In J. Ogrodniczuk (a cura di). *Understanding and treating pathological narcissism*. Washington, DC: American Psychological Association, pp. 235-252.

Stinson, F.S., Dawson, D.A., Goldstein, R.B., et al. (2008). Prevalence, correlates, disability, and comorbidity of DSM-IV narcissistic personality disorder: Results from the Wave2 National Epidemiologic Survey on Alcohol and Related Conditions. *Journal of Clinical Psychiatry*, *69 (7)*, 1033-1045.

Tatarsky, A., Kellogg, S. (2010). Integrative harm reduction psychotheraphy: A case of substance use, multiple trauma, and suicidality. *Journal of Clinical Psychology*, *66 (2)*, 123-135.

Weinberg, I., Ronningstam, E., Goldblatt, M., et al. (2011). Vicissitudes of the therapeutic alliance with suicidals patients: A psychoanalytic perspective. In K. Michel, D. Jobes (a cura di). *The Therapeutic Alliance With the Suicidal Patient, The AESCHI Papers*. Washington, DC: American Psychological Association, pp. 293-316.

Young, J., Flanagan, C. (1998). Schema-focused therapy for narcissistic patients. In E. Ronningstam (a cura di). *Disorders of narcissism: Diagnostic, Clinical, and Empirical Implications*. Washington, DC: American Psychiatric Press, pp. 239-268.

Young, J.E., Klosko, J.S., Weishaar, M.E. (2003). *Schema Therapy. La terapia cognitivo-comportamentale integrata per i disturbi della personalità* (tr. it.). Firenze: Eclipsi.

GIUNTI PSICOLOGIA

Michael Addis
Emozioni invisibili
Silenzio e vulnerabilità maschile
240 pagine | 59114J | € 18,00 |
eBook € 12,99 |

Davide Algeri, Sara Gabri e Luca Mazzucchelli
Consulenza psicologica online
Esperienze pratiche, linee guida e ambiti di intervento
160 pagine | 95535A | € 18,00 |
eBook € 12,99 |

Adam Alter
Irresistibile
Come dire no alla schiavitù della tecnologia
336 pagine | 95471J | € 19,50 |

Heinz L. Ansbacher e Rowena R. Ansbacher
La psicologia individuale di Alfred Adler
Il pensiero di Alfred Adler attraverso una selezione dei suoi scritti
624 pagine | 15693Q | € 26,50 |

Luciano Arcuri
Due pesi due misure
Come gli immigrati e gli italiani sono descritti dai media
FL2585 | eBook € 9,99 |

Nicole Aubert e Claudine Haroche (a cura di)
Farsi vedere
La tirannia della visibilità nella società di oggi
240 pagine | 57529R | € 18,00 |
eBook € 12,99 |

Amy J. L. Baker
Figli divisi
Storie di manipolazione emotiva dei genitori nei confronti dei figli
352 pagine | 52883K | € 18,00 |

Marina Balbo
EMDR e disturbi dell'alimentazione
Tra passato, presente e futuro
224 pagine | 64168R | € 22,00 |
eBook € 15,99 |

Piero Barbetta e Gabriella Scaduto
Diritti umani e intervento psicologico
240 pagine | 50461A | € 22,00 |
eBook € 15,99

Eric Barker
Stai prendendo un granchio!
Quello che si dice del successo è sbagliato
416 pagine | 82190Y | € 24,00 |
eBook € 16,99 |

A. Basili, C. Lanzara e M. Zanobini
Il metodo Drežančić nei bambini dai primi mesi di vita ai tre anni
128 pagine | 94293V | € 31,00 |
eBook € 18,99 |

Franca Beccaria
Alcol e giovani
Riflettere prima dell'uso
240 pagine | 58042M | € 12,50 |
eBook € 8,99 |

Bruce Bégout
Luoghi senza identità
Il motel come metafora del nomadismo e della precarietà delle relazioni umane
144 pagine | 93928P | € 16,00 |
eBook € 11,99 |

Giovanna Berengo
Prontuario Rorschach per l'orientamento alla siglatura e all'interpretazione
112 pagine | 90155V | € 70,00 |

Luca Bernardelli
Guida psicologica alla rivoluzione digitale
208 pagine | 51891A | € 20,00 |
eBook € 14,99 |

Marco Bertelli
Diagnosi e valutazione psicopedagogica della disabilità intellettiva e del disturbo dello spettro autistico
128 pagine | 95712K | € 24,00 |
eBook € 16,99 |

Angelo Bianchi
(a cura di)
L'esame neuropsicologico dell'adulto
Applicazioni cliniche e forensi
(seconda edizione)
352 pagine | 94684P | € 45,00 |

Carlo Bisio
Psicologia per la sicurezza sul lavoro
Rischio, benessere e ricerca del significato
168 pagine | 93993B | € 19,50 |

Sidney Bloch (a cura di)
Introduzione alle psicoterapie
292 pagine | 15682M | € 14,50 |

Ewald Bohm
Vademecum psicodiagnostico
Tabelle ausiliari per l'esame di Rorschach
256 pagine | 49002H | € 33,00 |

Silvia Bonino
Il fascino del rischio negli adolescenti
192 pagine | 80022Z | € 9,50 |

Silvia Bonino,
Elena Cattelino
e Silvia Ciairano
Adolescenti e rischio
Comportamenti, funzioni e fattori di protezione (nuova edizione)
384 pagine | 86510B | € 22,00 |

John Bowlby
Cure materne e salute mental del bambino
288 pagine | 93039U | € 13,50 |

Alfred Brauner
e Françoise Brauner
Vivere con un bambino autistico
256 pagine | 54947N | € 9,50 |

Charles Brenner
Breve corso di psicoanalisi
304 pagine | 60611S | € 22,00 |

Charles Brenner
La mente in conflitto
304 pagine | 15684P | € 16,50 |

James N. Butcher
e Carolyn L. Williams
Fondamenti per l'interpretazione del MMPI-2 e del MMPI-A
528 pagine | 93846Z | € 60,00 |

Carlo Caltagirone,
Fabrizio Piras
e Paola Imbriani
Handbook of Neurorehabilitation and Principles of Neurology
800 pagine | 83171H | € 90,00 |
eBook € 60,99 |

E. Campolmi e L. Prendi
La terapia psicologica in oncologia
L'approccio breve strategico tra mente e malattia
112 pagine | 95634D | € 16,00 |
eBook € 12,99 |

Angelo Cangelosi
e Santo Di Nuovo
La mente simulata
Intelligenza artificiale e robot
nella vita quotidiana
FL2589 | eBook € 9,99 |

F. Cannistrà e F. Piccirilli
Terapia a seduta singola
Principi e pratiche
(rist. riveduta e corretta)
256 pagine | 95564F | € 22,00 |
eBook € 15,99 |
(disponibile anche in inglese)

Gian Vittorio Caprara
Tempi moderni
Psicologia per la politica
320 pagine | 87033U | € 9,50 |

Gian Vittorio Caprara e Ada Fonzi
L'età sospesa
Itinerari del viaggio adolescenziale
224 pagine | 51119G | € 18,00 |

Gian Vittorio Caprara
e Michele Vecchione
Politici ed elettori
Psicologia delle scelte di voto
128 pagine | 84649X | € 9,50 |

Andrea Castiello d'Antonio
e Luciana d'Ambrosio Marri
Conflitti
Come leggere e gestire i contrasti
per vivere bene
128 pagine | 95742R | € 16,00 |
eBook € 11,99 |

Andrea Castiello d'Antonio
e Luciana d'Ambrosio Marri
Risorse umane e disumane
Come vivere oggi sul pianeta R.U.
FL3512 | eBook € 9,99 |

Donato Cattani e Paolo Scapellato
Attacchi di panico e ansia acuta
Soccorso psicologico di base
112 pagine | 95054Z | € 18,00 |
eBook € 12,99 |

Rita Centra
BES e DSA nella scuola dell'infanzia
128 pagine | 69829C | € 18,00 |

Margaret Chapman
Intelligenza emotiva
108 pagine | 93986U | € 6,90 |
eBook € 4,99 |

Margaret Chapman-Clarke
Mindfulness sul lavoro
128 pagine | 95545L | € 8,00 |
eBook € 5,99 |

Paolo Cherubini, Pierdaniele
Giaretta e Alberto Mazzocco
Ragionamento: psicologia e logica
352 pagine | 51250J | € 22,72 |

Robert B. Cialdini
Le armi della persuasione
Come e perché si finisce col dire di sì
704 pagine | 82192E | € 30,00 |
eBook € 19,99

Robert B. Cialdini
Pre-suasione
Un metodo rivoluzionario
per influenzare e persuadere
384 pagine | 51769A | € 24,00 |
eBook € 16,99

R. Ciambrone e G. Fusacchia
BES Come e cosa fare
128 pagine | 67413N | € 18,00 |

Mike Clayton
Modelli di management
144 pagine | 94981Y | € 6,90 |
eBook € 4,99 |

Irene Comisso, Alberto Lucchini,
Stefano Bambi, Gian Domenico
Giusti e Matteo Manici
Infermieristica
in terapia intensiva
Principi di assistenza di base
e avanzata
416 pagine | 83471F | € 40,00 |
eBook € 26,99 |

Ilaria Consolo
Il piacere femminile
Scoprire, sperimentare
e vivere la sessualità
256 pagine | 66942D | € 18,00 |
eBook € 12,99 |

Cesare Cornoldi
Disturbi e difficoltà
della scrittura
288 pagine | 69764V | € 26,00 |

C. Cornoldi e R. De Beni
Vizi e virtù della memoria
(nuova edizione)
224 pagine | 96786G | € 9,50 |
eBook € 6,99 |

Lucio Cottini
Universal Design
for Learning
e curricolo inclusivo
128 pagine | 78043G | € 19,90 |

G. Crea e F. Mastrofini
Preti sul lettino
144 pagine | 52994L | € 16,00 |
eBook € 11,99 |

M. Croce e F. Rascazzo
Gioco d'azzardo, giovani
e famiglie
224 pagine | 58143S | € 12,50 |
eBook € 8,99 |

Louis Crocq, Sophie Huberson
e Benoît Vraie
Gestire le grandi crisi
240 pagine | 54373H | € 18,00 |
eBook € 12,99 |

Andy Cross
Talent Management
112 pagine | 93987V | € 6,90 |
eBook € 4,99 |

Luigi d'Alonzo
Come fare per gestire
la classe nella pratica didattica
224 pagine | 70332M | € 24,00 |

Luigi d'Alonzo
Come fare per gestire
i comportamenti problematici
nella pratica didattica
224 pagine | 78058S | € 24,00 |

Susan David
Agilità emotiva
Non restare bloccato,
accogli il cambiamento
e prospera nella vita e nel lavoro
304 pagine | 95472K | € 22,00 |
eBook € 12,99 |

M. Davis e D. Wallbridge
Introduzione all'opera
di Donald W. Winnicott
228 pagine | 54883S | € 15,00 |

Nino Dazzi e Luciano Mecacci
Storia antologica
della psicologia
488 pagine | 54163P | € 23,24 |

Erik de Haan
Team coaching
128 pagine | 95537C | € 8,00 |
eBook € 5,99 |

S. Della Sala e N. Beschin
Il cervello ferito
256 pagine | 81400Q | € 9,50 |
eBook € 6,99 |

Liliana Dell'Osso
Fatti di quotidiana follia
160 pagine | 80527P | € 16,00 |
eBook € 11,99 |

Liliana Dell'Osso,
Dario Muti
e Barbara Carpita
Il caso Coco Chanel
L'insopportabile genio
176 pagine | 95640K | € 16,00 |
eBook € 11,99 |

Fiona Elsa Dent
Leadership
112 pagine | 93985T | € 6,90 |
eBook € 4,99 |

Davide Dèttore
Trattato di psicologia e psicopatologia del comportamento sessuale
512 pagine | 65132W | € 32,00 |
eBook € 18,99 |

D. Dèttore, N. Giaquinta e A. Pozza
I disturbi da comportamenti focalizzati sul corpo
128 pagine | 95745U | € 18,00 |
eBook € 12,99 |

Felix Deutsch (a cura di)
Il "misterioso salto" dalla mente al corpo
Uno studio sulla teoria di conversione
288 pagine | 18047W | € 16,50 |

Annamaria Di Fabio
Bilancio di competenze e orientamento formativo
336 pagine | 49017X | € 37,80 |

Annamaria Di Fabio
(a cura di)
Career counseling e bilancio di competenze
Prospettive internazionali
200 pagine | 93991Z | € 25,50 |

Annamaria Di Fabio
Counseling
Dalla teoria all'applicazione
352 pagine | 51300W | € 26,00 |

Annamaria Di Fabio
Counseling e relazione d'aiuto
Linee guida e strumenti per l'autoverifica
272 pagine | 55214Y | € 28,00 |

Annamaria Di Fabio
Manuale di psicologia dell'orientamento e career counseling nel XXI secolo
208 pagine | 94068E | € 32,00 |

Annamaria Di Fabio
Potenziare l'intelligenza emotiva in classe
Linee guida per il training
152 pagine | 94087Z | € 31,00 |

Annamaria Di Fabio
Psicologia dell'orientamento
Problemi, metodi e strumenti
416 pagine | 34132G | € 24,00 |

Luciano Di Gregorio
La voglia oscura
Pedofilia e abuso sessuale
144 pagine | 66191K | € 16,00 |
eBook € 11,99 |

Santo Di Nuovo (a cura di)
Dalla formazione al lavoro
224 pagine | 83699S | € 31,00 |

Santo Di Nuovo (a cura di)
Orientamento e formazione
224 pagine | 77877K | € 32,55 |

Santo Di Nuovo
Prigionieri delle neuroscienze?
240 pagine | 61654U | € 22,00 |
eBook € 14,99 |

G. Di Stefano e R. Vianello
Psicologia dello sviluppo e problemi educativi
Studi e ricerche in onore di Guido Petter
704 pagine | 50181Q | € 25,00 |

Matthew Dixon e Brent Adamson
Il venditore sfidante
Il Modello Challenger
304 pagine | 51422A | € 20,00 |
eBook € 14,99 |

Angela Duckworth
Grinta
Il potere della passione e della perseveranza
336 pagine | 95436X | € 24,00 |

C. Dunkley e M. Stanton
Mindfulness e vita quotidiana
Una guida pratica
160 pagine | 95520K | € 15,00 |
eBook € 10,99 |

Sophia F. Dziegielewski
DSM-5 in action
Prima edizione italiana
752 pagine | 95005Y | € 87,00 |
eBook € 54,00 |

Max A. Eggert
Linguaggio del corpo
128 pagine | 95542H | € 8,00 |
eBook € 5,99 |

Jule Eisenbud
Amore e odio nella nursery ed oltre
Voci dall'inconscio
256 pagine | 15692P | € 19,50 |

Paul Ekman
I volti della menzogna
Gli indizi dell'inganno nei rapporti interpersonali
368 pagine | 62149L | € 18,00 |
eBook € 12,99 |

Paul Ekman
Le bugie dei ragazzi
Frottole, imbrogli, spacconate: perché i nostri figli ricorrono alla menzogna?
256 pagine | 91524E | € 14,00 |
eBook € 6,99 |

Paul Ekman
e Wallace V. Friesen
Giù la maschera
Come riconoscere le emozioni dall'espressione del viso
288 pagine | 84439W | € 18,00 |

Peter English
Affrontare conversazioni difficili
128 pagine | 95536B | € 8,00 |
eBook € 5,99 |

Franz R. Epting
Psicoterapia dei costrutti personali
Introduzione alla teoria e metodica operativa della tecnica terapeutica
224 pagine | 15691N | € 18,50 |

Elena Faccio
Le identità corporee
Quando l'immagine di sé fa star male
256 pagine | 84648C | € 18,00 |

Daniele Fedeli
Mio figlio non riesce a stare fermo
120 pagine | 69802Q | € 12,00 |

Daniele Fedeli
e Claudia Munaro
Bullismo e cyberbullismo
Come intervenire nei contesti scolastici
224 pagine | 76064U | € 24,00 |

Daniele Fedeli
e Claudio Vio
ADHD. Iperattività e disattenzione a scuola
288 pagine | 66170X | € 26,00 |

Stephen E. Finn
Nei panni dei nostri clienti
Teoria e tecniche dell'Assessment Terapeutico
256 pagine | 94023H | € 31,00 |

Ian Fleming
Lavoro di squadra
112 pagine | 94979W | € 6,90 |
eBook € 4,99 |

Ian Fleming
e Allan J. D. Taylor
Coaching
112 pagine | 95538D | € 8,00 |
eBook € 5,99 |

Ada Fonzi
Gli uomini muoiono, le donne invecchiano
128 pagine | 83624S | € 9,50 |

Ada Fonzi
Il gioco crudele
Studi e ricerche sui correlati psicologici del bullismo
176 pagine | 50561J | € 15,00 |

Ada Fonzi (a cura di)
Manuale di psicologia dello sviluppo
Storia, teorie e metodi. Lo sviluppo cognitivo, affettivo e sociale nel ciclo di vita
320 pagine | 53323L | € 50,00 |

Ada Fonzi
Scavi di donna
Tra psicologia e narrazione: la scoperta di un'identità femminile
108 pagine | 56377G | € 12,50 |

Patrick Forsyth
Negoziazione
128 pagine | 94980X | € 6,90 |
eBook € 4,99 |

Anna Freud
L'Io e i meccanismi di difesa
192 pagine | 55397A | € 18,00 |
eBook € 12,99 |

Sigmund Freud
L'interpretazione dei sogni
640 pagine | 95566H | € 8,90 |
eBook € 5,99 |

Sigmund Freud
Sommario di psicoanalisi
112 pagine | 67799S | € 10,00 |
eBook € 6,99 |

Erica Frydenberg
Far fronte alle difficoltà
Strategie di coping negli adolescenti
224 pagine | 49012S | € 30,45 |

Aldo Galeazzi e Paolo Meazzini
Mente e comportamento
Trattato italiano di psicoterapia cognitivo-comportamentale
608 pagine | 77924H | € 29,00 |

E. Galli Zugaro e C. Galli Zugaro
La leadership comunicativa
Come aumentare la performance personale e aziendale
272 pagine | 95439A | € 18,00 |
eBook € 12,99 |

W. Gaylin e E. Person (a cura di)
Passioni
Riflessioni sull'amore
152 pagine | 15689U | € 14,50 |

Tilde Giani Gallino
Il mondo disegnato dai bambini
L'evoluzione grafica e la costruzione dell'identità
288 pagine | 81394J | € 14,50 |
eBook € 10,99 |

M. Giannini e L. Pannocchia
L'Analisi Fattoriale Esplorativa in psicologia
112 pagine | 83701J | € 19,00 |

Roberta Giommi
La mediazione nei conflitti familiari
144 pagine | 55540V | € 12,50 |

Gabriele Giorgi e Vincenzo Majer
Intelligenza organizzativa
Competenze emotive ed organizzative per l'eccellenza
164 pagine | 94408V | € 19,50 |

Gabriele Giorgi e Vincenzo Majer
Mobbing: virus organizzativo
Prevenire e contrastare il mobbing e i comportamenti negativi sul lavoro
208 pagine | 93995D | € 25,50 |

Heidi Grant Halvorson ed E. Higgins
Focus
Come guardare il mondo per avere successo
288 pagine | 83005G | € 20,00 |
eBook € 16,99 |

Phyllis Greenacre
Studi psicoanalitici sullo sviluppo emozionale
448 pagine | 15667V | € 14,50 |

N. C. Gysbers, M. J. Heppner e J. A. Johnston
L'orientamento professionale
312 pagine | 49016W | € 37,80 |

Steven C. Hayes
La mente liberata
Come trasformare il tuo pensiero e affrancarti da stress, ansia e dipendenze
512 pagine | N00013 | € 24,00 |
eBook € 16,99 |

Ryan Holiday
Ego è il nemico
Come dominare il nostro più grande avversario
224 pagine | 95473L | € 14,50 |
eBook € 13,99 |

Karen Horney
I nostri conflitti interni
Una teoria costruttiva delle nevrosi
224 pagine | 56705J | € 18,00 |

A. Imbasciati e A. Ghilardi
Manuale clinico del TAT
Sistemi diagnostici
216 pagine | 49004B | € 50,00 |

Susan Isaacs
Dalla nascita ai sei anni
Impariamo a fare i genitori
128 pagine | 83806K | € 9,50 |
eBook € 6,99 |

Edith Jacobson
Il Sé e il mondo oggettuale
224 pagine | 17727K | € 14,50 |

C. Javeau e S. Schehr (a cura di)
Tradimenti
Dal delitto politico all'adulterio sul web
144 pagine | 55646B | € 16,00 |

Ernest Jones
Che cos'è la psicoanalisi?
128 pagine | 93962P | € 8,50 |
eBook € 5,99 |

Pam Jones
Gestione delle prestazioni
128 pagine | 94978V | € 6,90 |
eBook € 4,99 |

Scott Barry Kaufman e Carolyn Gregoire
La mente creativa
Misteri e paradossi
240 pagine | 95519J | € 20,00 |
eBook € 14,99 |

Melanie Klein
Il nostro mondo adulto ed altri saggi
164 pagine | 54884T | € 13,00 |

Melanie Klein
Invidia e gratitudine
128 pagine | 56707L | € 14,50 |

Melanie Klein
La psicoanalisi dei bambini
Nuova edizione rivista e ampliata a cura di H. A. Thorner
416 pagine | 57043X | € 19,50 |
eBook € 13,99 |

B. Klopfer e H. H. Davidson
La tecnica Rorschach
282 pagine | 49003A | € 50,00 |

Wolfgang Köhler
L'intelligenza nelle scimmie antropoidi
352 pagine | 93963Z | € 9,50 |
eBook € 6,99 |

Philip Kotler
I 10 peccati capitali del marketing
Sintomi e cure
128 pagine | 95689L | € 14,50 |
eBook € 10,99 |

Bryan Kramer
Condividere
Il potere di scambiarsi informazioni, storie ed emozioni
108 pagine | 95613G | € 20,00 |
eBook € 14,99 |

Lisa Kuhmerker, Uwe Gielen e Richard Hayes
L'eredità di Kohlberg
Intervento educativo e clinico
288 pagine | 34117H | € 19,63 |

Hugo Lagercrantz
Il cervello del bambino
Come si forma la mente
192 pagine | 51573B | € 18,00 |
eBook € 12,99 |

Margherita Lang, Clara Michelotti, Laura Rivolta e Giulia Perotti
KABC-II
Kaufman Assessment Battery for Children (Second Edition)
224 pagine | 95004X | € 60,00 |
eBook € 41,99 |

Giuseppe Lavenia
Le dipendenze tecnologiche
Valutazione, diagnosi e cura
112 pagine | 95431S | € 14,00 |
eBook € 9,99 |

Giuseppe Lavenia
Mio figlio non riesce a stare senza smartphone
128 pagine | 78088E | € 12,00 |

Kurt Lewin
Teoria dinamica della personalità
384 pagine | 93038M | € 13,50 |
eBook € 9,99 |

Jerry M. Lewis
Fare il terapista
Come si insegna, come si impara
212 pagine | 15678G | € 12,50 |

Elizabeth O. Lichtenberger e Alan S. Kaufman
Fondamenti per l'assessment con la WPPSI-III
240 pagine | 94907K | € 31,00 |

Adriana Lis
Il Bender Gestalt Test
Differenti metodi per l'attribuzione del punteggio
440 pagine | 49005C | € 49,00 |

Adriana Lis
Psicologia clinica
Problemi diagnostici ed elementi di psicoterapia
448 pagine | 34102K | € 25,00 |

Adriana Lis, Paola Venuti e Maria Rosa De Zordo
Il colloquio come strumento psicologico
Ricerca, diagnosi, terapia
448 pagine | 34115F | € 22,00 |

Steven Locke e Douglas Colligan
La mente che guarisce
Una nuova frontiera della salute
310 pagine | 54061H | € 18,00 |

Margherita Loosli-Usteri
Manuale pratico del test di Rorschach
248 pagine | 45497J | € 44,00 |

Daniela Lucangeli
La discalculia e le difficoltà in aritmetica
288 pagine | 69830Z | € 26,00 |

Roger A. MacKinnon, Robert Michels e Peter J. Buckley
Il colloquio in psichiatria e psicologia clinica
832 pagine | 95546M | € 90,00 |
eBook € 54,99 |

Giuseppe Maiolo
Mio figlio tra bullismo e cyberbullismo
120 pagine | 76935K | € 12,00 |

V. Majer e E. Farinella
Il metodo dei casi
Modelli teorici e prassi operativa per l'assessment
160 pagine | 93992A | € 18,60 |

Mauro Maldonato
L'arcipelago della coscienza
Sulla consapevolezza di noi e del mondo
128 pagine | 56708T | € 16,00 |
eBook € 11,99 |

Mauro Maldonato
Quando decidiamo
Siamo attori consapevoli o macchine biologiche?
144 pagine | 63323T | € 16,00 |
eBook € 11,99 |

G. A. Mancini, V. Russo e M. Bellotto
Psicologia della pubblicità
Oltre la tentazione
208 pagine | 93990Y | € 25,50 |

Giuseppe Mantovani
L'elefante invisibile
Alla scoperta delle differenze culturali
272 pagine | 80023Q | € 18,00 |
eBook € 12,99 |

Giuseppe Mantovani (a cura di)
Manuale di psicologia sociale
Storie, teorie e metodi. Comunicazione, gruppi, culture, atteggiamenti e solidarietà
288 pagine | 54429U | € 34,00 |

Valentina Marini e Giada Susca
Galateo LinkedIn
Educazione civica, identità digitale e mondo del lavoro
240 pagine | 95586D | € 19,50 |
eBook € 13,99 |

Judith Marks Mishne
Il lavoro clinico con i bambini
Fondamenti di psicoterapia infantile
416 pagine | 15683N | € 18,50 |

Elena Marta e Eugenia Scabini
Giovani volontari
Impegnarsi, crescere e far crescere
256 pagine | 56332Q | € 18,00 |

Luca Mazzucchelli
Fattore 1%
Piccole abitudini per grandi risultati
288 pagine | 51123A | € 20,00 |
eBook € 14,99 |

Luca Mazzucchelli
L'era del cuore
Come trovare il coraggio per essere felici
208 pagine | 81294J | € 22,00 |
eBook € 14,99 |

Luca Mazzucchelli
Psicologia a strappo
60 pensieri da leggere, conservare e condividere con le persone che ami
128 pagine | 50738A | € 16,00 |

Anna Mazzucchi (a cura di)
La riabilitazione delle gravi cerebrolesioni acquisite
392 pagine | 94297Z | € 42,00 |
eBook € 25,99 |

Kelly McGonigal
Il lato positivo dello stress
Perché lo stress fa bene e come sfruttarlo al meglio
320 pagine | 95565G | € 24,00 |
eBook € 14,99 |

Kelly McGonigal
La forza di volontà
Perché è importante e cosa puoi fare per migliorarla
320 pagine | 95688K | € 20,00 |
eBook € 14,99 |

Kelly McGonigal
La gioia di muoversi
Come l'esercizio fisico aiuta a trovare la felicità, la speranza e il coraggio
256 pagine | 81293S | € 22,00 |
eBook € 16,99 |

George H. Mead
Mente, sé e società
512 pagine | 97261Z | € 22,00 |
eBook € 9,99 |

Margaret Mead
L'adolescenza in Samoa
272 pagine | 54948H | € 16,00 |
eBook € 10,99 |

Luciano Mecacci
Lev Vygotskij
Sviluppo, educazione e patologia della mente
176 pagine | 68404X | € 18,00 |
eBook € 12,99 |

Luciano Mecacci (a cura di)
Manuale di psicologia generale
Storie, teorie e metodi. Cervello, cognizione e linguaggio
320 pagine | 53518T | € 37,00 |

Luciano Mecacci
Manuale di storia della psicologia
Teorie e autori dall'epoca classica ad oggi. Il rapporto della psicologia con la cultura, l'arte e la storia
344 pagine | 55036S | € 40,00 |

Ersilia Menesini
Bullismo, che fare?
Prevenzione e strategie d'intervento nella scuola
224 pagine | 52479F | € 17,50 |

Douglas Miller
Engagement
112 pagine | 95540F | € 8,00 |
eBook € 5,99 |

Annalisa Morganti e Fabio Bocci
Didattica inclusiva nella scuola primaria
288 pagine | 67879K | € 26,00 |

D. Mosquera e A. González
EMDR e disturbo borderline di personalità
352 pagine | 64005U | € 28,00 |

Marie-Claude Mouillet e Colin Claude
edizione italiana a cura di A. Di Fabio e A. Grimaldi
Lungo il cammino
Fondamenti teorici ed esercizi pratici per l'inserimento professionale
216 pagine | 94086Y | € 35,00 |

George Mumford
La mentalità vincente
I segreti per superare le sfide più grandi nello sport e nella vita
176 pagine | 95447J | € 15,00 |
eBook € 10,99 |

Donald Norman
La caffettiera del masochista
Il design degli oggetti quotidiani
(nuova edizione ampliata)
336 pagine | 95739N | € 22,00 |

L. Nota, L. Mann, S. Soresi e I. A. Friedman
Scelte e decisioni scolastico-professionali
Processi e procedure di analisi ed intervento
352 pagine | 49014U | € 37,80 |

Laura Nota e Salvatore Soresi
Autoefficacia nelle scelte
La visione sociocognitiva dell'orientamento
352 pagine | 49011Z | € 36,00 |

Laura Nota e Salvatore Soresi (a cura di)
Sfide e nuovi orizzonti per l'orientamento
1. Metodologie e buone pratiche
344 pagine | 94128S | € 38,00 |

Alberto Oliverio
Il cervello che impara
Neuropedagogia dall'infanzia alla vecchiaia
128 pagine | 69056Q | € 16,00 |
eBook € 9,99 |

Alberto Oliverio
La vita nascosta del cervello
144 pagine | 93584H | € 12,00 |
eBook € 8,99 |

Albertina Oliverio
e Anna Oliverio Ferraris
A piedi nudi nel verde
Giocare per imparare a vivere
(nuova edizione)
224 pagine | 54596B | € 10,00 |
eBook € 6,99 |

Anna Oliverio Ferraris
Chi manipola la tua mente?
160 pagine | 67437G | € 16,00 |
eBook € 9,99 |

Anna Oliverio Ferraris
La macchina della celebrità
Cento modi per diventare famosi
168 pagine | 50182Q | € 14,50 |
eBook € 10,99 |

Anna Oliverio Ferraris
La ricerca dell'identità
Come nasce, come cresce, come cambia l'idea di sé
224 pagine | 81393X | € 9,50 |
eBook € 6,99 |

A. Oliverio Ferraris, A. Rusticelli, J. Stevani e T. Zaccariello
Chiamarsi fuori
Ragazzi che non vogliono più vivere
192 pagine | 92664Z | € 9,50 |
eBook € 6,99 |

Dan Olweus
Bullismo a scuola
Ragazzi oppressi, ragazzi che opprimono
148 pagine | 84692H | € 9,50 |

A. Orsini, L. Cianci, E. Rocci, E. Mastrantonio e C. Leone
WAIS-R e ritardo mentale
60 pagine | 94010U | € 13,90 |

A. Orsini e C. Laicardi
WAIS-R e terza età
96 pagine | 77858Y | € 19,00 |

A. Orsini e C. Laicardi
WAIS-R. Contributo alla taratura italiana
120 pagine | 90628E | € 29,00 |

A. Orsini e L. Pezzuti
L'interpretazione clinica della WISC-IV alla luce della taratura italiana
120 pagine | 94811W | € 80,00 |
eBook € 55,99 |

Jo Owen
Avere successo
Da buon manager a grande leader
320 pagine | 95464B | € 20,00 |
eBook € 14,99 |

Jo Owen
Il manager globale
Come raggiungere prestazioni elevate
368 pagine | 95445G | € 19,50 |
eBook € 13,99 |

Jo Owen
I miti della leadership
Liberatevi dai pregiudizi per diventare grandi leader
320 pagine | 95690M | € 20,00 |
eBook € 14,99 |

Dolores Passi Tognazzo
Il metodo Rorschach
Manuale di psicodiagnostica su modelli di matrice europea
(terza edizione)
384 pagine | 34107Q | € 34,00 |

Dolores Passi Tognazzo
Metodi e tecniche nella diagnosi della personalità
I test proiettivi
(nuova edizione)
256 pagine | 51418T | € 22,00 |

Tony Peacock
Feedback a 360°
128 pagine | 93984S | € 6,90 |
eBook € 4,99 |

Guido Petter
Amicizia e innamoramento nell'adolescenza
288 pagine | 86463L | € 9,50 |
eBook € 6,99 |

Guido Petter
Dall'infanzia alla preadolescenza
360 pagine | 34101J | € 21,69 |

Guido Petter
Il bambino impara a pensare
(nuova edizione)
288 pagine | 54033V | € 22,00 |

Guido Petter
Insegnare la psicologia
256 pagine | 89913F | € 18,00 |

Guido Petter
L'adolescente impara a ragionare e a decidere
244 pagine | 55690Q | € 18,00 |

Guido Petter
La mente efficiente
Le condizioni che ostacolano o favoriscono l'attività del pensiero
224 pagine | 55178F | € 18,00 |

Guido Petter
Lo psicologo nella scuola
Ciò che fa, ciò che potrebbe fare
256 pagine | 78371U | € 22,00 |

Guido Petter
Per una verde vecchiaia
La terza età e il "mestiere di nonno"
192 pagine | 93872T | € 9,50 |
eBook € 6,99 |

Guido Petter
Psicologia e scuola di base
352 pagine | 50997D | € 21,69 |

Guido Petter
Ragione, fantasia, creatività nel bambino e nell'adolescente
192 pagine | 96787C | € 18,00 |
eBook € 12,99 |

Pietro Pfanner e Mara Marcheschi
Un aiuto per crescere
240 pagine | 55358C | € 14,50 |
eBook € 10,99 |

Jean Piaget
Il giudizio morale nel bambino
448 pagine | 93964R | € 9,50 |
eBook € 6,99 |

Jean Piaget
Psicologia dell'intelligenza
224 pagine | 93034G | € 12,00 |
eBook € 8,99 |

Laura Piccinini
MMPI-2-RF, DSM-5 e casi clinici
160 pagine | 95370D | € 30,00 |
eBook € 20,99 |

Maurizio Pontecorvo (a cura di)
Esperienze di psicoterapia infantile: il modello Tavistock
352 pagine | 15685Q | € 16,50 |

K. S. Pope, J. N. Butcher e S. Joyce.
A cura di D. Berto
MMPI, MMPI-2 e MMPI-A in tribunale
704 pagine | 83700D | € 100,00 |

Michael Port
TU: il migliore promotore di te stesso
Il metodo più veloce e più efficace per trovare più clienti di quanti ne possiate gestire
368 pagine | N00012 | € 22,00 |

Daniel Priestley
Tutto esaurito
Come avere la coda di clienti fuori dalla porta
192 pagine | 95448K | € 14,50 |
eBook € 10,99 |

Joe Pulizzi e Robert Rose
Uccidi il marketing
Come trasformare i costi del marketing in profitti
240 pagine | 95570M | € 20,00 |
eBook € 14,99 |

Fabrizio Quattrini
Il piacere maschile
#sessosenzatabù
256 pagine | 66943X | € 18,00 |
eBook € 12,99 |

Fabrizio Quattrini
Parafilie e devianza
304 pagine | 63233N | € 24,00 |
eBook € 16,99 |

Giovanni Paolo Quattrini
Per una psicoterapia fenomenologico-esistenziale
448 pagine | 54032H | € 29,00 |
eBook € 20,99 |

Giuseppe Riva e Andrea Gaggioli
Realtà virtuali
Gli aspetti psicologici delle tecnologie simulative e il loro impatto sull'esperienza umana
176 pagine | 95744T | € 18,00 |
eBook € 12,99 |

Emanuela Rocci e Arturo Orsini
L'analisi dello scatter nelle scale d'intelligenza Wechsler
164 pagine | 94354M | € 28,00 |

Carl R. Rogers
La terapia centrata-sul-cliente
368 pagine | 55804T | € 24,00 |

Carl R. Rogers
Un modo di essere
400 pagine | 55398E | € 24,00 |

Hermann Rorschach
Psicodiagnostica
184 pagine | 94947N | € 34,00 |

Neil Russell-Jones
Gestione del cambiamento
112 pagine | 94480Y | € 7,00 |
eBook € 4,99 |

A. Salvini e M. Dondoni
Psicologia clinica dell'interazione e psicoterapia
416 pagine | 54751S | € 29,00 |

Alessandro Salvini, Antonio Ravasio e Tania Da Ros
Psicologia clinica giuridica
560 pagine | 87032Y | € 34,00 |

Piero Salzarulo
Come dormiamo
128 pagine | 83796C | € 15,00 |

Keith Sawyer
La forza del gruppo
Il potere creativo della collaborazione
288 pagine | 56801E | € 14,50 |

Alan F. Schatzberg e Charles DeBattista
Manuale di Psicofarmacologia clinica
720 pagine | 95435W | € 90,00 |

Frank Scott-Lennon
Valutazioni
104 pagine | 94479X | € 6,90 |
eBook € 4,99 |

Scuola Romana Rorschach
Tavole Parallele al Rorschach di Salvatore Parisi e Patrizia Pes
136 pagine | 94836X | € 40,00 |

Marguerite A. Sechehaye
Diario di una schizofrenica
Presentazione di Cesare L. Musatti
192 pagine | 82269U | € 18,00 |
eBook € 12,99 |

Hanna Segal
Introduzione all'opera di Melanie Klein
192 pagine | 61694P | € 18,00 |

Martin E. P. Seligman
Il circuito della speranza
Il percorso dell'uomo che ha aperto la psicologia all'ottimismo
512 pagine | 95609C | € 24,00 |

Martin E. P. Seligman
Imparare l'ottimismo
Come cambiare la vita cambiando il pensiero
384 pagine | 60184X | € 22,00 |

Federica Sibilla e Chiara Imperato
Amore online
Le relazioni sentimentali ai tempi del Web
FL6010 | eBook € 9,99 |

Saulo Sirigatti e Cristina Stefanile
MMPI-2: aggiornamento all'adattamento italiano
Scale di validità, Harris-Lingoes, supplementari, di contenuto e PSY-5 (seconda edizione)
64 pagine | 94206A | € 40,00 |

Andrea Smorti
Narrazioni
Cultura, memorie, formazione del Sé
208 pagine | 83968H | € 14,00 |
eBook € 9,99 |

Salvatore Soresi (a cura di)
Orientamenti per l'orientamento
Ricerche ed applicazioni dell'orientamento scolastico-professionale
320 pagine | 49013T | € 34,65 |

Salvatore Soresi (a cura di)
Orientamento alle scelte
Rassegne, ricerche, strumenti ed applicazioni
416 pagine | 83698R | € 41,00 |

Salvatore Soresi e Laura Nota
Interessi e scelte
Come si evolvono e si rilevano le preferenze professionali
352 pagine | 49010C | € 37,80 |

S. Soresi e L. Nota (a cura di)
Sfide e nuovi orizzonti per l'orientamento
2. Diversità, sviluppo professionale, lavoro e servizi territoriali
352 pagine | 94143H | € 38,00 |

Michele Spaccarotella
Il piacere digitale
#Sex&TheSocial
272 pagine | 80753Z | € 22,00 |
eBook € 14,99 |

René A. Spitz
Il primo anno di vita del bambino
160 pagine | 93036C | € 8,50 |
eBook € 5,99 |

J. Sponton e S. Wright
Gestire l'Assessment Center
112 pagine | 94482A | € 6,90 |
eBook € 4,99 |

Dorothy Spry
Coaching cognitivo-comportamentale
112 pagine | 95544K | € 8,00 |
eBook € 5,99 |

Steven J. Stein e Paul T. Bartone
Resistere
Come utilizzare lo stress per raggiungere i tuoi obiettivi
400 pagine | 83608R | € 24,00 |
eBook € 16,99 |

Giacomo Stella
Mio figlio non riesce a leggere e...
120 pagine | 69828J | € 12,00 |

Giacomo Stella e Luca Grandi
Come leggere la dislessia e i DSA
288 pagine | 67876D | € 26,00 |

G. Stella, L. Grandi e M. Peroni
Come leggere la dislessia e i DSA (scuola sec. I° grado)
128 pagine | 66171D | € 18,00 |

Scott Stossel
Ansia
Paure e speranze alla ricerca di una pace interiore
448 pagine | 95584B | € 23,50 |
eBook € 16,99 |

R. Talmelli, S. Pallanti, G. Bormolini e G. Nardone
Ossessioni e compulsioni
Le ritualità propiziatorie tra neuroscienze, demonologia e psicoterapia
224 pagine | 50500A | € 18,00 |
eBook € 12,99 |

Franca Tani
Normalità e patologia nello sviluppo psichico
352 pagine | 85120X | € 28,00 |

John Townsend
Presentazioni
112 pagine | 94481Z | € 6,90 |
eBook € 4,99 |

F. Tramonti e A. Fanali
Identità e legami
La psicoterapia individuale a indirizzo sistemico-relazionale
192 pagine | 56855Z | € 18,00 |

Luciana Tumiati
Adolescenza e disturbi alimentari
144 pagine | 54559P | € 12,50 |
eBook € 8,99 |

Ugo Ungaro e Francesco Borrelli
Z-TEST
Manuale per la forma collettiva
224 pagine | 95050V | € 30,00 |

Raoul Van Esbroeck
L'orientamento a scuola
188 pagine | 94298A | € 29,00 |

Renzo Vianello
Disabilità intellettive
1 guida operativa + 3 workbook
528 pagine | 66168A | € 65,00 |

Renzo Vianello
Fra normalità e disabilità intellettiva lieve
288 pagine | 75699T | € 26,00 |

Daniela Villani e Stefano Triberti
La personalità online
Tracce digitali dell'identità
192 pagine | 95585C | € 19,50 |
eBook € 13,99 |

Giacomo Vivanti e Lucio Cottini
Autismo
Come e cosa fare con bambini e ragazzi a scuola
1 guida operativa + 2 workbook
448 pagine | 69771T | € 36,00 |

Lev S. Vygotskij
Pensiero e linguaggio
304 pagine | 55071M | € 18,00 |
eBook € 5,99 |

Lev S. Vygotskij
Storia dello sviluppo delle funzioni psichiche superiori
256 pagine | 93037M | € 8,50 |
eBook € 5,99 |

Janine Waldman e Paul Z Jackson
Resilienza
128 pagine | 95543J | € 8,00 |
eBook € 5,99 |

Max Wertheimer
Il pensiero produttivo
448 pagine | 80285Y | € 22,00 |
eBook € 14,99 |

H. G. Whittington
I Centri di Igiene Mentale del territorio
152 pagine | 10517N | € 9,80 |

Donald W. Winnicott
Dalla pediatria alla psicoanalisi
448 pagine | 95444F | € 30,00 |
eBook € 15,99 |

Philip Zimbardo
Zimbardo
Memorie di uno psicologo
352 pagine | 83556G | € 26,00 |
eBook € 17,99 | (disponibile anche in inglese, francese, tedesco e spagnolo)

Philip Zimbardo e Rosemary Sword
Vivere e amare
Guarire dal passato, abbracciare il presente, creare il futuro ideale
256 pagine | 95714M | € 20,00 |
eBook € 14,99 |

Philip Zimbardo, Richard Sword e Rosemary Sword
La cura del tempo
Superare i disturbi post-traumatici con la nuova psicologia della Prospettiva Temporale
352 pagine | 95578V | € 24,00 |
eBook € 16,99 |